中国人口普查
CHINA POPULATION CENSUS

2020

湖南省人口普查年鉴

（下册）

HUNAN POPULATION CENSUS YEARBOOK 2020

（BOOK 3）

湖南省第七次全国人口普查领导小组办公室　编

Compiled by
Office of the Leading Group of Hunan Province for the
Seventh National Population Census

中国统计出版社
China Statistics Press

图书在版编目（CIP）数据

湖南省人口普查年鉴. 2020. 下册 / 湖南省第七次全国人口普查领导小组办公室编. -- 北京 : 中国统计出版社, 2022.8
ISBN 978-7-5037-9871-9

Ⅰ. ①湖… Ⅱ. ①湖… Ⅲ. ①人口普查—统计资料—湖南—2020—年鉴 Ⅳ. ①C924.256.4-54

中国版本图书馆 CIP 数据核字(2022)第 130307 号

湖南省人口普查年鉴-2020（下册）
Hunan Population Census Yearbook 2020 (Book 3)

作　　者/湖南省第七次全国人口普查领导小组办公室
责任编辑/郭　栋　佘竞雄
封面设计/李雪燕
出版发行/中国统计出版社有限公司
通信地址/北京市丰台区西三环南路甲 6 号　邮政编码/100073
发行电话/邮购（010）63376909　书店（010）68783171
网　　址/http://www.zgtjcbs.com/
印　　刷/湖南宏远印务有限公司
经　　销/新华书店
开　　本/880mm×1230mm　1/16
字　　数/700 千字
印　　张/22
版　　别/2022 年 8 月第 1 版
版　　次/2022 年 8 月第 1 次印刷
定　　价/880.00 元（全三册附光盘）

目　　录

下　册

第二部分　长表数据资料(续)

第六卷　　生育

C-6-1　各地区分性别、孩次的出生人口(2019.11.1-2020.10.31)……1022
C-6-1a　各地区分性别、孩次的出生人口(2019.11.1-2020.10.31)(城市)……1023
C-6-1b　各地区分性别、孩次的出生人口(2019.11.1-2020.10.31)(镇)……1025
C-6-1c　各地区分性别、孩次的出生人口(2019.11.1-2020.10.31)(乡村)……1026
C-6-2　全省按年龄、受教育程度、生育孩次分的育龄妇女人数(2019.11.1-2020.10.31)……1028
C-6-2a　全省按年龄、受教育程度、生育孩次分的育龄妇女人数(2019.11.1-2020.10.31)(城市)…1048
C-6-2b　全省按年龄、受教育程度、生育孩次分的育龄妇女人数(2019.11.1-2020.10.31)(镇)……1068
C-6-2c　全省按年龄、受教育程度、生育孩次分的育龄妇女人数(2019.11.1-2020.10.31)(乡村)…1088
C-6-3　全省育龄妇女分年龄、孩次的生育状况(2019.11.1-2020.10.31)……1108
C-6-3a　全省育龄妇女分年龄、孩次的生育状况(2019.11.1-2020.10.31)(城市)……1109
C-6-3b　全省育龄妇女分年龄、孩次的生育状况(2019.11.1-2020.10.31)(镇)……1110
C-6-3c　全省育龄妇女分年龄、孩次的生育状况(2019.11.1-2020.10.31)(乡村)……1111
C-6-4　各地区育龄妇女年龄别生育率……1112
C-6-4a　各地区育龄妇女年龄别生育率(城市)……1112
C-6-4b　各地区育龄妇女年龄别生育率(镇)……1113
C-6-4c　各地区育龄妇女年龄别生育率(乡村)……1113
C-6-5　各地区按活产子女数分的15-64岁妇女人数……1114
C-6-6　全省按受教育程度、活产子女数分的15-64岁妇女人数……1114
C-6-7　全省按职业、活产子女数分的15-64岁妇女人数……1115
C-6-8　各地区按存活子女数分的15-64岁妇女人数……1115
C-6-9　全省按受教育程度、存活子女数分的15-64岁妇女人数……1116
C-6-10　全省按职业、存活子女数分的15-64岁妇女人数……1116
C-6-11　各地区15-64岁妇女平均活产子女数和平均存活子女数……1117
C-6-12　全省按年龄分的15-64岁妇女平均活产子女数和平均存活子女数……1117
C-6-13　全省按受教育程度分的15-64岁妇女平均活产子女数和平均存活子女数……1119

第七卷　迁移和户口登记地

C-7-1　全省按现住地、户口登记地类型分的户口登记地在外乡镇街道人口 ……1123
C-7-1a　全省按现住地、户口登记地类型分的户口登记地在外乡镇街道人口(城市) ……1131
C-7-1b　全省按现住地、户口登记地类型分的户口登记地在外乡镇街道人口(镇) ……1140
C-7-1c　全省按现住地、户口登记地类型分的户口登记地在外乡镇街道人口(乡村) ……1148
C-7-2　全省按现住地、职业和性别分的户口登记地在本省其他乡镇街道人口 ……1157
C-7-3　全省按现住地、职业和性别分的户口登记地在外省人口 ……1158
C-7-4　全省按现住地、户口登记地类型、受教育程度分的户口登记地在本省其他乡镇街道人口……1160
C-7-5　全省按现住地、户口登记地类型、受教育程度分的户口登记地在外省人口 ……1162
C-7-6　全省按现住地和出生地分的人口 ……1165
C-7-7　全省按现住地和五年前常住地分的人口 ……1167

第八卷　老年人口

C-8-1　各地区分性别、健康状况的60岁及以上老年人口 ……1171
C-8-1a　各地区分性别、健康状况的60岁及以上老年人口(城市)……1172
C-8-1b　各地区分性别、健康状况的60岁及以上老年人口(镇) ……1173
C-8-1c　各地区分性别、健康状况的60岁及以上老年人口(乡村)……1174
C-8-2　全省分年龄、性别、健康状况的60岁及以上老年人口……1175
C-8-2a　全省分年龄、性别、健康状况的60岁及以上老年人口(城市)……1177
C-8-2b　全省分年龄、性别、健康状况的60岁及以上老年人口(镇)……1179
C-8-2c　全省分年龄、性别、健康状况的60岁及以上老年人口(乡村)……1181
C-8-3　全省分性别、婚姻状况、健康状况的60岁及以上老年人口……1183
C-8-3a　全省分性别、婚姻状况、健康状况的60岁及以上老年人口(城市)……1183
C-8-3b　全省分性别、婚姻状况、健康状况的60岁及以上老年人口(镇)……1184
C-8-3c　全省分性别、婚姻状况、健康状况的60岁及以上老年人口(乡村)……1184
C-8-4　全省分性别、主要生活来源、健康状况的60岁及以上老年人口……1185
C-8-4a　全省分性别、主要生活来源、健康状况的60岁及以上老年人口(城市)……1186
C-8-4b　全省分性别、主要生活来源、健康状况的60岁及以上老年人口(镇)……1187
C-8-4c　全省分性别、主要生活来源、健康状况的60岁及以上老年人口(乡村)……1188
C-8-5　全省分性别、居住状况、健康状况的60岁及以上老年人口……1189
C-8-5a　全省分性别、居住状况、健康状况的60岁及以上老年人口(城市)……1190
C-8-5b　全省分性别、居住状况、健康状况的60岁及以上老年人口(镇)……1191
C-8-5c　全省分性别、居住状况、健康状况的60岁及以上老年人口(乡村)……1192
C-8-6　各地区分性别、主要生活来源的60岁及以上老年人口 ……1193
C-8-6a　各地区分性别、主要生活来源的60岁及以上老年人口(城市)……1194
C-8-6b　各地区分性别、主要生活来源的60岁及以上老年人口(镇) ……1196
C-8-6c　各地区分性别、主要生活来源的60岁及以上老年人口(乡村)……1197
C-8-7　全省分年龄、性别、主要生活来源的人口 ……1199

C-8-7a 全省分年龄、性别、主要生活来源的人口(城市) ……1205
C-8-7b 全省分年龄、性别、主要生活来源的人口(镇) ……1211
C-8-7c 全省分年龄、性别、主要生活来源的人口(乡村) ……1217
C-8-8 全省分性别、婚姻状况、主要生活来源的60岁及以上老年人口 ……1223
C-8-8a 全省分性别、婚姻状况、主要生活来源的60岁及以上老年人口(城市) ……1224
C-8-8b 全省分性别、婚姻状况、主要生活来源的60岁及以上老年人口(镇) ……1225
C-8-8c 全省分性别、婚姻状况、主要生活来源的60岁及以上老年人口(乡村) ……1226
C-8-9 全省分性别、居住状况、主要生活来源的60岁及以上老年人口 ……1227
C-8-9a 全省分性别、居住状况、主要生活来源的60岁及以上老年人口(城市) ……1228
C-8-9b 全省分性别、居住状况、主要生活来源的60岁及以上老年人口(镇) ……1229
C-8-9c 全省分性别、居住状况、主要生活来源的60岁及以上老年人口(乡村) ……1230
C-8-10 各地区分性别、居住状况的60岁及以上老年人口 ……1231
C-8-10a 各地区分性别、居住状况的60岁及以上老年人口(城市) ……1232
C-8-10b 各地区分性别、居住状况的60岁及以上老年人口(镇) ……1234
C-8-10c 各地区分性别、居住状况的60岁及以上老年人口(乡村) ……1235
C-8-11 全省分年龄、性别、居住状况的60岁及以上老年人口 ……1237
C-8-11a 全省分年龄、性别、居住状况的60岁及以上老年人口(城市) ……1240
C-8-11b 全省分年龄、性别、居住状况的60岁及以上老年人口(镇) ……1243
C-8-11c 全省分年龄、性别、居住状况的60岁及以上老年人口(乡村) ……1246
C-8-12 全省分性别、婚姻状况、居住状况的60岁及以上老年人口 ……1249
C-8-12a 全省分性别、婚姻状况、居住状况的60岁及以上老年人口(城市) ……1250
C-8-12b 全省分性别、婚姻状况、居住状况的60岁及以上老年人口(镇) ……1251
C-8-12c 全省分性别、婚姻状况、居住状况的60岁及以上老年人口(乡村) ……1252

第九卷 住房

C-9-1 各地区按建筑层数、承重类型分的家庭户户数 ……1255
C-9-1a 各地区按建筑层数、承重类型分的家庭户户数(城市) ……1255
C-9-1b 各地区按建筑层数、承重类型分的家庭户户数(镇) ……1256
C-9-1c 各地区按建筑层数、承重类型分的家庭户户数(乡村) ……1256
C-9-2 各地区按住房建成时间分的家庭户住房状况 ……1257
C-9-2a 各地区按住房建成时间分的家庭户住房状况(城市) ……1259
C-9-2b 各地区按住房建成时间分的家庭户住房状况(镇) ……1261
C-9-2c 各地区按住房建成时间分的家庭户住房状况(乡村) ……1263
C-9-3 各地区按住房设施状况分的家庭户户数 ……1265
C-9-3a 各地区按住房设施状况分的家庭户户数(城市) ……1266
C-9-3b 各地区按住房设施状况分的家庭户户数(镇) ……1268
C-9-3c 各地区按住房设施状况分的家庭户户数(乡村) ……1269
C-9-4 各地区按住房来源分的家庭户户数 ……1271

C-9-4a 各地区按住房来源分的家庭户户数(城市)……1271
C-9-4b 各地区按住房来源分的家庭户户数(镇)……1272
C-9-4c 各地区按住房来源分的家庭户户数(乡村)……1272
C-9-5 各地区按月租房费用分的家庭户户数……1273
C-9-5a 各地区按月租房费用分的家庭户户数(城市)……1274
C-9-5b 各地区按月租房费用分的家庭户户数(镇)……1275
C-9-5c 各地区按月租房费用分的家庭户户数(乡村)……1276
C-9-6 各地区按住房来源分的同时拥有厨房和厕所的家庭户户数……1277
C-9-6a 各地区按住房来源分的同时拥有厨房和厕所的家庭户户数(城市)……1277
C-9-6b 各地区按住房来源分的同时拥有厨房和厕所的家庭户户数(镇)……1278
C-9-6c 各地区按住房来源分的同时拥有厨房和厕所的家庭户户数(乡村)……1278
C-9-7 全省按户主的受教育程度、住房来源分的家庭户户数……1279
C-9-7a 全省按户主的受教育程度、住房来源分的家庭户户数(城市)……1279
C-9-7b 全省按户主的受教育程度、住房来源分的家庭户户数(镇)……1280
C-9-7c 全省按户主的受教育程度、住房来源分的家庭户户数(乡村)……1280
C-9-8 全省按户主的受教育程度、月租房费用分的家庭户户数……1281
C-9-8a 全省按户主的受教育程度、月租房费用分的家庭户户数(城市)……1282
C-9-8b 全省按户主的受教育程度、月租房费用分的家庭户户数(镇)……1283
C-9-8c 全省按户主的受教育程度、月租房费用分的家庭户户数(乡村)……1284
C-9-9 全省按户主的职业、住房来源分的家庭户户数……1285
C-9-9a 全省按户主的职业、住房来源分的家庭户户数(城市)……1286
C-9-9b 全省按户主的职业、住房来源分的家庭户户数(镇)……1287
C-9-9c 全省按户主的职业、住房来源分的家庭户户数(乡村)……1288
C-9-10 全省按户主的职业、月租房费用分的家庭户户数……1289
C-9-10a 全省按户主的职业、月租房费用分的家庭户户数(城市)……1290
C-9-10b 全省按户主的职业、月租房费用分的家庭户户数(镇)……1291
C-9-10c 全省按户主的职业、月租房费用分的家庭户户数(乡村)……1292
C-9-11 全省按户主的职业分的家庭户住房状况……1293
C-9-11a 全省按户主的职业分的家庭户住房状况(城市)……1293
C-9-11b 全省按户主的职业分的家庭户住房状况(镇)……1294
C-9-11c 全省按户主的职业分的家庭户住房状况(镇)……1294
C-9-12 全省按户主的职业、人均住房建筑面积分的家庭户户数……1295
C-9-12a 全省按户主的职业、人均住房建筑面积分的家庭户户数(城市)……1296
C-9-12b 全省按户主的职业、人均住房建筑面积分的家庭户户数(镇)……1297
C-9-12c 全省按户主的职业、人均住房建筑面积分的家庭户户数(乡村)……1298
C-9-13 各地区按拥有全部家用汽车总价分的家庭户户数……1299
C-9-13a 各地区按拥有全部家用汽车总价分的家庭户户数(城市)……1299
C-9-13b 各地区按拥有全部家用汽车总价分的家庭户户数(镇)……1300

C-9-13c 各地区按拥有全部家用汽车总价分的家庭户户数(乡村) ……………………………1300

第三部分 附录

附录1 湖南省第七次全国人口普查公报

湖南省第七次全国人口普查公报(第一号)——全省人口情况 …………………………… 1303

湖南省第七次全国人口普查公报(第二号)——市州人口情况 …………………………… 1304

湖南省第七次全国人口普查公报(第三号)——人口性别构成情况 ………………………… 1306

湖南省第七次全国人口普查公报(第四号)——人口年龄构成情况 ………………………… 1307

湖南省第七次全国人口普查公报(第五号)——人口受教育情况 …………………………… 1309

湖南省第七次全国人口普查公报(第六号)——城乡人口情况 …………………………… 1311

附录2 国务院关于开展第七次全国人口普查的通知 ………………………………………… 1315

附录3 全国人口普查条例 ………………………………………………………………… 1319

附录4 第七次全国人口普查方案 …………………………………………………………… 1325

附录5 湖南省人民政府关于认真做好湖南省第七次全国人口普查工作的通知 ………………… 1363

第二部分　长表数据资料

第六卷　生育

C-6-1 各地区分性别、孩次的出生人口
(2019.11.1-2020.10.31)

单位：人

地 区	出生人数				第 一 孩			
	合计	男	女	性别比(女=100)	小计	男	女	性别比(女=100)
全 省	**57103**	**30777**	**26326**	**116.91**	**24614**	**13480**	**11134**	**121.07**
长沙市	9846	5260	4586	114.70	4643	2483	2160	114.95
株洲市	3335	1796	1539	116.70	1472	818	654	125.08
湘潭市	2031	1110	921	120.52	955	531	424	125.24
衡阳市	4852	2652	2200	120.55	2097	1158	939	123.32
邵阳市	5829	3065	2764	110.89	2169	1137	1032	110.17
岳阳市	4933	2669	2264	117.89	2225	1243	982	126.58
常德市	4214	2200	2014	109.24	2172	1171	1001	116.98
张家界市	1552	833	719	115.86	712	379	333	113.81
益阳市	2856	1513	1343	112.66	1266	691	575	120.17
郴州市	3986	2200	1786	123.18	1517	869	648	134.10
永州市	4081	2292	1789	128.12	1700	972	728	133.52
怀化市	4347	2311	2036	113.51	1660	893	767	116.43
娄底市	3340	1808	1532	118.02	1203	680	523	130.02
湘西州	1901	1068	833	128.21	823	455	368	123.64

C-6-1 续表 1

单位：人

地 区	第 二 孩				第 三 孩			
	小计	男	女	性别比(女=100)	小计	男	女	性别比(女=100)
全 省	**26339**	**13701**	**12638**	**108.41**	**5200**	**3040**	**2160**	**140.74**
长沙市	4688	2445	2243	109.01	451	291	160	181.88
株洲市	1662	862	800	107.75	187	110	77	142.86
湘潭市	977	521	456	114.25	88	51	37	137.84
衡阳市	2124	1118	1006	111.13	540	328	212	154.72
邵阳市	2531	1296	1235	104.94	937	527	410	128.54
岳阳市	2332	1194	1138	104.92	332	203	129	157.36
常德市	1906	954	952	100.21	120	69	51	135.29
张家界市	727	396	331	119.64	98	54	44	122.73
益阳市	1416	735	681	107.93	157	79	78	101.28
郴州市	1749	917	832	110.22	574	327	247	132.39
永州市	1718	925	793	116.65	532	314	218	144.04
怀化市	2229	1139	1090	104.50	407	246	161	152.80
娄底市	1478	750	728	103.02	553	315	238	132.35
湘西州	802	449	353	127.20	224	126	98	128.57

C-6-1　续表 2

单位：人

地　区	第　四　孩				第五孩及以上			
	小计	男	女	性别比(女=100)	小计	男	女	性别比(女=100)
全　省	**787**	**471**	**316**	**149.05**	**163**	**85**	**78**	**108.97**
长沙市	57	39	18	216.67	7	2	5	40.00
株洲市	12	5	7	71.43	2	1	1	100.00
湘潭市	10	6	4	150.00	1	1		
衡阳市	74	44	30	146.67	17	4	13	30.77
邵阳市	161	85	76	111.84	31	20	11	181.82
岳阳市	35	22	13	169.23	9	7	2	350.00
常德市	14	6	8	75.00	2		2	
张家界市	13	3	10	30.00	2	1	1	100.00
益阳市	11	7	4	175.00	6	1	5	20.00
郴州市	125	76	49	155.10	21	11	10	110.00
永州市	102	66	36	183.33	29	15	14	107.14
怀化市	41	27	14	192.86	10	6	4	150.00
娄底市	89	54	35	154.29	17	9	8	112.50
湘西州	43	31	12	258.33	9	7	2	350.00

C-6-1a　各地区分性别、孩次的出生人口（2019.11.1-2020.10.31）（城市）

单位：人

地　区	出生人数				第　一　孩			
	合计	男	女	性别比(女=100)	小计	男	女	性别比(女=100)
全　省	**17404**	**9352**	**8052**	**116.15**	**8084**	**4364**	**3720**	**117.31**
长沙市	6618	3517	3101	113.42	3227	1703	1524	111.75
株洲市	1512	801	711	112.66	709	385	324	118.83
湘潭市	696	401	295	135.93	349	200	149	134.23
衡阳市	1347	712	635	112.13	630	347	283	122.61
邵阳市	999	525	474	110.76	425	227	198	114.65
岳阳市	1296	715	581	123.06	581	310	271	114.39
常德市	836	437	399	109.52	450	239	211	113.27
张家界市	423	242	181	133.70	206	118	88	134.09
益阳市	531	284	247	114.98	244	134	110	121.82
郴州市	841	459	382	120.16	339	201	138	145.65
永州市	483	274	209	131.10	204	121	83	145.78
怀化市	716	376	340	110.59	289	152	137	110.95
娄底市	797	426	371	114.82	286	145	141	102.84
湘西州	309	183	126	145.24	145	82	63	130.16

C-6-1a 续表 1

单位：人

地 区	第 二 孩				第 三 孩			
	小计	男	女	性别比（女=100）	小计	男	女	性别比（女=100）
全 省	**8189**	**4281**	**3908**	**109.54**	**986**	**619**	**367**	**168.66**
长沙市	3083	1613	1470	109.73	269	176	93	189.25
株洲市	750	382	368	103.80	51	33	18	183.33
湘潭市	313	179	134	133.58	33	22	11	200.00
衡阳市	580	280	300	93.33	108	69	39	176.92
邵阳市	451	230	221	104.07	105	58	47	123.40
岳阳市	627	342	285	120.00	81	56	25	224.00
常德市	363	185	178	103.93	21	12	9	133.33
张家界市	198	114	84	135.71	19	10	9	111.11
益阳市	261	137	124	110.48	23	12	11	109.09
郴州市	421	209	212	98.58	64	40	24	166.67
永州市	229	122	107	114.02	46	29	17	170.59
怀化市	362	182	180	101.11	59	36	23	156.52
娄底市	400	213	187	113.90	96	59	37	159.46
湘西州	151	93	58	160.34	11	7	4	175.00

C-6-1a 续表 2

单位：人

地 区	第 四 孩				第五孩及以上			
	小计	男	女	性别比（女=100）	小计	男	女	性别比（女=100）
全 省	**121**	**77**	**44**	**175.00**	**24**	**11**	**13**	**84.62**
长沙市	35	23	12	191.67	4	2	2	100.00
株洲市	2	1	1	100.00				
湘潭市	1		1					
衡阳市	21	13	8	162.50	8	3	5	60.00
邵阳市	15	8	7	114.29	3	2	1	200.00
岳阳市	6	6			1	1		
常德市	2	1	1	100.00				
张家界市								
益阳市	1	1			2		2	
郴州市	15	8	7	114.29	2	1	1	100.00
永州市	4	2	2	100.00				
怀化市	4	4			2	2		
娄底市	14	9	5	180.00	1		1	
湘西州	1	1			1		1	

C-6-1b 各地区分性别、孩次的出生人口（2019.11.1-2020.10.31）（镇）

单位：人

地 区	出生人数				第 一 孩			
	合计	男	女	性别比(女=100)	小计	男	女	性别比(女=100)
全 省	**17959**	**9696**	**8263**	**117.34**	**7613**	**4204**	**3409**	**123.32**
长沙市	1835	989	846	116.90	816	451	365	123.56
株洲市	918	474	444	106.76	388	210	178	117.98
湘潭市	662	346	316	109.49	310	167	143	116.78
衡阳市	1559	848	711	119.27	665	361	304	118.75
邵阳市	2067	1075	992	108.37	746	388	358	108.38
岳阳市	1666	913	753	121.25	772	448	324	138.27
常德市	1574	828	746	110.99	810	445	365	121.92
张家界市	427	229	198	115.66	196	103	93	110.75
益阳市	986	531	455	116.70	427	242	185	130.81
郴州市	1549	852	697	122.24	588	337	251	134.26
永州市	1665	925	740	125.00	685	384	301	127.57
怀化市	1468	794	674	117.80	555	298	257	115.95
娄底市	772	432	340	127.06	295	172	123	139.84
湘西州	811	460	351	131.05	360	198	162	122.22

C-6-1b 续表 1

单位：人

地 区	第 二 孩				第 三 孩			
	小计	男	女	性别比(女=100)	小计	男	女	性别比(女=100)
全 省	**8426**	**4382**	**4044**	**108.36**	**1626**	**927**	**699**	**132.62**
长沙市	909	468	441	106.12	98	62	36	172.22
株洲市	456	224	232	96.55	69	36	33	109.09
湘潭市	330	166	164	101.22	19	10	9	111.11
衡阳市	717	380	337	112.76	156	94	62	151.61
邵阳市	927	474	453	104.64	330	174	156	111.54
岳阳市	779	400	379	105.54	97	54	43	125.58
常德市	722	362	360	100.56	36	19	17	111.76
张家界市	208	115	93	123.66	21	11	10	110.00
益阳市	509	263	246	106.91	42	22	20	110.00
郴州市	686	366	320	114.38	227	123	104	118.27
永州市	731	391	340	115.00	194	111	83	133.73
怀化市	788	416	372	111.83	115	76	39	194.87
娄底市	329	169	160	105.63	127	78	49	159.18
湘西州	335	188	147	127.89	95	57	38	150.00

C-6-1b　续表 2

单位：人

地　区	第　四　孩				第五孩及以上			
	小计	男	女	性别比(女=100)	小计	男	女	性别比(女=100)
全　省	**243**	**153**	**90**	**170.00**	**51**	**30**	**21**	**142.86**
长沙市	10	8	2	400.00	2		2	
株洲市	4	3	1	300.00	1	1		
湘潭市	3	3						
衡阳市	20	13	7	185.71	1		1	
邵阳市	56	34	22	154.55	8	5	3	166.67
岳阳市	11	5	6	83.33	7	6	1	600.00
常德市	5	2	3	66.67	1		1	
张家界市	1		1		1		1	
益阳市	6	4	2	200.00	2		2	
郴州市	40	19	21	90.48	8	7	1	700.00
永州市	41	31	10	310.00	14	8	6	133.33
怀化市	9	4	5	80.00	1		1	
娄底市	18	12	6	200.00	3	1	2	50.00
湘西州	19	15	4	375.00	2	2		

C-6-1c　各地区分性别、孩次的出生人口（2019.11.1-2020.10.31）（乡村）

单位：人

地　区	出生人数合计				第　一　孩			
	合计	男	女	性别比(女=100)	小计	男	女	性别比(女=100)
全　省	**21740**	**11729**	**10011**	**117.16**	**8917**	**4912**	**4005**	**122.65**
长沙市	1393	754	639	118.00	600	329	271	121.40
株洲市	905	521	384	135.68	375	223	152	146.71
湘潭市	673	363	310	117.10	296	164	132	124.24
衡阳市	1946	1092	854	127.87	802	450	352	127.84
邵阳市	2763	1465	1298	112.87	998	522	476	109.66
岳阳市	1971	1041	930	111.94	872	485	387	125.32
常德市	1804	935	869	107.59	912	487	425	114.59
张家界市	702	362	340	106.47	310	158	152	103.95
益阳市	1339	698	641	108.89	595	315	280	112.50
郴州市	1596	889	707	125.74	590	331	259	127.80
永州市	1933	1093	840	130.12	811	467	344	135.76
怀化市	2163	1141	1022	111.64	816	443	373	118.77
娄底市	1771	950	821	115.71	622	363	259	140.15
湘西州	781	425	356	119.38	318	175	143	122.38

C-6-1c　续表 1　　　　　　　　　　　　　　　　　　　　　　单位：人

地　区	第　二　孩				第　三　孩			
	小计	男	女	性别比(女=100)	小计	男	女	性别比(女=100)
全　省	**9724**	**5038**	**4686**	**107.51**	**2588**	**1494**	**1094**	**136.56**
长沙市	696	364	332	109.64	84	53	31	170.97
株洲市	456	256	200	128.00	67	41	26	157.69
湘潭市	334	176	158	111.39	36	19	17	111.76
衡阳市	827	458	369	124.12	276	165	111	148.65
邵阳市	1153	592	561	105.53	502	295	207	142.51
岳阳市	926	452	474	95.36	154	93	61	152.46
常德市	821	407	414	98.31	63	38	25	152.00
张家界市	321	167	154	108.44	58	33	25	132.00
益阳市	646	335	311	107.72	92	45	47	95.74
郴州市	642	342	300	114.00	283	164	119	137.82
永州市	758	412	346	119.08	292	174	118	147.46
怀化市	1079	541	538	100.56	233	134	99	135.35
娄底市	749	368	381	96.59	330	178	152	117.11
湘西州	316	168	148	113.51	118	62	56	110.71

C-6-1c　续表 2　　　　　　　　　　　　　　　　　　　　　　单位：人

地　区	第　四　孩				第五孩及以上			
	小计	男	女	性别比(女=100)	小计	男	女	性别比(女=100)
全　省	**423**	**241**	**182**	**132.42**	**88**	**44**	**44**	**100.00**
长沙市	12	8	4	200.00	1		1	
株洲市	6	1	5	20.00	1		1	
湘潭市	6	3	3	100.00	1	1		
衡阳市	33	18	15	120.00	8	1	7	14.29
邵阳市	90	43	47	91.49	20	13	7	185.71
岳阳市	18	11	7	157.14	1		1	
常德市	7	3	4	75.00	1		1	
张家界市	12	3	9	33.33	1	1		
益阳市	4	2	2	100.00	2	1	1	100.00
郴州市	70	49	21	233.33	11	3	8	37.50
永州市	57	33	24	137.50	15	7	8	87.50
怀化市	28	19	9	211.11	7	4	3	133.33
娄底市	57	33	24	137.50	13	8	5	160.00
湘西州	23	15	8	187.50	6	5	1	500.00

C-6-2 全省按年龄、受教育程度、生育孩次

受教育程度 年龄	合计	生男孩的妇女人数	生女孩的妇女人数	一孩		
				小计	男	女
总计	**57103**	**30777**	**26326**	**24614**	**13480**	**11134**
15-19岁	**589**	**304**	**285**	**519**	**277**	**242**
15	9	4	5	9	4	5
16	25	15	10	24	14	10
17	76	39	37	71	38	33
18	171	91	80	151	81	70
19	308	155	153	264	140	124
20-24岁	**7437**	**3952**	**3485**	**5275**	**2875**	**2400**
20	623	345	278	511	289	222
21	1000	543	457	758	427	331
22	1537	828	709	1130	618	512
23	1878	972	906	1290	679	611
24	2399	1264	1135	1586	862	724
25-29岁	**17801**	**9538**	**8263**	**9550**	**5137**	**4413**
25	2857	1545	1312	1809	998	811
26	2894	1541	1353	1747	932	815
27	3542	1884	1658	1957	1051	906
28	3845	2058	1787	1992	1056	936
29	4663	2510	2153	2045	1100	945
30-34岁	**21907**	**11811**	**10096**	**7116**	**3902**	**3214**
30	6005	3217	2788	2326	1282	1044
31	5131	2794	2337	1687	913	774
32	4190	2250	1940	1320	700	620
33	3777	2026	1751	1030	596	434
34	2804	1524	1280	753	411	342
35-39岁	**7149**	**3943**	**3206**	**1606**	**953**	**653**
35	2035	1126	909	478	278	200
36	1653	903	750	384	233	151
37	1343	762	581	318	191	127
38	1293	715	578	259	159	100
39	825	437	388	167	92	75
40-44岁	**1626**	**898**	**728**	**358**	**218**	**140**
40	530	283	247	111	64	47
41	429	236	193	89	53	36
42	297	173	124	64	41	23
43	198	100	98	51	26	25
44	172	106	66	43	34	9
45-49岁	**594**	**331**	**263**	**190**	**118**	**72**
45	138	77	61	41	24	17
46	113	59	54	38	21	17
47	124	67	57	43	22	21
48	103	60	43	24	17	7
49	116	68	48	44	34	10

分的育龄妇女人数(2019.11.1–2020.10.31)

单位：人

二孩			三孩及以上		
小计	男	女	小计	男	女
26339	**13701**	**12638**	**6150**	**3596**	**2554**
68	**26**	**42**	**2**	**1**	**1**
1	1				
5	1	4			
20	10	10			
42	14	28	2	1	1
1924	**947**	**977**	**238**	**130**	**108**
97	47	50	15	9	6
221	106	115	21	10	11
378	198	180	29	12	17
516	249	267	72	44	28
712	347	365	101	55	46
7055	**3694**	**3361**	**1196**	**707**	**489**
920	473	447	128	74	54
994	514	480	153	95	58
1339	690	649	246	143	103
1576	843	733	277	159	118
2226	1174	1052	392	236	156
11913	**6238**	**5675**	**2878**	**1671**	**1207**
3008	1536	1472	671	399	272
2768	1502	1266	676	379	297
2327	1213	1114	543	337	206
2205	1131	1074	542	299	243
1605	856	749	446	257	189
4123	**2129**	**1994**	**1420**	**861**	**559**
1183	612	571	374	236	138
929	473	456	340	197	143
772	403	369	253	168	85
766	391	375	268	165	103
473	250	223	185	95	90
946	**498**	**448**	**322**	**182**	**140**
309	156	153	110	63	47
267	140	127	73	43	30
176	96	80	57	36	21
101	55	46	46	19	27
93	51	42	36	21	15
310	**169**	**141**	**94**	**44**	**50**
74	40	34	23	13	10
56	30	26	19	8	11
63	38	25	18	7	11
61	33	28	18	10	8
56	28	28	16	6	10

C-6-2 续表 1

受教育程度 年　　龄	合　计	生男孩的 妇女人数	生女孩的 妇女人数	一　　孩		
				小计	男	女
未上过学	**89**	**49**	**40**	**41**	**26**	**15**
15-19	**1**		**1**			
15						
16						
17						
18						
19	1		1			
20-24 岁	**14**	**7**	**7**	**9**	**6**	**3**
20	1	1		1	1	
21	2	1	1	1		1
22	3	1	2	2	1	1
23	3	1	2	2	1	1
24	5	3	2	3	3	
25-29 岁	**21**	**11**	**10**	**14**	**7**	**7**
25	1		1	1		1
26	7	4	3	5	3	2
27	5	2	3	3	1	2
28	5	2	3	3	1	2
29	3	3		2	2	
30-34 岁	**33**	**18**	**15**	**11**	**7**	**4**
30	10	8	2	4	3	1
31	10	6	4	5	3	2
32	5	1	4			
33	4	1	3	2	1	1
34	4	2	2			
35-39 岁	**11**	**7**	**4**	**4**	**3**	**1**
35	3	2	1	1	1	
36	4	2	2	2	1	1
37	1	1				
38	3	2	1	1	1	
39						
40-44 岁	**6**	**3**	**3**	**2**	**2**	
40	2	2		2	2	
41						
42	1		1			
43						
44	3	1	2			
45-49 岁	**3**	**3**		**1**	**1**	
45	1	1				
46						
47						
48	1	1				
49	1	1		1	1	

单位：人

二孩			三孩及以上		
小计	男	女	小计	男	女
31	**17**	**14**	**17**	**6**	**11**
1		**1**			
1		1			
2	**1**	**1**	**3**		**3**
1	1				
			1		1
			1		1
1		1	1		1
5	**3**	**2**	**2**	**1**	**1**
1	1		1		1
2	1	1			
1		1	1	1	
1	1				
16	**9**	**7**	**6**	**2**	**4**
5	5		1		1
3	1	2	2	2	
3	1	2	2		2
1		1	1		1
4	2	2			
4	**2**	**2**	**3**	**2**	**1**
2	1	1			
			2	1	1
			1	1	
2	1	1			
2	**1**	**1**	**2**		**2**
			1		1
2	1	1	1		1
1	**1**		**1**	**1**	
			1	1	
1	1				

C-6-2 续表 2

受教育程度 年龄	合计	生男孩的妇女人数	生女孩的妇女人数	一孩		
				小计	男	女
学前教育	**12**	**7**	**5**	**5**	**3**	**2**
15-19	**1**	**1**		**1**	**1**	
15						
16						
17	1	1		1	1	
18						
19						
20-24岁	**3**	**1**	**2**	**1**		**1**
20	1		1	1		1
21						
22	1	1				
23	1		1			
24						
25-29岁	**4**	**3**	**1**	**2**	**1**	**1**
25						
26						
27	1		1	1		1
28	2	2				
29	1	1		1	1	
30-34岁	**2**	**1**	**1**	**1**	**1**	
30						
31	1	1		1	1	
32	1		1			
33						
34						
35-39岁	**1**		**1**			
35						
36						
37	1		1			
38						
39						
40-44岁	**1**	**1**				
40						
41						
42	1	1				
43						
44						
45-49岁						
45						
46						
47						
48						
49						

单位：人

二孩			三孩及以上		
小计	男	女	小计	男	女
5	**3**	**2**	**2**	**1**	**1**
2	**1**	**1**			
1	1				
1		1			
2	**2**				
2	2				
1		**1**			
1		1			
			1		**1**
			1		1
			1	**1**	
			1	1	

C-6-2 续表 3

受教育程度 年龄	合计	生男孩的妇女人数	生女孩的妇女人数	一孩		
				小计	男	女
小学	**1266**	**684**	**582**	**419**	**228**	**191**
15-19岁	**13**	**4**	**9**	**12**	**4**	**8**
15						
16	2	1	1	2	1	1
17	4	2	2	4	2	2
18	3		3	3		3
19	4	1	3	3	1	2
20-24岁	**136**	**67**	**69**	**77**	**40**	**37**
20	17	9	8	11	6	5
21	19	9	10	13	7	6
22	26	14	12	13	7	6
23	31	14	17	14	7	7
24	43	21	22	26	13	13
25-29岁	**280**	**160**	**120**	**111**	**63**	**48**
25	56	38	18	24	16	8
26	42	18	24	20	9	11
27	51	33	18	19	13	6
28	61	33	28	25	14	11
29	70	38	32	23	11	12
30-34岁	**442**	**235**	**207**	**126**	**66**	**60**
30	103	47	56	32	17	15
31	110	66	44	35	19	16
32	77	43	34	30	17	13
33	86	40	46	16	7	9
34	66	39	27	13	6	7
35-39岁	**220**	**119**	**101**	**46**	**25**	**21**
35	55	34	21	13	10	3
36	43	20	23	12	4	8
37	37	19	18	9	4	5
38	44	22	22	6	5	1
39	41	24	17	6	2	4
40-44岁	**90**	**50**	**40**	**23**	**14**	**9**
40	23	8	15	4	1	3
41	28	17	11	10	6	4
42	17	11	6	4	3	1
43	12	9	3	2	2	
44	10	5	5	3	2	1
45-49岁	**85**	**49**	**36**	**24**	**16**	**8**
45	11	5	6	1	1	
46	13	7	6	5	3	2
47	24	15	9	6	2	4
48	15	8	7	5	4	1
49	22	14	8	7	6	1

单位：人

二孩			三孩及以上		
小计	男	女	小计	男	女
553	**281**	**272**	**294**	**175**	**119**
1		**1**			
1		1			
49	**22**	**27**	**10**	**5**	**5**
4	2	2	2	1	1
6	2	4			
10	5	5	3	2	1
15	6	9	2	1	1
14	7	7	3	1	2
121	**65**	**56**	**48**	**32**	**16**
21	13	8	11	9	2
15	5	10	7	4	3
26	16	10	6	4	2
25	12	13	11	7	4
34	19	15	13	8	5
203	**103**	**100**	**113**	**66**	**47**
43	16	27	28	14	14
47	27	20	28	20	8
30	16	14	17	10	7
45	19	26	25	14	11
38	25	13	15	8	7
105	**52**	**53**	**69**	**42**	**27**
31	17	14	11	7	4
18	7	11	13	9	4
16	7	9	12	8	4
20	9	11	18	8	10
20	12	8	15	10	5
31	**12**	**19**	**36**	**24**	**12**
12	3	9	7	4	3
9	5	4	9	6	3
5	2	3	8	6	2
3	2	1	7	5	2
2		2	5	3	2
43	**27**	**16**	**18**	**6**	**12**
6	3	3	4	1	3
6	4	2	2		2
12	10	2	6	3	3
7	3	4	3	1	2
12	7	5	3	1	2

C-6-2 续表 4

受教育程度 年龄	合计	生男孩的妇女人数	生女孩的妇女人数	一孩		
				小计	男	女
初中	**21677**	**11720**	**9957**	**7572**	**4181**	**3391**
15-19岁	**400**	**208**	**192**	**343**	**186**	**157**
15	7	2	5	7	2	5
16	16	8	8	15	7	8
17	60	33	27	55	32	23
18	123	66	57	106	58	48
19	194	99	95	160	87	73
20-24岁	**3261**	**1728**	**1533**	**1990**	**1092**	**898**
20	362	201	161	281	157	124
21	500	276	224	336	193	143
22	708	381	327	459	253	206
23	775	391	384	425	225	200
24	916	479	437	489	264	225
25-29岁	**5842**	**3124**	**2718**	**2291**	**1237**	**1054**
25	969	523	446	457	263	194
26	968	502	466	452	223	229
27	1168	612	556	448	240	208
28	1203	663	540	455	260	195
29	1534	824	710	479	251	228
30-34岁	**8048**	**4329**	**3719**	**2039**	**1107**	**932**
30	2098	1143	955	632	354	278
31	1849	971	878	443	226	217
32	1542	850	692	384	208	176
33	1477	783	694	331	185	146
34	1082	582	500	249	134	115
35-39岁	**3029**	**1706**	**1323**	**625**	**382**	**243**
35	848	484	364	175	102	73
36	700	390	310	149	97	52
37	572	331	241	127	78	49
38	557	326	231	104	67	37
39	352	175	177	70	38	32
40-44岁	**756**	**431**	**325**	**179**	**105**	**74**
40	263	149	114	58	36	22
41	173	98	75	42	21	21
42	149	82	67	25	13	12
43	94	49	45	29	15	14
44	77	53	24	25	20	5
45-49岁	**341**	**194**	**147**	**105**	**72**	**33**
45	76	42	34	23	14	9
46	61	34	27	18	11	7
47	67	36	31	23	14	9
48	69	41	28	15	11	4
49	68	41	27	26	22	4

单位：人

二孩			三孩及以上		
小计	男	女	小计	男	女
10310	**5361**	**4949**	**3795**	**2178**	**1617**
55	**21**	**34**	**2**	**1**	**1**
1	1				
5	1	4			
17	8	9			
32	11	21	2	1	1
1102	**538**	**564**	**169**	**98**	**71**
69	36	33	12	8	4
147	73	74	17	10	7
233	122	111	16	6	10
296	132	164	54	34	20
357	175	182	70	40	30
2790	**1447**	**1343**	**761**	**440**	**321**
427	216	211	85	44	41
410	212	198	106	67	39
559	278	281	161	94	67
567	310	257	181	93	88
827	431	396	228	142	86
4259	**2233**	**2026**	**1750**	**989**	**761**
1084	569	515	382	220	162
977	520	457	429	225	204
824	429	395	334	213	121
824	428	396	322	170	152
550	287	263	283	161	122
1552	**814**	**738**	**852**	**510**	**342**
442	238	204	231	144	87
349	178	171	202	115	87
288	152	136	157	101	56
300	160	140	153	99	54
173	86	87	109	51	58
379	**216**	**163**	**198**	**110**	**88**
130	72	58	75	41	34
93	54	39	38	23	15
84	45	39	40	24	16
40	24	16	25	10	15
32	21	11	20	12	8
173	**92**	**81**	**63**	**30**	**33**
41	22	19	12	6	6
28	16	12	15	7	8
33	18	15	11	4	7
41	22	19	13	8	5
30	14	16	12	5	7

C-6-2 续表 5

受教育程度 年　　龄	合　计	生男孩的妇女人数	生女孩的妇女人数	一　孩		
				小计	男	女
高　中	**15895**	**8613**	**7282**	**7030**	**3918**	**3112**
15-19岁	**140**	**74**	**66**	**130**	**70**	**60**
15	2	2		2	2	
16	7	6	1	7	6	1
17	10	3	7	10	3	7
18	36	18	18	34	17	17
19	85	45	40	77	42	35
20-24岁	**2413**	**1288**	**1125**	**1847**	**1022**	**825**
20	190	107	83	170	100	70
21	324	172	152	272	151	121
22	512	279	233	407	225	182
23	621	327	294	467	249	218
24	766	403	363	531	297	234
25-29岁	**5047**	**2715**	**2332**	**2582**	**1407**	**1175**
25	885	483	402	573	316	257
26	797	436	361	448	250	198
27	939	515	424	490	280	210
28	1086	564	522	523	271	252
29	1340	717	623	548	290	258
30-34岁	**5999**	**3296**	**2703**	**1906**	**1082**	**824**
30	1693	922	771	590	333	257
31	1414	799	615	452	267	185
32	1135	589	546	359	182	177
33	1027	587	440	277	178	99
34	730	399	331	228	122	106
35-39岁	**1830**	**995**	**835**	**433**	**260**	**173**
35	522	276	246	135	73	62
36	428	227	201	104	63	41
37	340	197	143	88	55	33
38	343	186	157	65	42	23
39	197	109	88	41	27	14
40-44岁	**361**	**191**	**170**	**89**	**55**	**34**
40	116	63	53	31	17	14
41	105	49	56	26	17	9
42	63	38	25	17	12	5
43	37	18	19	8	4	4
44	40	23	17	7	5	2
45-49岁	**105**	**54**	**51**	**43**	**22**	**21**
45	26	16	10	10	6	4
46	19	8	11	11	5	6
47	28	15	13	12	6	6
48	13	7	6	4	2	2
49	19	8	11	6	3	3

单位：人

二孩			三孩及以上		
小计	男	女	小计	男	女
7448	**3841**	**3607**	**1417**	**854**	**563**
10	**4**	**6**			
2	1	1			
8	3	5			
519	**243**	**276**	**47**	**23**	**24**
19	7	12	1		1
50	21	29	2		2
97	50	47	8	4	4
140	70	70	14	8	6
213	95	118	22	11	11
2171	**1133**	**1038**	**294**	**175**	**119**
287	151	136	25	16	9
320	168	152	29	18	11
387	202	185	62	33	29
503	252	251	60	41	19
674	360	314	118	67	51
3387	**1785**	**1602**	**706**	**429**	**277**
908	469	439	195	120	75
812	434	378	150	98	52
642	334	308	134	73	61
621	330	291	129	79	50
404	218	186	98	59	39
1086	**543**	**543**	**311**	**192**	**119**
305	153	152	82	50	32
248	120	128	76	44	32
197	103	94	55	39	16
221	108	113	57	36	21
115	59	56	41	23	18
221	**105**	**116**	**51**	**31**	**20**
66	32	34	19	14	5
65	24	41	14	8	6
43	25	18	3	1	2
22	11	11	7	3	4
25	13	12	8	5	3
54	**28**	**26**	**8**	**4**	**4**
11	6	5	5	4	1
8	3	5			
15	9	6	1		1
8	5	3	1		1
12	5	7	1		1

C-6-2 续表 6

受教育程度 年龄	合计	生男孩的妇女人数	生女孩的妇女人数	一孩		
				小计	男	女
大学专科	**10218**	**5516**	**4702**	**5199**	**2834**	**2365**
15-19岁	**29**	**14**	**15**	**28**	**13**	**15**
15						
16						
17	1		1	1		1
18	8	6	2	7	5	2
19	20	8	12	20	8	12
20-24岁	**1268**	**689**	**579**	**1052**	**561**	**491**
20	45	24	21	42	22	20
21	132	71	61	113	62	51
22	235	125	110	200	106	94
23	351	189	162	301	155	146
24	505	280	225	396	216	180
25-29岁	**3687**	**2007**	**1680**	**2353**	**1275**	**1078**
25	595	320	275	457	245	212
26	659	360	299	480	266	214
27	753	391	362	495	256	239
28	815	460	355	491	258	233
29	865	476	389	430	250	180
30-34岁	**3840**	**2072**	**1768**	**1435**	**801**	**634**
30	1082	591	491	478	284	194
31	920	512	408	354	192	162
32	734	387	347	271	143	128
33	621	310	311	197	100	97
34	483	272	211	135	82	53
35-39岁	**1133**	**593**	**540**	**280**	**156**	**124**
35	333	180	153	81	45	36
36	265	144	121	68	39	29
37	224	115	109	49	28	21
38	177	81	96	55	29	26
39	134	73	61	27	15	12
40-44岁	**219**	**118**	**101**	**39**	**23**	**16**
40	72	34	38	10	5	5
41	55	37	18	6	4	2
42	40	24	16	11	8	3
43	28	10	18	7	2	5
44	24	13	11	5	4	1
45-49岁	**42**	**23**	**19**	**12**	**5**	**7**
45	16	10	6	5	3	2
46	12	6	6	2	1	1
47	4	1	3	2		2
48	5	3	2			
49	5	3	2	3	1	2

单位：人

二孩			三孩及以上		
小计	男	女	小计	男	女
4592	**2416**	**2176**	**427**	**266**	**161**
1	**1**				
1	1				
207	**124**	**83**	**9**	**4**	**5**
3	2	1			
17	9	8	2		2
34	19	15	1		1
49	33	16	1	1	
104	61	43	5	3	2
1272	**690**	**582**	**62**	**42**	**20**
135	72	63	3	3	
170	89	81	9	5	4
248	129	119	10	6	4
309	188	121	15	14	1
410	212	198	25	14	11
2190	**1137**	**1053**	**215**	**134**	**81**
558	275	283	46	32	14
518	293	225	48	27	21
425	216	209	38	28	10
373	184	189	51	26	25
316	169	147	32	21	11
736	**366**	**370**	**117**	**71**	**46**
216	110	106	36	25	11
167	86	81	30	19	11
160	78	82	15	9	6
99	41	58	23	11	12
94	51	43	13	7	6
159	**83**	**76**	**21**	**12**	**9**
56	26	30	6	3	3
42	28	14	7	5	2
26	13	13	3	3	
17	8	9	4		4
18	8	10	1	1	
27	**15**	**12**	**3**	**3**	
10	6	4	1	1	
9	4	5	1	1	
2	1	1			
4	2	2	1	1	
2	2				

C-6-2 续表 7

受教育程度 年龄	合计	生男孩的妇女人数	生女孩的妇女人数	一孩		
				小计	男	女
大学本科	**7139**	**3767**	**3372**	**3879**	**2051**	**1828**
15-19	**5**	**3**	**2**	**5**	**3**	**2**
15						
16						
17						
18	1	1		1	1	
19	4	2	2	4	2	2
20-24岁	**337**	**169**	**168**	**295**	**151**	**144**
20	7	3	4	5	3	2
21	23	14	9	23	14	9
22	51	26	25	48	25	23
23	94	49	45	79	41	38
24	162	77	85	140	68	72
25-29岁	**2698**	**1398**	**1300**	**2002**	**1041**	**961**
25	342	175	167	288	152	136
26	409	215	194	330	175	155
27	587	312	275	468	245	223
28	611	298	313	442	220	222
29	749	398	351	474	249	225
30-34岁	**3098**	**1644**	**1454**	**1356**	**724**	**632**
30	903	465	438	502	262	240
31	706	371	335	327	167	160
32	614	336	278	244	130	114
33	487	266	221	175	108	67
34	388	206	182	108	57	51
35-39岁	**809**	**454**	**355**	**192**	**111**	**81**
35	234	130	104	63	40	23
36	187	102	85	43	25	18
37	149	87	62	38	22	16
38	144	84	60	26	15	11
39	95	51	44	22	9	13
40-44岁	**174**	**91**	**83**	**24**	**19**	**5**
40	43	20	23	5	3	2
41	61	29	32	5	5	
42	25	17	8	6	5	1
43	27	14	13	5	3	2
44	18	11	7	3	3	
45-49岁	**18**	**8**	**10**	**5**	**2**	**3**
45	8	3	5	2		2
46	8	4	4	2	1	1
47	1		1			
48						
49	1	1		1	1	

单位：人

二孩			三孩及以上		
小计	男	女	小计	男	女
3068	**1604**	**1464**	**192**	**112**	**80**
42	**18**	**24**			
2		2			
3	1	2			
15	8	7			
22	9	13			
667	**340**	**327**	**29**	**17**	**12**
50	21	29	4	2	2
78	39	39	1	1	
112	61	51	7	6	1
160	75	85	9	3	6
267	144	123	8	5	3
1658	**871**	**787**	**84**	**49**	**35**
383	190	193	18	13	5
361	198	163	18	6	12
352	193	159	18	13	5
298	148	150	14	10	4
264	142	122	16	7	9
552	**301**	**251**	**65**	**42**	**23**
157	80	77	14	10	4
127	68	59	17	9	8
100	56	44	11	9	2
102	59	43	16	10	6
66	38	28	7	4	3
137	**68**	**69**	**13**	**4**	**9**
35	16	19	3	1	2
51	23	28	5	1	4
18	11	7	1	1	
19	10	9	3	1	2
14	8	6	1		1
12	**6**	**6**	**1**		**1**
6	3	3			
5	3	2	1		1
1		1			

C-6-2 续表 8

受教育程度 年 龄	合 计	生男孩的 妇女人数	生女孩的 妇女人数	一 孩		
				小计	男	女
硕士研究生	**738**	**391**	**347**	**433**	**225**	**208**
15-19岁						
15						
16						
17						
18						
19						
20-24岁	**5**	**3**	**2**	**4**	**3**	**1**
20						
21						
22	1	1		1	1	
23	2	1	1	2	1	1
24	2	1	1	1	1	
25-29岁	**211**	**116**	**95**	**186**	**102**	**84**
25	9	6	3	9	6	3
26	12	6	6	12	6	6
27	36	19	17	31	16	15
28	56	33	23	48	29	19
29	98	52	46	86	45	41
30-34岁	**405**	**202**	**203**	**222**	**108**	**114**
30	109	37	72	84	27	57
31	105	60	45	62	35	27
32	73	43	30	29	20	9
33	71	38	33	29	16	13
34	47	24	23	18	10	8
35-39岁	**100**	**58**	**42**	**19**	**12**	**7**
35	36	17	19	9	6	3
36	24	17	7	5	4	1
37	15	8	7	5	2	3
38	20	12	8			
39	5	4	1			
40-44岁	**17**	**12**	**5**	**2**		**2**
40	10	7	3	1		1
41	6	5	1			
42	1		1	1		1
43						
44						
45-49岁						
45						
46						
47						
48						
49						

单位：人

二孩			三孩及以上		
小计	男	女	小计	男	女
299	**162**	**137**	**6**	**4**	**2**
1		**1**			
1		1			
25	**14**	**11**			
5	3	2			
8	4	4			
12	7	5			
179	**92**	**87**	**4**	**2**	**2**
24	10	14	1		1
42	24	18	1	1	
44	23	21			
42	22	20			
27	13	14	2	1	1
79	**44**	**35**	**2**	**2**	
27	11	16			
19	13	6			
9	5	4	1	1	
19	11	8	1	1	
5	4	1			
15	**12**	**3**			
9	7	2			
6	5	1			

C-6-2 续表 9

受教育程度 年龄	合计	生男孩的妇女人数	生女孩的妇女人数	一孩 小计	一孩 男	一孩 女
博士研究生	**69**	**30**	**39**	**36**	**14**	**22**
15-19岁						
15						
16						
17						
18						
19						
20-24岁						
20						
21						
22						
23						
24						
25-29岁	**11**	**4**	**7**	**9**	**4**	**5**
25						
26						
27	2		2	2		2
28	6	3	3	5	3	2
29	3	1	2	2	1	1
30-34岁	**40**	**14**	**26**	**20**	**6**	**14**
30	7	4	3	4	2	2
31	16	8	8	8	3	5
32	9	1	8	3		3
33	4	1	3	3	1	2
34	4		4	2		2
35-39岁	**16**	**11**	**5**	**7**	**4**	**3**
35	4	3	1	1	1	
36	2	1	1	1		1
37	4	4		2	2	
38	5	2	3	2		2
39	1	1		1	1	
40-44岁	**2**	**1**	**1**			
40	1		1			
41	1	1				
42						
43						
44						
45-49岁						
45						
46						
47						
48						
49						

单位：人

二孩			三孩及以上		
小计	男	女	小计	男	女
33	**16**	**17**			
2		**2**			
1		1			
1		1			
20	**8**	**12**			
3	2	1			
8	5	3			
6	1	5			
1		1			
2		2			
9	**7**	**2**			
3	2	1			
1	1				
2	2				
3	2	1			
2	**1**	**1**			
1		1			
1	1				

C-6-2a 全省按年龄、受教育程度、生育孩次

受教育程度 年龄	合计	生男孩的妇女人数	生女孩的妇女人数	一孩		
				小计	男	女
总计	**17404**	**9352**	**8052**	**8084**	**4364**	**3720**
15-19岁	**90**	**49**	**41**	**80**	**47**	**33**
15	2	2		2	2	
16	3	1	2	3	1	2
17	12	8	4	11	7	4
18	22	15	7	22	15	7
19	51	23	28	42	22	20
20-24岁	**1506**	**806**	**700**	**1183**	**648**	**535**
20	88	47	41	74	41	33
21	157	84	73	134	76	58
22	307	161	146	244	129	115
23	399	210	189	328	174	154
24	555	304	251	403	228	175
25-29岁	**5299**	**2810**	**2489**	**3293**	**1751**	**1542**
25	727	383	344	510	270	240
26	820	433	387	573	307	266
27	1053	556	497	710	369	341
28	1243	658	585	745	386	359
29	1456	780	676	755	419	336
30-34岁	**7326**	**3939**	**3387**	**2758**	**1475**	**1283**
30	1836	972	864	863	451	412
31	1714	935	779	676	375	301
32	1456	769	687	520	265	255
33	1346	733	613	420	236	184
34	974	530	444	279	148	131
35-39岁	**2502**	**1392**	**1110**	**617**	**353**	**264**
35	698	363	335	183	95	88
36	588	336	252	146	89	57
37	506	303	203	129	79	50
38	442	238	204	97	55	42
39	268	152	116	62	35	27
40-44岁	**534**	**277**	**257**	**97**	**58**	**39**
40	173	91	82	34	20	14
41	157	80	77	24	16	8
42	89	56	33	17	12	5
43	60	20	40	13	3	10
44	55	30	25	9	7	2
45-49岁	**147**	**79**	**68**	**56**	**32**	**24**
45	38	19	19	15	7	8
46	35	19	16	14	9	5
47	26	12	14	9	4	5
48	15	11	4	3	2	1
49	33	18	15	15	10	5

分的育龄妇女人数(2019.11.1-2020.10.31)(城市)

单位：人

二孩			三孩及以上		
小计	男	女	小计	男	女
8189	**4281**	**3908**	**1131**	**707**	**424**
10	**2**	**8**			
1	1				
9	1	8			
299	**147**	**152**	**24**	**11**	**13**
14	6	8			
22	8	14	1		1
61	32	29	2		2
65	32	33	6	4	2
137	69	68	15	7	8
1822	**936**	**886**	**184**	**123**	**61**
199	100	99	18	13	5
226	112	114	21	14	7
309	161	148	34	26	8
452	240	212	46	32	14
636	323	313	65	38	27
4050	**2154**	**1896**	**518**	**310**	**208**
874	459	415	99	62	37
921	495	426	117	65	52
843	441	402	93	63	30
808	430	378	118	67	51
604	329	275	91	53	38
1569	**823**	**746**	**316**	**216**	**100**
444	223	221	71	45	26
364	194	170	78	53	25
314	173	141	63	51	12
279	140	139	66	43	23
168	93	75	38	24	14
359	**176**	**183**	**78**	**43**	**35**
114	55	59	25	16	9
113	53	60	20	11	9
60	35	25	12	9	3
36	16	20	11	1	10
36	17	19	10	6	4
80	**43**	**37**	**11**	**4**	**7**
21	10	11	2	2	
16	10	6	5		5
16	8	8	1		1
9	7	2	3	2	1
18	8	10			

C-6-2a 续表 1

受教育程度 年龄	合计	生男孩的妇女人数	生女孩的妇女人数	一孩		
				小计	男	女
未上过学	**19**	**11**	**8**	**10**	**7**	**3**
15-19岁	**1**		**1**			
15						
16						
17						
18						
19	1		1			
20-24岁	**4**	**2**	**2**	**2**	**2**	
20	1	1		1	1	
21						
22						
23						
24	3	1	2	1	1	
25-29岁	**6**	**3**	**3**	**5**	**2**	**3**
25						
26	2	1	1	2	1	1
27	2		2	2		2
28						
29	2	2		1	1	
30-34岁	**7**	**5**	**2**	**2**	**2**	
30	3	3		1	1	
31	2	2		1	1	
32	1		1			
33	1		1			
34						
35-39岁						
35						
36						
37						
38						
39						
40-44岁	**1**	**1**		**1**	**1**	
40	1	1		1	1	
41						
42						
43						
44						
45-49岁						
45						
46						
47						
48						
49						

单位：人

二孩			三孩及以上		
小计	男	女	小计	男	女
8	**4**	**4**	**1**		**1**
1		**1**			
1		1			
1		**1**	**1**		**1**
1		1	1		1
1	**1**				
1	1				
5	**3**	**2**			
2	2				
1	1				
1		1			
1		1			

C-6-2a 续表 2

受教育程度 年　　龄	合　计	生男孩的 妇女人数	生女孩的 妇女人数	一　孩		
				小计	男	女
学前教育	**2**	**2**		**2**	**2**	
15-19 岁						
15						
16						
17						
18						
19						
20-24 岁						
20						
21						
22						
23						
24						
25-29 岁	**1**	**1**		**1**	**1**	
25						
26						
27						
28						
29	1	1		1	1	
30-34 岁	**1**	**1**		**1**	**1**	
30						
31	1	1		1	1	
32						
33						
34						
35-39 岁						
35						
36						
37						
38						
39						
40-44 岁						
40						
41						
42						
43						
44						
45-49 岁						
45						
46						
47						
48						
49						

单位：人

二　孩			三孩及以上		
小计	男	女	小计	男	女

C-6-2a 续表 3

受教育程度 年龄	合计	生男孩的妇女人数	生女孩的妇女人数	一孩		
				小计	男	女
小学	**169**	**93**	**76**	**66**	**38**	**28**
15-19岁	**2**	**1**	**1**	**2**	**1**	**1**
15						
16	1		1	1		1
17	1	1		1	1	
18						
19						
20-24岁	**13**	**7**	**6**	**8**	**4**	**4**
20	1		1			
21	1	1		1	1	
22	5	3	2	4	2	2
23						
24	6	3	3	3	1	2
25-29岁	**30**	**22**	**8**	**14**	**11**	**3**
25	5	5		2	2	
26	10	6	4	6	5	1
27	5	5		1	1	
28	5	3	2	1	1	
29	5	3	2	4	2	2
30-34岁	**66**	**32**	**34**	**24**	**9**	**15**
30	22	10	12	11	4	7
31	13	9	4	4	2	2
32	7	2	5	3	2	1
33	13	4	9	3		3
34	11	7	4	3	1	2
35-39岁	**35**	**17**	**18**	**11**	**7**	**4**
35	12	6	6	2	1	1
36	3	1	2	2	1	1
37	4	3	1	3	2	1
38	9	4	5	2	2	
39	7	3	4	2	1	1
40-44岁	**15**	**10**	**5**	**3**	**3**	
40	2	2		1	1	
41	5	2	3	1	1	
42	6	5	1	1	1	
43	1		1			
44	1	1				
45-49岁	**8**	**4**	**4**	**4**	**3**	**1**
45						
46	1	1		1	1	
47	1		1	1		1
48	1	1		1	1	
49	5	2	3	1	1	

单位：人

二孩			三孩及以上		
小计	男	女	小计	男	女
62	**31**	**31**	**41**	**24**	**17**
5	**3**	**2**			
1		1			
1	1				
3	2	1			
11	**7**	**4**	**5**	**4**	**1**
2	2		1	1	
2		2	2	1	1
3	3		1	1	
3	1	2	1	1	
1	1				
27	**14**	**13**	**15**	**9**	**6**
6	2	4	5	4	1
7	5	2	2	2	
2		2	2		2
7	3	4	3	1	2
5	4	1	3	2	1
12	**4**	**8**	**12**	**6**	**6**
5	2	3	5	3	2
1		1			
			1	1	
3	1	2	4	1	3
3	1	2	2	1	1
3	**2**	**1**	**9**	**5**	**4**
			1	1	
2	1	1	2		2
1	1		4	3	1
			1		1
			1	1	
4	**1**	**3**			
4	1	3			

C-6-2a 续表 4

受教育程度 年 龄	合 计	生男孩的 妇女人数	生女孩的 妇女人数	一 孩		
				小计	男	女
初 中	**3002**	**1621**	**1381**	**1033**	**545**	**488**
15-19 岁	**39**	**17**	**22**	**32**	**16**	**16**
15	1	1		1	1	
16	1		1	1		1
17	8	6	2	7	5	2
18	8	6	2	8	6	2
19	21	4	17	15	4	11
20-24 岁	**340**	**182**	**158**	**219**	**119**	**100**
20	30	16	14	26	14	12
21	40	25	15	29	20	9
22	72	36	36	47	22	25
23	72	37	35	44	22	22
24	126	68	58	73	41	32
25-29 岁	**734**	**380**	**354**	**310**	**160**	**150**
25	98	51	47	43	25	18
26	116	55	61	61	29	32
27	136	72	64	57	29	28
28	183	93	90	84	41	43
29	201	109	92	65	36	29
30-34 岁	**1201**	**631**	**570**	**315**	**153**	**162**
30	277	141	136	86	38	48
31	256	135	121	66	37	29
32	237	130	107	59	27	32
33	261	138	123	59	31	28
34	170	87	83	45	20	25
35-39 岁	**501**	**303**	**198**	**108**	**70**	**38**
35	119	62	57	23	11	12
36	114	74	40	26	19	7
37	120	78	42	28	17	11
38	91	52	39	18	13	5
39	57	37	20	13	10	3
40-44 岁	**126**	**73**	**53**	**26**	**13**	**13**
40	41	27	14	11	7	4
41	36	18	18	7	3	4
42	23	17	6			
43	17	5	12	6	1	5
44	9	6	3	2	2	
45-49 岁	**61**	**35**	**26**	**23**	**14**	**9**
45	13	7	6	6	3	3
46	15	8	7	6	4	2
47	10	6	4	4	2	2
48	9	7	2	1	1	
49	14	7	7	6	4	2

单位：人

二孩			三孩及以上		
小计	男	女	小计	男	女
1562	**818**	**744**	**407**	**258**	**149**
7	**1**	**6**			
1	1				
6		6			
109	**56**	**53**	**12**	**7**	**5**
4	2	2			
11	5	6			
24	14	10	1		1
24	12	12	4	3	1
46	23	23	7	4	3
358	**175**	**183**	**66**	**45**	**21**
49	22	27	6	4	2
48	21	27	7	5	2
65	32	33	14	11	3
80	40	40	19	12	7
116	60	56	20	13	7
708	**378**	**330**	**178**	**100**	**78**
158	84	74	33	19	14
151	81	70	39	17	22
148	81	67	30	22	8
157	82	75	45	25	20
94	50	44	31	17	14
276	**146**	**130**	**117**	**87**	**30**
74	37	37	22	14	8
63	36	27	25	19	6
61	35	26	31	26	5
48	20	28	25	19	6
30	18	12	14	9	5
73	**43**	**30**	**27**	**17**	**10**
19	12	7	11	8	3
23	10	13	6	5	1
18	14	4	5	3	2
7	3	4	4	1	3
6	4	2	1		1
31	**19**	**12**	**7**	**2**	**5**
6	3	3	1	1	
5	4	1	4		4
6	4	2			
6	5	1	2	1	1
8	3	5			

C-6-2a 续表 5

受教育程度 年 龄	合 计	生男孩的妇女人数	生女孩的妇女人数	一 孩		
				小计	男	女
高 中	**4657**	**2534**	**2123**	**2025**	**1140**	**885**
15-19岁	**36**	**23**	**13**	**34**	**22**	**12**
15	1	1		1	1	
16	1	1		1	1	
17	3	1	2	3	1	2
18	11	7	4	11	7	4
19	20	13	7	18	12	6
20-24岁	**551**	**288**	**263**	**439**	**243**	**196**
20	42	23	19	36	20	16
21	59	32	27	51	30	21
22	123	67	56	97	56	41
23	149	68	81	126	61	65
24	178	98	80	129	76	53
25-29岁	**1342**	**714**	**628**	**711**	**387**	**324**
25	212	115	97	134	73	61
26	201	115	86	128	76	52
27	250	132	118	158	86	72
28	309	163	146	146	72	74
29	370	189	181	145	80	65
30-34岁	**1850**	**1038**	**812**	**618**	**356**	**262**
30	452	255	197	176	103	73
31	436	248	188	141	87	54
32	359	189	170	125	65	60
33	367	221	146	105	68	37
34	236	125	111	71	33	38
35-39岁	**683**	**375**	**308**	**171**	**101**	**70**
35	187	90	97	50	26	24
36	165	96	69	37	24	13
37	140	84	56	43	28	15
38	118	65	53	27	15	12
39	73	40	33	14	8	6
40-44岁	**155**	**75**	**80**	**37**	**22**	**15**
40	50	24	26	15	7	8
41	40	17	23	10	6	4
42	27	17	10	8	7	1
43	15	5	10	1		1
44	23	12	11	3	2	1
45-49岁	**40**	**21**	**19**	**15**	**9**	**6**
45	11	6	5	4	2	2
46	7	3	4	4	2	2
47	11	6	5	2	2	
48	3	1	2	1		1
49	8	5	3	4	3	1

单位：人

二孩			三孩及以上		
小计	男	女	小计	男	女
2258	**1165**	**1093**	**374**	**229**	**145**
2	**1**	**1**			
2	1	1			
104	**42**	**62**	**8**	**3**	**5**
6	3	3			
8	2	6			
25	11	14	1		1
21	6	15	2	1	1
44	20	24	5	2	3
559	**280**	**279**	**72**	**47**	**25**
71	37	34	7	5	2
67	35	32	6	4	2
80	38	42	12	8	4
149	80	69	14	11	3
192	90	102	33	19	14
1046	**569**	**477**	**186**	**113**	**73**
242	130	112	34	22	12
247	129	118	48	32	16
202	108	94	32	16	16
223	130	93	39	23	16
132	72	60	33	20	13
426	**219**	**207**	**86**	**55**	**31**
119	55	64	18	9	9
104	55	49	24	17	7
82	44	38	15	12	3
76	41	35	15	9	6
45	24	21	14	8	6
98	**43**	**55**	**20**	**10**	**10**
29	13	16	6	4	2
26	9	17	4	2	2
19	10	9			
11	5	6	3		3
13	6	7	7	4	3
23	**11**	**12**	**2**	**1**	**1**
6	3	3	1	1	
3	1	2			
8	4	4	1		1
2	1	1			
4	2	2			

C-6-2a 续表 6

受教育程度 年龄	合计	生男孩的妇女人数	生女孩的妇女人数	一孩		
				小计	男	女
大学专科	**4662**	**2491**	**2171**	**2315**	**1244**	**1071**
15-19岁	**10**	**6**	**4**	**10**	**6**	**4**
15						
16						
17						
18	2	1	1	2	1	1
19	8	5	3	8	5	3
20-24岁	**445**	**247**	**198**	**380**	**206**	**174**
20	10	6	4	9	5	4
21	48	22	26	44	21	23
22	91	46	45	81	40	41
23	127	74	53	113	63	50
24	169	99	70	133	77	56
25-29岁	**1523**	**827**	**696**	**991**	**532**	**459**
25	241	121	120	189	93	96
26	277	149	128	206	113	93
27	303	165	138	199	107	92
28	337	188	149	205	106	99
29	365	204	161	192	113	79
30-34岁	**1912**	**1014**	**898**	**733**	**395**	**338**
30	480	259	221	222	124	98
31	454	246	208	188	106	82
32	373	189	184	135	65	70
33	333	160	173	109	49	60
34	272	160	112	79	51	28
35-39岁	**638**	**329**	**309**	**175**	**92**	**83**
35	187	101	86	52	23	29
36	150	79	71	46	26	20
37	133	70	63	30	17	13
38	107	46	61	34	18	16
39	61	33	28	13	8	5
40-44岁	**110**	**55**	**55**	**16**	**9**	**7**
40	37	16	21	4	3	1
41	29	20	9	3	3	
42	19	9	10	4	2	2
43	12	4	8	3		3
44	13	6	7	2	1	1
45-49岁	**24**	**13**	**11**	**10**	**4**	**6**
45	7	4	3	3	2	1
46	7	4	3	2	1	1
47	3		3	2		2
48	2	2				
49	5	3	2	3	1	2

单位：人

二孩			三孩及以上		
小计	男	女	小计	男	女
2167	**1133**	**1034**	**180**	**114**	**66**
62	**40**	**22**	**3**	**1**	**2**
1	1				
3	1	2	1		1
10	6	4			
14	11	3			
34	21	13	2	1	1
510	**280**	**230**	**22**	**15**	**7**
51	27	24	1	1	
66	33	33	5	3	2
101	56	45	3	2	1
125	76	49	7	6	1
167	88	79	6	3	3
1096	**567**	**529**	**83**	**52**	**31**
241	126	115	17	9	8
250	130	120	16	10	6
222	110	112	16	14	2
203	100	103	21	11	10
180	101	79	13	8	5
406	**202**	**204**	**57**	**35**	**22**
118	66	52	17	12	5
88	43	45	16	10	6
93	47	46	10	6	4
62	23	39	11	5	6
45	23	22	3	2	1
80	**36**	**44**	**14**	**10**	**4**
29	11	18	4	2	2
21	13	8	5	4	1
12	4	8	3	3	
8	4	4	1		1
10	4	6	1	1	
13	**8**	**5**	**1**	**1**	
4	2	2			
5	3	2			
1		1			
1	1		1	1	
2	2				

C-6-2a 续表 7

受教育程度 年龄	合计	生男孩的妇女人数	生女孩的妇女人数	一孩		
				小计	男	女
大学本科	**4232**	**2246**	**1986**	**2255**	**1190**	**1065**
15-19岁	**2**	**2**		**2**	**2**	
15						
16						
17						
18	1	1		1	1	
19	1	1		1	1	
20-24岁	**149**	**77**	**72**	**131**	**71**	**60**
20	4	1	3	2	1	1
21	9	4	5	9	4	5
22	15	8	7	14	8	6
23	49	30	19	43	27	16
24	72	34	38	63	31	32
25-29岁	**1495**	**770**	**725**	**1112**	**573**	**539**
25	166	88	78	137	74	63
26	206	104	102	162	80	82
27	330	167	163	268	132	136
28	358	182	176	266	140	126
29	435	229	206	279	147	132
30-34岁	**1928**	**1037**	**891**	**864**	**463**	**401**
30	513	271	242	297	158	139
31	444	233	211	210	105	105
32	412	224	188	173	92	81
33	315	179	136	120	74	46
34	244	130	114	64	34	30
35-39岁	**536**	**304**	**232**	**130**	**69**	**61**
35	154	84	70	47	27	20
36	133	71	62	30	16	14
37	92	57	35	20	12	8
38	92	57	35	14	7	7
39	65	35	30	19	7	12
40-44岁	**108**	**50**	**58**	**12**	**10**	**2**
40	31	14	17	1	1	
41	40	17	23	3	3	
42	13	8	5	3	2	1
43	15	6	9	3	2	1
44	9	5	4	2	2	
45-49岁	**14**	**6**	**8**	**4**	**2**	**2**
45	7	2	5	2		2
46	5	3	2	1	1	
47	1		1			
48						
49	1	1		1	1	

单位：人

二孩			三孩及以上		
小计	男	女	小计	男	女
1855	**978**	**877**	**122**	**78**	**44**
18	**6**	**12**			
2		2			
1		1			
6	3	3			
9	3	6			
364	**185**	**179**	**19**	**12**	**7**
26	12	14	3	2	1
43	23	20	1	1	
58	31	27	4	4	
87	40	47	5	2	3
150	79	71	6	3	3
1012	**540**	**472**	**52**	**34**	**18**
207	105	102	9	8	1
223	125	98	11	3	8
226	121	105	13	11	2
185	98	87	10	7	3
171	91	80	9	5	4
364	**204**	**160**	**42**	**31**	**11**
98	50	48	9	7	2
90	48	42	13	7	6
67	40	27	5	5	
68	42	26	10	8	2
41	24	17	5	4	1
88	**39**	**49**	**8**	**1**	**7**
27	12	15	3	1	2
34	14	20	3		3
10	6	4			
10	4	6	2		2
7	3	4			
9	**4**	**5**	**1**		**1**
5	2	3			
3	2	1	1		1
1		1			

C-6-2a 续表 8

受教育程度 年龄	合计	生男孩的妇女人数	生女孩的妇女人数	一孩		
				小计	男	女
硕士研究生	**599**	**326**	**273**	**345**	**186**	**159**
15-19岁						
15						
16						
17						
18						
19						
20-24岁	**4**	**3**	**1**	**4**	**3**	**1**
20						
21						
22	1	1		1	1	
23	2	1	1	2	1	1
24	1	1		1	1	
25-29岁	**159**	**90**	**69**	**142**	**82**	**60**
25	5	3	2	5	3	2
26	8	3	5	8	3	5
27	26	15	11	24	14	10
28	46	27	19	39	24	15
29	74	42	32	66	38	28
30-34岁	**326**	**168**	**158**	**182**	**91**	**91**
30	84	30	54	67	22	45
31	93	53	40	57	33	24
32	60	34	26	22	14	8
33	52	30	22	21	13	8
34	37	21	16	15	9	6
35-39岁	**93**	**53**	**40**	**15**	**10**	**5**
35	35	17	18	8	6	2
36	21	14	7	4	3	1
37	13	7	6	3	1	2
38	20	12	8			
39	4	3	1			
40-44岁	**17**	**12**	**5**	**2**		**2**
40	10	7	3	1		1
41	6	5	1			
42	1		1	1		1
43						
44						
45-49岁						
45						
46						
47						
48						
49						

单位：人

二孩			三孩及以上		
小计	男	女	小计	男	女
248	**136**	**112**	**6**	**4**	**2**
17	**8**	**9**			
2	1	1			
7	3	4			
8	4	4			
140	**75**	**65**	**4**	**2**	**2**
16	8	8	1		1
35	19	16	1	1	
38	20	18			
31	17	14			
20	11	9	2	1	1
76	**41**	**35**	**2**	**2**	
27	11	16			
17	11	6			
9	5	4	1	1	
19	11	8	1	1	
4	3	1			
15	**12**	**3**			
9	7	2			
6	5	1			

C-6-2a 续表 9

受教育程度 年 龄	合 计	生男孩的 妇女人数	生女孩的 妇女人数	一 孩		
				小计	男	女
博士研究生	**62**	**28**	**34**	**33**	**12**	**21**
15-19岁						
15						
16						
17						
18						
19						
20-24岁						
20						
21						
22						
23						
24						
25-29岁	**9**	**3**	**6**	**7**	**3**	**4**
25						
26						
27	1		1	1		1
28	5	2	3	4	2	2
29	3	1	2	2	1	1
30-34岁	**35**	**13**	**22**	**19**	**5**	**14**
30	5	3	2	3	1	2
31	15	8	7	8	3	5
32	7	1	6	3		3
33	4	1	3	3	1	2
34	4		4	2		2
35-39岁	**16**	**11**	**5**	**7**	**4**	**3**
35	4	3	1	1	1	
36	2	1	1	1		1
37	4	4		2	2	
38	5	2	3	2		2
39	1	1		1	1	
40-44岁	**2**	**1**	**1**			
40	1		1			
41	1	1				
42						
43						
44						
45-49岁						
45						
46						
47						
48						
49						

单位：人

二孩			三孩及以上		
小计	男	女	小计	男	女
29	**16**	**13**			
2		**2**			
1		1			
1		1			
16	**8**	**8**			
2	2				
7	5	2			
4	1	3			
1		1			
2		2			
9	**7**	**2**			
3	2	1			
1	1				
2	2				
3	2	1			
2	**1**	**1**			
1		1			
1	1				

C-6-2b 全省按年龄、受教育程度、生育孩次

受教育程度 年 龄	合 计	生男孩的妇女人数	生女孩的妇女人数	一 孩		
				小计	男	女
总 计	**17959**	**9696**	**8263**	**7613**	**4204**	**3409**
15-19岁	**150**	**76**	**74**	**141**	**71**	**70**
15	2	1	1	2	1	1
16	8	6	2	7	5	2
17	18	10	8	18	10	8
18	44	23	21	40	20	20
19	78	36	42	74	35	39
20-24岁	**2292**	**1201**	**1091**	**1647**	**885**	**762**
20	182	106	76	159	95	64
21	318	166	152	240	130	110
22	460	245	215	334	185	149
23	579	301	278	402	210	192
24	753	383	370	512	265	247
25-29岁	**5616**	**3054**	**2562**	**3014**	**1639**	**1375**
25	922	495	427	618	342	276
26	954	519	435	556	309	247
27	1108	595	513	613	329	284
28	1172	636	536	604	324	280
29	1460	809	651	623	335	288
30-34岁	**6832**	**3686**	**3146**	**2156**	**1203**	**953**
30	1951	1042	909	726	411	315
31	1564	848	716	511	268	243
32	1273	675	598	397	222	175
33	1152	616	536	284	166	118
34	892	505	387	238	136	102
35-39岁	**2264**	**1228**	**1036**	**457**	**287**	**170**
35	618	347	271	122	82	40
36	512	281	231	113	70	43
37	421	220	201	89	56	33
38	427	235	192	80	49	31
39	286	145	141	53	30	23
40-44岁	**580**	**326**	**254**	**124**	**76**	**48**
40	180	94	86	34	19	15
41	152	80	72	31	19	12
42	111	69	42	27	17	10
43	76	45	31	18	11	7
44	61	38	23	14	10	4
45-49岁	**225**	**125**	**100**	**74**	**43**	**31**
45	53	31	22	14	8	6
46	40	20	20	14	8	6
47	46	26	20	19	9	10
48	51	30	21	14	9	5
49	35	18	17	13	9	4

分的育龄妇女人数(2019.11.1–2020.10.31)(镇)

单位：人

二孩			三孩及以上		
小计	男	女	小计	男	女
8426	**4382**	**4044**	**1920**	**1110**	**810**
9	**5**	**4**			
1	1				
4	3	1			
4	1	3			
574	**274**	**300**	**71**	**42**	**29**
20	9	11	3	2	1
71	32	39	7	4	3
116	55	61	10	5	5
160	82	78	17	9	8
207	96	111	34	22	12
2258	**1210**	**1048**	**344**	**205**	**139**
276	138	138	28	15	13
343	175	168	55	35	20
421	224	197	74	42	32
496	270	226	72	42	30
722	403	319	115	71	44
3761	**1958**	**1803**	**915**	**525**	**390**
983	491	492	242	140	102
848	458	390	205	122	83
724	372	352	152	81	71
690	348	342	178	102	76
516	289	227	138	80	58
1344	**675**	**669**	**463**	**266**	**197**
387	203	184	109	62	47
288	146	142	111	65	46
238	107	131	94	57	37
256	130	126	91	56	35
175	89	86	58	26	32
362	**198**	**164**	**94**	**52**	**42**
114	58	56	32	17	15
98	50	48	23	11	12
67	40	27	17	12	5
44	26	18	14	8	6
39	24	15	8	4	4
118	**62**	**56**	**33**	**20**	**13**
29	19	10	10	4	6
21	7	14	5	5	
22	14	8	5	3	2
29	15	14	8	6	2
17	7	10	5	2	3

C-6-2b 续表 1

受教育程度 年　　龄	合　计	生男孩的 妇女人数	生女孩的 妇女人数	一　孩		
				小计	男	女
未上过学	**19**	**13**	**6**	**10**	**7**	**3**
15-19 岁						
15						
16						
17						
18						
19						
20-24 岁	**1**	**1**				
20						
21	1	1				
22						
23						
24						
25-29 岁	**5**	**4**	**1**	**4**	**3**	**1**
25						
26	1		1	1		1
27	2	2		1	1	
28	1	1		1	1	
29	1	1		1	1	
30-34 岁	**9**	**5**	**4**	**5**	**3**	**2**
30	3	1	2	1		1
31	3	2	1	3	2	1
32	1		1			
33	1	1		1	1	
34	1	1				
35-39 岁	**4**	**3**	**1**	**1**	**1**	
35	2	1	1			
36	1	1		1	1	
37	1	1				
38						
39						
40-44 岁						
40						
41						
42						
43						
44						
45-49 岁						
45						
46						
47						
48						
49						

单位：人

二孩			三孩及以上		
小计	男	女	小计	男	女
6	**5**	**1**	**3**	**1**	**2**
1	**1**				
1	1				
1	**1**				
1	1				
2	**2**		**2**		**2**
1	1		1		1
			1		1
1	1				
2	**1**	**1**	**1**	**1**	
2	1	1			
			1	1	

C-6-2b 续表 2

受教育程度 年　　龄	合　计	生男孩的妇女人数	生女孩的妇女人数	一　孩		
				小计	男	女
学前教育	**4**	**2**	**2**	**2**		**2**
15-19岁						
15						
16						
17						
18						
19						
20-24岁	**1**		**1**	**1**		**1**
20	1		1	1		1
21						
22						
23						
24						
25-29岁	**3**	**2**	**1**	**1**		**1**
25						
26						
27	1		1	1		1
28	2	2				
29						
30-34岁						
30						
31						
32						
33						
34						
35-39岁						
35						
36						
37						
38						
39						
40-44岁						
40						
41						
42						
43						
44						
45-49岁						
45						
46						
47						
48						
49						

单位：人

二　孩			三孩及以上		
小计	男	女	小计	男	女
2	**2**				
2	**2**				
2	2				

C-6-2b 续表 3

受教育程度 年龄	合计	生男孩的妇女人数	生女孩的妇女人数	一孩		
				小计	男	女
小学	**374**	**217**	**157**	**124**	**73**	**51**
15-19岁	**1**		**1**	**1**		**1**
15						
16						
17	1		1	1		1
18						
19						
20-24岁	**39**	**21**	**18**	**22**	**12**	**10**
20	5	4	1	5	4	1
21	8	2	6	6	1	5
22	7	5	2	3	3	
23	11	7	4	3	3	
24	8	3	5	5	1	4
25-29岁	**97**	**60**	**37**	**38**	**24**	**14**
25	17	15	2	10	8	2
26	15	6	9	5	2	3
27	17	12	5	7	4	3
28	21	11	10	9	6	3
29	27	16	11	7	4	3
30-34岁	**139**	**75**	**64**	**40**	**23**	**17**
30	28	15	13	6	4	2
31	37	22	15	15	7	8
32	23	13	10	8	6	2
33	27	9	18	5	3	2
34	24	16	8	6	3	3
35-39岁	**55**	**35**	**20**	**8**	**5**	**3**
35	14	10	4	2	2	
36	14	9	5	3	1	2
37	13	7	6	2	1	1
38	7	4	3			
39	7	5	2	1	1	
40-44岁	**22**	**14**	**8**	**5**	**3**	**2**
40	6	3	3			
41	5	5		2	2	
42	4	2	2	1		1
43	5	4	1	1	1	
44	2		2	1		1
45-49岁	**21**	**12**	**9**	**10**	**6**	**4**
45	4	1	3			
46	2	2		2	2	
47	7	4	3	3	1	2
48	5	3	2	3	2	1
49	3	2	1	2	1	1

单位：人

二　孩			三孩及以上		
小计	男	女	小计	男	女
178	**97**	**81**	**72**	**47**	**25**
14	**7**	**7**	**3**	**2**	**1**
2	1	1			
3	1	2	1	1	
7	4	3	1		1
2	1	1	1	1	
40	**25**	**15**	**19**	**11**	**8**
3	3		4	4	
6	2	4	4	2	2
9	7	2	1	1	
10	5	5	2		2
12	8	4	8	4	4
71	**35**	**36**	**28**	**17**	**11**
14	7	7	8	4	4
15	9	6	7	6	1
13	6	7	2	1	1
15	3	12	7	3	4
14	10	4	4	3	1
35	**20**	**15**	**12**	**10**	**2**
11	7	4	1	1	
6	3	3	5	5	
7	3	4	4	3	1
6	4	2	1		1
5	3	2	1	1	
10	**5**	**5**	**7**	**6**	**1**
5	2	3	1	1	
2	2		1	1	
1		1	2	2	
1	1		3	2	1
1		1			
8	**5**	**3**	**3**	**1**	**2**
2	1	1	2		2
4	3	1			
2	1	1			
			1	1	

C-6-2b 续表 4

受教育程度 年 龄	合 计	生男孩的妇女人数	生女孩的妇女人数	一 孩		
				小计	男	女
初 中	**6560**	**3536**	**3024**	**2284**	**1261**	**1023**
15-19岁	**100**	**51**	**49**	**94**	**48**	**46**
15	1		1	1		1
16	6	4	2	5	3	2
17	15	9	6	15	9	6
18	29	12	17	27	11	16
19	49	26	23	46	25	21
20-24岁	**930**	**476**	**454**	**582**	**315**	**267**
20	90	52	38	73	44	29
21	146	75	71	99	54	45
22	196	95	101	123	66	57
23	227	113	114	133	68	65
24	271	141	130	154	83	71
25-29岁	**1715**	**918**	**797**	**718**	**378**	**340**
25	311	157	154	174	94	80
26	306	165	141	142	70	72
27	324	167	157	130	69	61
28	336	191	145	132	72	60
29	438	238	200	140	73	67
30-34岁	**2485**	**1358**	**1127**	**631**	**360**	**271**
30	661	377	284	193	121	72
31	565	295	270	135	64	71
32	452	239	213	122	71	51
33	477	249	228	104	61	43
34	330	198	132	77	43	34
35-39岁	**943**	**519**	**424**	**166**	**106**	**60**
35	251	147	104	44	29	15
36	223	128	95	42	30	12
37	179	91	88	30	19	11
38	175	105	70	31	20	11
39	115	48	67	19	8	11
40-44岁	**256**	**140**	**116**	**55**	**30**	**25**
40	96	49	47	18	10	8
41	55	28	27	13	6	7
42	53	30	23	12	6	6
43	26	16	10	5	3	2
44	26	17	9	7	5	2
45-49岁	**131**	**74**	**57**	**38**	**24**	**14**
45	29	16	13	8	4	4
46	20	11	9	5	3	2
47	23	12	11	8	4	4
48	37	21	16	8	5	3
49	22	14	8	9	8	1

单位：人

二孩			三孩及以上		
小计	男	女	小计	男	女
3139	**1614**	**1525**	**1137**	**661**	**476**
6	**3**	**3**			
1	1				
2	1	1			
3	1	2			
299	**130**	**169**	**49**	**31**	**18**
14	6	8	3	2	1
42	17	25	5	4	1
68	27	41	5	2	3
82	38	44	12	7	5
93	42	51	24	16	8
798	**420**	**378**	**199**	**120**	**79**
120	57	63	17	6	11
126	69	57	38	26	12
151	72	79	43	26	17
160	93	67	44	26	18
241	129	112	57	36	21
1322	**690**	**632**	**532**	**308**	**224**
331	173	158	137	83	54
299	151	148	131	80	51
248	124	124	82	44	38
274	137	137	99	51	48
170	105	65	83	50	33
503	**257**	**246**	**274**	**156**	**118**
143	80	63	64	38	26
114	57	57	67	41	26
88	39	49	61	33	28
96	54	42	48	31	17
62	27	35	34	13	21
141	**78**	**63**	**60**	**32**	**28**
53	27	26	25	12	13
31	17	14	11	5	6
28	15	13	13	9	4
16	10	6	5	3	2
13	9	4	6	3	3
70	**36**	**34**	**23**	**14**	**9**
18	12	6	3		3
11	4	7	4	4	
10	5	5	5	3	2
21	10	11	8	6	2
10	5	5	3	1	2

C-6-2b 续表5

受教育程度 年 龄	合 计	生男孩的 妇女人数	生女孩的 妇女人数	一 孩		
				小计	男	女
高 中	**5476**	**2945**	**2531**	**2373**	**1333**	**1040**
15-19岁	**37**	**18**	**19**	**35**	**17**	**18**
15	1	1		1	1	
16	2	2		2	2	
17	1	1		1	1	
18	10	6	4	9	5	4
19	23	8	15	22	8	14
20-24岁	**778**	**426**	**352**	**587**	**328**	**259**
20	63	37	26	58	35	23
21	110	58	52	86	47	39
22	170	97	73	134	75	59
23	193	109	84	142	82	60
24	242	125	117	167	89	78
25-29岁	**1735**	**943**	**792**	**878**	**486**	**392**
25	300	164	136	197	111	86
26	281	151	130	147	85	62
27	318	169	149	160	86	74
28	370	192	178	182	103	79
29	466	267	199	192	101	91
30-34岁	**2075**	**1108**	**967**	**666**	**375**	**291**
30	604	317	287	215	118	97
31	480	261	219	169	97	72
32	398	196	202	120	59	61
33	329	189	140	79	52	27
34	264	145	119	83	49	34
35-39岁	**657**	**344**	**313**	**152**	**93**	**59**
35	182	99	83	47	27	20
36	143	65	78	40	22	18
37	109	62	47	25	18	7
38	143	75	68	20	13	7
39	80	43	37	20	13	7
40-44岁	**140**	**77**	**63**	**32**	**22**	**10**
40	35	20	15	7	5	2
41	48	21	27	11	8	3
42	24	15	9	5	3	2
43	19	12	7	6	4	2
44	14	9	5	3	2	1
45-49岁	**54**	**29**	**25**	**23**	**12**	**11**
45	11	8	3	4	3	1
46	10	4	6	6	3	3
47	15	9	6	8	4	4
48	8	6	2	3	2	1
49	10	2	8	2		2

单位：人

二孩			三孩及以上		
小计	男	女	小计	男	女
2606	**1333**	**1273**	**497**	**279**	**218**
2	**1**	**1**			
1	1				
1		1			
175	**91**	**84**	**16**	**7**	**9**
5	2	3			
22	11	11	2		2
33	20	13	3	2	1
47	25	22	4	2	2
68	33	35	7	3	4
760	**403**	**357**	**97**	**54**	**43**
96	48	48	7	5	2
124	60	64	10	6	4
135	73	62	23	10	13
167	76	91	21	13	8
238	146	92	36	20	16
1160	**590**	**570**	**249**	**143**	**106**
314	159	155	75	40	35
269	140	129	42	24	18
228	111	117	50	26	24
201	103	98	49	34	15
148	77	71	33	19	14
392	**189**	**203**	**113**	**62**	**51**
109	60	49	26	12	14
76	31	45	27	12	15
66	31	35	18	13	5
95	44	51	28	18	10
46	23	23	14	7	7
91	**45**	**46**	**17**	**10**	**7**
24	12	12	4	3	1
30	10	20	7	3	4
17	11	6	2	1	1
10	6	4	3	2	1
10	6	4	1	1	
26	**14**	**12**	**5**	**3**	**2**
3	2	1	4	3	1
4	1	3			
7	5	2			
5	4	1			
7	2	5	1		1

C-6-2b 续表 6

受教育程度 年　龄	合　计	生男孩的妇女人数	生女孩的妇女人数	一　孩		
				小计	男	女
大学专科	**3332**	**1803**	**1529**	**1636**	**889**	**747**
15-19岁	**11**	**6**	**5**	**10**	**5**	**5**
15						
16						
17	1		1	1		1
18	5	5		4	4	
19	5	1	4	5	1	4
20-24岁	**419**	**217**	**202**	**346**	**178**	**168**
20	20	11	9	19	10	9
21	44	25	19	40	23	17
22	66	38	28	53	31	22
23	115	54	61	97	44	53
24	174	89	85	137	70	67
25-29岁	**1236**	**671**	**565**	**765**	**415**	**350**
25	193	108	85	150	83	67
26	213	114	99	145	80	65
27	262	139	123	174	91	83
28	271	154	117	163	85	78
29	297	156	141	133	76	57
30-34岁	**1189**	**653**	**536**	**418**	**232**	**186**
30	350	188	162	143	85	58
31	278	160	118	100	50	50
32	236	133	103	87	51	36
33	173	96	77	49	25	24
34	152	76	76	39	21	18
35-39岁	**364**	**192**	**172**	**75**	**46**	**29**
35	108	56	52	19	15	4
36	83	47	36	15	8	7
37	63	30	33	13	8	5
38	57	27	30	18	9	9
39	53	32	21	10	6	4
40-44岁	**98**	**56**	**42**	**20**	**12**	**8**
40	31	16	15	5	2	3
41	23	14	9	3	1	2
42	19	14	5	6	5	1
43	15	6	9	4	2	2
44	10	6	4	2	2	
45-49岁	**15**	**8**	**7**	**2**	**1**	**1**
45	8	5	3	2	1	1
46	5	2	3			
47	1	1				
48	1		1			
49						

单位：人

二孩			三孩及以上		
小计	男	女	小计	男	女
1540	**820**	**720**	**156**	**94**	**62**
1	**1**				
1	1				
70	**37**	**33**	**3**	**2**	**1**
1	1				
4	2	2			
12	7	5	1		1
18	10	8			
35	17	18	2	2	
450	**241**	**209**	**21**	**15**	**6**
43	25	18			
65	33	32	3	1	2
84	45	39	4	3	1
106	67	39	2	2	
152	71	81	12	9	3
691	**375**	**316**	**80**	**46**	**34**
192	93	99	15	10	5
158	101	57	20	9	11
136	74	62	13	8	5
104	59	45	20	12	8
101	48	53	12	7	5
245	**119**	**126**	**44**	**27**	**17**
75	32	43	14	9	5
59	34	25	9	5	4
46	19	27	4	3	1
29	13	16	10	5	5
36	21	15	7	5	2
72	**42**	**30**	**6**	**2**	**4**
24	13	11	2	1	1
18	12	6	2	1	1
13	9	4			
9	4	5	2		2
8	4	4			
11	**5**	**6**	**2**	**2**	
5	3	2	1	1	
4	1	3	1	1	
1	1				
1		1			

C-6-2b 续表 7

受教育程度 年龄	合计	生男孩的妇女人数	生女孩的妇女人数	一孩		
				小计	男	女
大学本科	**2080**	**1125**	**955**	**1115**	**609**	**506**
15-19岁	**1**	**1**		**1**	**1**	
15						
16						
17						
18						
19	1	1		1	1	
20-24岁	**123**	**60**	**63**	**109**	**52**	**57**
20	3	2	1	3	2	1
21	9	5	4	9	5	4
22	21	10	11	21	10	11
23	33	18	15	27	13	14
24	57	25	32	49	22	27
25-29岁	**788**	**437**	**351**	**578**	**318**	**260**
25	98	48	50	84	43	41
26	135	81	54	113	70	43
27	176	102	74	135	76	59
28	164	82	82	110	54	56
29	215	124	91	136	75	61
30-34岁	**865**	**456**	**409**	**362**	**195**	**167**
30	280	136	144	152	77	75
31	192	103	89	86	47	39
32	151	87	64	55	31	24
33	130	64	66	39	21	18
34	112	66	46	30	19	11
35-39岁	**235**	**130**	**105**	**52**	**34**	**18**
35	61	34	27	10	9	1
36	45	28	17	11	7	4
37	54	28	26	17	9	8
38	45	24	21	11	7	4
39	30	16	14	3	2	1
40-44岁	**64**	**39**	**25**	**12**	**9**	**3**
40	12	6	6	4	2	2
41	21	12	9	2	2	
42	11	8	3	3	3	
43	11	7	4	2	1	1
44	9	6	3	1	1	
45-49岁	**4**	**2**	**2**	**1**		**1**
45	1	1				
46	3	1	2	1		1
47						
48						
49						

单位：人

二孩			三孩及以上		
小计	男	女	小计	男	女
910	**488**	**422**	**55**	**28**	**27**
14	**8**	**6**			
6	5	1			
8	3	5			
202	**114**	**88**	**8**	**5**	**3**
14	5	9			
22	11	11			
38	24	14	3	2	1
51	27	24	3	1	2
77	47	30	2	2	
479	**250**	**229**	**24**	**11**	**13**
122	56	66	6	3	3
101	53	48	5	3	2
92	54	38	4	2	2
88	41	47	3	2	1
76	46	30	6	1	5
164	**86**	**78**	**19**	**10**	**9**
47	23	24	4	2	2
31	19	12	3	2	1
31	15	16	6	4	2
30	15	15	4	2	2
25	14	11	2		2
48	**28**	**20**	**4**	**2**	**2**
8	4	4			
17	9	8	2	1	1
8	5	3			
8	5	3	1	1	
7	5	2	1		1
3	**2**	**1**			
1	1				
2	1	1			

C-6-2b 续表 8

受教育程度 年 龄	合 计	生男孩的妇女人数	生女孩的妇女人数	一孩		
				小计	男	女
硕士研究生	**108**	**53**	**55**	**67**	**30**	**37**
15-19岁						
15						
16						
17						
18						
19						
20-24岁	**1**		**1**			
20						
21						
22						
23						
24	1		1			
25-29岁	**36**	**18**	**18**	**31**	**14**	**17**
25	3	3		3	3	
26	3	2	1	3	2	1
27	8	4	4	5	2	3
28	6	2	4	6	2	4
29	16	7	9	14	5	9
30-34岁	**65**	**30**	**35**	**33**	**14**	**19**
30	23	7	16	15	5	10
31	8	5	3	3	1	2
32	10	7	3	5	4	1
33	15	8	7	7	3	4
34	9	3	6	3	1	2
35-39岁	**6**	**5**	**1**	**3**	**2**	**1**
35						
36	3	3		1	1	
37	2	1	1	2	1	1
38						
39	1	1				
40-44岁						
40						
41						
42						
43						
44						
45-49岁						
45						
46						
47						
48						
49						

单位：人

二孩			三孩及以上		
小计	男	女	小计	男	女
41	**23**	**18**			
1		**1**			
1		1			
5	**4**	**1**			
3	2	1			
2	2				
32	**16**	**16**			
8	2	6			
5	4	1			
5	3	2			
8	5	3			
6	2	4			
3	**3**				
2	2				
1	1				

C-6-2b 续表 9

受教育程度 年　　龄	合　计	生男孩的妇女人数	生女孩的妇女人数	一　孩		
				小计	男	女
博士研究生	**6**	**2**	**4**	**2**	**2**	
15-19岁						
15						
16						
17						
18						
19						
20-24岁						
20						
21						
22						
23						
24						
25-29岁	**1**	**1**		**1**	**1**	
25						
26						
27						
28	1	1		1	1	
29						
30-34岁	**5**	**1**	**4**	**1**	**1**	
30	2	1	1	1	1	
31	1		1			
32	2		2			
33						
34						
35-39岁						
35						
36						
37						
38						
39						
40-44岁						
40						
41						
42						
43						
44						
45-49岁						
45						
46						
47						
48						
49						

单位：人

二孩			三孩及以上		
小计	男	女	小计	男	女
4		**4**			
4		**4**			
1		1			
1		1			
2		2			

C-6-2c 全省按年龄、受教育程度、生育孩次

受教育程度 年龄	合计	生男孩的妇女人数	生女孩的妇女人数	一孩		
				小计	男	女
总计	**21740**	**11729**	**10011**	**8917**	**4912**	**4005**
15-19岁	**349**	**179**	**170**	**298**	**159**	**139**
15	5	1	4	5	1	4
16	14	8	6	14	8	6
17	46	21	25	42	21	21
18	105	53	52	89	46	43
19	179	96	83	148	83	65
20-24岁	**3639**	**1945**	**1694**	**2445**	**1342**	**1103**
20	353	192	161	278	153	125
21	525	293	232	384	221	163
22	770	422	348	552	304	248
23	900	461	439	560	295	265
24	1091	577	514	671	369	302
25-29岁	**6886**	**3674**	**3212**	**3243**	**1747**	**1496**
25	1208	667	541	681	386	295
26	1120	589	531	618	316	302
27	1381	733	648	634	353	281
28	1430	764	666	643	346	297
29	1747	921	826	667	346	321
30-34岁	**7749**	**4186**	**3563**	**2202**	**1224**	**978**
30	2218	1203	1015	737	420	317
31	1853	1011	842	500	270	230
32	1461	806	655	403	213	190
33	1279	677	602	326	194	132
34	938	489	449	236	127	109
35-39岁	**2383**	**1323**	**1060**	**532**	**313**	**219**
35	719	416	303	173	101	72
36	553	286	267	125	74	51
37	416	239	177	100	56	44
38	424	242	182	82	55	27
39	271	140	131	52	27	25
40-44岁	**512**	**295**	**217**	**137**	**84**	**53**
40	177	98	79	43	25	18
41	120	76	44	34	18	16
42	97	48	49	20	12	8
43	62	35	27	20	12	8
44	56	38	18	20	17	3
45-49岁	**222**	**127**	**95**	**60**	**43**	**17**
45	47	27	20	12	9	3
46	38	20	18	10	4	6
47	52	29	23	15	9	6
48	37	19	18	7	6	1
49	48	32	16	16	15	1

分的育龄妇女人数(2019.11.1 2020.10.31)(乡村)

单位：人

二孩			三孩及以上		
小计	男	女	小计	男	女
9724	**5038**	**4686**	**3099**	**1779**	**1320**
49	**19**	**30**	**2**	**1**	**1**
4		4			
16	7	9			
29	12	17	2	1	1
1051	**526**	**525**	**143**	**77**	**66**
63	32	31	12	7	5
128	66	62	13	6	7
201	111	90	17	7	10
291	135	156	49	31	18
368	182	186	52	26	26
2975	**1548**	**1427**	**668**	**379**	**289**
445	235	210	82	46	36
425	227	198	77	46	31
609	305	304	138	75	63
628	333	295	159	85	74
868	448	420	212	127	85
4102	**2126**	**1976**	**1445**	**836**	**609**
1151	586	565	330	197	133
999	549	450	354	192	162
760	400	360	298	193	105
707	353	354	246	130	116
485	238	247	217	124	93
1210	**631**	**579**	**641**	**379**	**262**
352	186	166	194	129	65
277	133	144	151	79	72
220	123	97	96	60	36
231	121	110	111	66	45
130	68	62	89	45	44
225	**124**	**101**	**150**	**87**	**63**
81	43	38	53	30	23
56	37	19	30	21	9
49	21	28	28	15	13
21	13	8	21	10	11
18	10	8	18	11	7
112	**64**	**48**	**50**	**20**	**30**
24	11	13	11	7	4
19	13	6	9	3	6
25	16	9	12	4	8
23	11	12	7	2	5
21	13	8	11	4	7

C-6-2c 续表 1

受教育程度 年龄	合计	生男孩的妇女人数	生女孩的妇女人数	一孩		
				小计	男	女
未上过学	**51**	**25**	**26**	**21**	**12**	**9**
15-19岁						
15						
16						
17						
18						
19						
20-24岁	**9**	**4**	**5**	**7**	**4**	**3**
20						
21	1		1	1		1
22	3	1	2	2	1	1
23	3	1	2	2	1	1
24	2	2		2	2	
25-29岁	**10**	**4**	**6**	**5**	**2**	**3**
25	1		1	1		1
26	4	3	1	2	2	
27	1		1			
28	4	1	3	2		2
29						
30-34岁	**17**	**8**	**9**	**4**	**2**	**2**
30	4	4		2	2	
31	5	2	3	1		1
32	3	1	2			
33	2		2	1		1
34	3	1	2			
35-39岁	**7**	**4**	**3**	**3**	**2**	**1**
35	1	1		1	1	
36	3	1	2	1		1
37						
38	3	2	1	1	1	
39						
40-44岁	**5**	**2**	**3**	**1**	**1**	
40	1	1		1	1	
41						
42	1		1			
43						
44	3	1	2			
45-49岁	**3**	**3**		**1**	**1**	
45	1	1				
46						
47						
48	1	1				
49	1	1		1	1	

单位：人

二孩			三孩及以上		
小计	男	女	小计	男	女
17	**8**	**9**	**13**	**5**	**8**
			2		**2**
			1		1
			1		1
3	**1**	**2**	**2**	**1**	**1**
1	1		1		1
1		1			
1		1	1	1	
9	**4**	**5**	**4**	**2**	**2**
2	2				
2		2	2	2	
2	1	1	1		1
			1		1
3	1	2			
2	**1**	**1**	**2**	**1**	**1**
			2	1	1
2	1	1			
2	**1**	**1**	**2**		**2**
			1		1
2	1	1	1		1
1	**1**		**1**	**1**	
			1	1	
1	1				

C-6-2c 续表 2

受教育程度 年龄	合计	生男孩的妇女人数	生女孩的妇女人数	一孩		
				小计	男	女
学前教育	**6**	**3**	**3**	**1**	**1**	
15-19岁	**1**	**1**		**1**	**1**	
15						
16						
17	1	1		1	1	
18						
19						
20-24岁	**2**	**1**	**1**			
20						
21						
22	1	1				
23	1		1			
24						
25-29岁						
25						
26						
27						
28						
29						
30-34岁	**1**		**1**			
30						
31						
32	1		1			
33						
34						
35-39岁	**1**		**1**			
35						
36						
37	1		1			
38						
39						
40-44岁	**1**	**1**				
40						
41						
42	1	1				
43						
44						
45-49岁						
45						
46						
47						
48						
49						

单位：人

二孩			三孩及以上		
小计	男	女	小计	男	女
3	**1**	**2**	**2**	**1**	**1**
2	**1**	**1**			
1	1				
1		1			
1		**1**			
1		1			
			1		**1**
			1		1
			1	**1**	
			1	1	

C-6-2c 续表 3

受教育程度 年龄	合计	生男孩的妇女人数	生女孩的妇女人数	一孩		
				小计	男	女
小学	**723**	**374**	**349**	**229**	**117**	**112**
15-19岁	**10**	**3**	**7**	**9**	**3**	**6**
15						
16	1	1		1	1	
17	2	1	1	2	1	1
18	3		3	3		3
19	4	1	3	3	1	2
20-24岁	**84**	**39**	**45**	**47**	**24**	**23**
20	11	5	6	6	2	4
21	10	6	4	6	5	1
22	14	6	8	6	2	4
23	20	7	13	11	4	7
24	29	15	14	18	11	7
25-29岁	**153**	**78**	**75**	**59**	**28**	**31**
25	34	18	16	12	6	6
26	17	6	11	9	2	7
27	29	16	13	11	8	3
28	35	19	16	15	7	8
29	38	19	19	12	5	7
30-34岁	**237**	**128**	**109**	**62**	**34**	**28**
30	53	22	31	15	9	6
31	60	35	25	16	10	6
32	47	28	19	19	9	10
33	46	27	19	8	4	4
34	31	16	15	4	2	2
35-39岁	**130**	**67**	**63**	**27**	**13**	**14**
35	29	18	11	9	7	2
36	26	10	16	7	2	5
37	20	9	11	4	1	3
38	28	14	14	4	3	1
39	27	16	11	3		3
40-44岁	**53**	**26**	**27**	**15**	**8**	**7**
40	15	3	12	3		3
41	18	10	8	7	3	4
42	7	4	3	2	2	
43	6	5	1	1	1	
44	7	4	3	2	2	
45-49岁	**56**	**33**	**23**	**10**	**7**	**3**
45	7	4	3	1	1	
46	10	4	6	2		2
47	16	11	5	2	1	1
48	9	4	5	1	1	
49	14	10	4	4	4	

单位：人

二孩			三孩及以上		
小计	男	女	小计	男	女
313	**153**	**160**	**181**	**104**	**77**
1		**1**			
1		1			
30	**12**	**18**	**7**	**3**	**4**
3	2	1	2	1	1
4	1	3			
6	3	3	2	1	1
8	2	6	1	1	
9	4	5	2		2
70	**33**	**37**	**24**	**17**	**7**
16	8	8	6	4	2
7	3	4	1	1	
14	6	8	4	2	2
12	6	6	8	6	2
21	10	11	5	4	1
105	**54**	**51**	**70**	**40**	**30**
23	7	16	15	6	9
25	13	12	19	12	7
15	10	5	13	9	4
23	13	10	15	10	5
19	11	8	8	3	5
58	**28**	**30**	**45**	**26**	**19**
15	8	7	5	3	2
11	4	7	8	4	4
9	4	5	7	4	3
11	4	7	13	7	6
12	8	4	12	8	4
18	**5**	**13**	**20**	**13**	**7**
7	1	6	5	2	3
5	2	3	6	5	1
3	1	2	2	1	1
2	1	1	3	3	
1		1	4	2	2
31	**21**	**10**	**15**	**5**	**10**
4	2	2	2	1	1
6	4	2	2		2
8	7	1	6	3	3
5	2	3	3	1	2
8	6	2	2		2

C-6-2c 续表 4

受教育程度 年龄	合计	生男孩的妇女人数	生女孩的妇女人数	一孩		
				小计	男	女
初中	**12115**	**6563**	**5552**	**4255**	**2375**	**1880**
15-19岁	**261**	**140**	**121**	**217**	**122**	**95**
15	5	1	4	5	1	4
16	9	4	5	9	4	5
17	37	18	19	33	18	15
18	86	48	38	71	41	30
19	124	69	55	99	58	41
20-24岁	**1991**	**1070**	**921**	**1189**	**658**	**531**
20	242	133	109	182	99	83
21	314	176	138	208	119	89
22	440	250	190	289	165	124
23	476	241	235	248	135	113
24	519	270	249	262	140	122
25-29岁	**3393**	**1826**	**1567**	**1263**	**699**	**564**
25	560	315	245	240	144	96
26	546	282	264	249	124	125
27	708	373	335	261	142	119
28	684	379	305	239	147	92
29	895	477	418	274	142	132
30-34岁	**4362**	**2340**	**2022**	**1093**	**594**	**499**
30	1160	625	535	353	195	158
31	1028	541	487	242	125	117
32	853	481	372	203	110	93
33	739	396	343	168	93	75
34	582	297	285	127	71	56
35-39岁	**1585**	**884**	**701**	**351**	**206**	**145**
35	478	275	203	108	62	46
36	363	188	175	81	48	33
37	273	162	111	69	42	27
38	291	169	122	55	34	21
39	180	90	90	38	20	18
40-44岁	**374**	**218**	**156**	**98**	**62**	**36**
40	126	73	53	29	19	10
41	82	52	30	22	12	10
42	73	35	38	13	7	6
43	51	28	23	18	11	7
44	42	30	12	16	13	3
45-49岁	**149**	**85**	**64**	**44**	**34**	**10**
45	34	19	15	9	7	2
46	26	15	11	7	4	3
47	34	18	16	11	8	3
48	23	13	10	6	5	1
49	32	20	12	11	10	1

单位：人

二孩			三孩及以上		
小计	男	女	小计	男	女
5609	**2929**	**2680**	**2251**	**1259**	**992**
42	**17**	**25**	**2**	**1**	**1**
4		4			
15	7	8			
23	10	13	2	1	1
694	**352**	**342**	**108**	**60**	**48**
51	28	23	9	6	3
94	51	43	12	6	6
141	81	60	10	4	6
190	82	108	38	24	14
218	110	108	39	20	19
1634	**852**	**782**	**496**	**275**	**221**
258	137	121	62	34	28
236	122	114	61	36	25
343	174	169	104	57	47
327	177	150	118	55	63
470	242	228	151	93	58
2229	**1165**	**1064**	**1040**	**581**	**459**
595	312	283	212	118	94
527	288	239	259	128	131
428	224	204	222	147	75
393	209	184	178	94	84
286	132	154	169	94	75
773	**411**	**362**	**461**	**267**	**194**
225	121	104	145	92	53
172	85	87	110	55	55
139	78	61	65	42	23
156	86	70	80	49	31
81	41	40	61	29	32
165	**95**	**70**	**111**	**61**	**50**
58	33	25	39	21	18
39	27	12	21	13	8
38	16	22	22	12	10
17	11	6	16	6	10
13	8	5	13	9	4
72	**37**	**35**	**33**	**14**	**19**
17	7	10	8	5	3
12	8	4	7	3	4
17	9	8	6	1	5
14	7	7	3	1	2
12	6	6	9	4	5

C-6-2c 续表 5

受教育程度 年 龄	合 计	生男孩的妇女人数	生女孩的妇女人数	一 孩		
				小计	男	女
高 中	**5762**	**3134**	**2628**	**2632**	**1445**	**1187**
15-19岁	**67**	**33**	**34**	**61**	**31**	**30**
15						
16	4	3	1	4	3	1
17	6	1	5	6	1	5
18	15	5	10	14	5	9
19	42	24	18	37	22	15
20-24岁	**1084**	**574**	**510**	**821**	**451**	**370**
20	85	47	38	76	45	31
21	155	82	73	135	74	61
22	219	115	104	176	94	82
23	279	150	129	199	106	93
24	346	180	166	235	132	103
25-29岁	**1970**	**1058**	**912**	**993**	**534**	**459**
25	373	204	169	242	132	110
26	315	170	145	173	89	84
27	371	214	157	172	108	64
28	407	209	198	195	96	99
29	504	261	243	211	109	102
30-34岁	**2074**	**1150**	**924**	**622**	**351**	**271**
30	637	350	287	199	112	87
31	498	290	208	142	83	59
32	378	204	174	114	58	56
33	331	177	154	93	58	35
34	230	129	101	74	40	34
35-39岁	**490**	**276**	**214**	**110**	**66**	**44**
35	153	87	66	38	20	18
36	120	66	54	27	17	10
37	91	51	40	20	9	11
38	82	46	36	18	14	4
39	44	26	18	7	6	1
40-44岁	**66**	**39**	**27**	**20**	**11**	**9**
40	31	19	12	9	5	4
41	17	11	6	5	3	2
42	12	6	6	4	2	2
43	3	1	2	1		1
44	3	2	1	1	1	
45-49岁	**11**	**4**	**7**	**5**	**1**	**4**
45	4	2	2	2	1	1
46	2	1	1	1		1
47	2		2	2		2
48	2		2			
49	1	1				

单位：人

二孩			三孩及以上		
小计	男	女	小计	男	女
2584	**1343**	**1241**	**546**	**346**	**200**
6	**2**	**4**			
1		1			
5	2	3			
240	**110**	**130**	**23**	**13**	**10**
8	2	6	1		1
20	8	12			
39	19	20	4	2	2
72	39	33	8	5	3
101	42	59	10	6	4
852	**450**	**402**	**125**	**74**	**51**
120	66	54	11	6	5
129	73	56	13	8	5
172	91	81	27	15	12
187	96	91	25	17	8
244	124	120	49	28	21
1181	**626**	**555**	**271**	**173**	**98**
352	180	172	86	58	28
296	165	131	60	42	18
212	115	97	52	31	21
197	97	100	41	22	19
124	69	55	32	20	12
268	**135**	**133**	**112**	**75**	**37**
77	38	39	38	29	9
68	34	34	25	15	10
49	28	21	22	14	8
50	23	27	14	9	5
24	12	12	13	8	5
32	**17**	**15**	**14**	**11**	**3**
13	7	6	9	7	2
9	5	4	3	3	
7	4	3	1		1
1		1	1	1	
2	1	1			
5	**3**	**2**	**1**		**1**
2	1	1			
1	1				
1		1	1		1
1	1				

C-6-2c 续表6

受教育程度 年龄	合计	生男孩的妇女人数	生女孩的妇女人数	一孩 小计	一孩 男	一孩 女
大学专科	**2224**	**1222**	**1002**	**1248**	**701**	**547**
15-19岁	**8**	**2**	**6**	**8**	**2**	**6**
15						
16						
17						
18	1		1	1		1
19	7	2	5	7	2	5
20-24岁	**404**	**225**	**179**	**326**	**177**	**149**
20	15	7	8	14	7	7
21	40	24	16	29	18	11
22	78	41	37	66	35	31
23	109	61	48	91	48	43
24	162	92	70	126	69	57
25-29岁	**928**	**509**	**419**	**597**	**328**	**269**
25	161	91	70	118	69	49
26	169	97	72	129	73	56
27	188	87	101	122	58	64
28	207	118	89	123	67	56
29	203	116	87	105	61	44
30-34岁	**739**	**405**	**334**	**284**	**174**	**110**
30	252	144	108	113	75	38
31	188	106	82	66	36	30
32	125	65	60	49	27	22
33	115	54	61	39	26	13
34	59	36	23	17	10	7
35-39岁	**131**	**72**	**59**	**30**	**18**	**12**
35	38	23	15	10	7	3
36	32	18	14	7	5	2
37	28	15	13	6	3	3
38	13	8	5	3	2	1
39	20	8	12	4	1	3
40-44岁	**11**	**7**	**4**	**3**	**2**	**1**
40	4	2	2	1		1
41	3	3				
42	2	1	1	1	1	
43	1		1			
44	1	1		1	1	
45-49岁	**3**	**2**	**1**			
45	1	1				
46						
47						
48	2	1	1			
49						

单位：人

二孩			三孩及以上		
小计	男	女	小计	男	女
885	**463**	**422**	**91**	**58**	**33**
75	**47**	**28**	**3**	**1**	**2**
1		1			
10	6	4	1		1
12	6	6			
17	12	5	1	1	
35	23	12	1		1
312	**169**	**143**	**19**	**12**	**7**
41	20	21	2	2	
39	23	16	1	1	
63	28	35	3	1	2
78	45	33	6	6	
91	53	38	7	2	5
403	**195**	**208**	**52**	**36**	**16**
125	56	69	14	13	1
110	62	48	12	8	4
67	32	35	9	6	3
66	25	41	10	3	7
35	20	15	7	6	1
85	**45**	**40**	**16**	**9**	**7**
23	12	11	5	4	1
20	9	11	5	4	1
21	12	9	1		1
8	5	3	2	1	1
13	7	6	3		3
7	**5**	**2**	**1**		**1**
3	2	1			
3	3				
1		1			
			1		1
3	**2**	**1**			
1	1				
2	1	1			

C-6-2c 续表 7

受教育程度 年 龄	合 计	生男孩的 妇女人数	生女孩的 妇女人数	一 孩		
				小计	男	女
大学本科	**827**	**396**	**431**	**509**	**252**	**257**
15-19岁	**2**		**2**	**2**		**2**
15						
16						
17						
18						
19	2		2	2		2
20-24岁	**65**	**32**	**33**	**55**	**28**	**27**
20						
21	5	5		5	5	
22	15	8	7	13	7	6
23	12	1	11	9	1	8
24	33	18	15	28	15	13
25-29岁	**415**	**191**	**224**	**312**	**150**	**162**
25	78	39	39	67	35	32
26	68	30	38	55	25	30
27	81	43	38	65	37	28
28	89	34	55	66	26	40
29	99	45	54	59	27	32
30-34岁	**305**	**151**	**154**	**130**	**66**	**64**
30	110	58	52	53	27	26
31	70	35	35	31	15	16
32	51	25	26	16	7	9
33	42	23	19	16	13	3
34	32	10	22	14	4	10
35-39岁	**38**	**20**	**18**	**10**	**8**	**2**
35	19	12	7	6	4	2
36	9	3	6	2	2	
37	3	2	1	1	1	
38	7	3	4	1	1	
39						
40-44岁	**2**	**2**				
40						
41						
42	1	1				
43	1	1				
44						
45-49岁						
45						
46						
47						
48						
49						

单位：人

二孩			三孩及以上		
小计	男	女	小计	男	女
303	**138**	**165**	**15**	**6**	**9**
10	**4**	**6**			
2	1	1			
3		3			
5	3	2			
101	**41**	**60**	**2**		**2**
10	4	6	1		1
13	5	8			
16	6	10			
22	8	14	1		1
40	18	22			
167	**81**	**86**	**8**	**4**	**4**
54	29	25	3	2	1
37	20	17	2		2
34	18	16	1		1
25	9	16	1	1	
17	5	12	1	1	
24	**11**	**13**	**4**	**1**	**3**
12	7	5	1	1	
6	1	5	1		1
2	1	1			
4	2	2	2		2
1	**1**		**1**	**1**	
			1	1	
1	1				

C-6-2c 续表 8

受教育程度 年龄	合计	生男孩的妇女人数	生女孩的妇女人数	一孩		
				小计	男	女
硕士研究生	**31**	**12**	**19**	**21**	**9**	**12**
15-19岁						
15						
16						
17						
18						
19						
20-24岁						
20						
21						
22						
23						
24						
25-29岁	**16**	**8**	**8**	**13**	**6**	**7**
25	1		1	1		1
26	1	1		1	1	
27	2		2	2		2
28	4	4		3	3	
29	8	3	5	6	2	4
30-34岁	**14**	**4**	**10**	**7**	**3**	**4**
30	2		2	2		2
31	4	2	2	2	1	1
32	3	2	1	2	2	
33	4		4	1		1
34	1		1			
35-39岁	**1**		**1**	**1**		**1**
35	1		1	1		1
36						
37						
38						
39						
40-44岁						
40						
41						
42						
43						
44						
45-49岁						
45						
46						
47						
48						
49						

单位：人

二　孩			三孩及以上		
小计	男	女	小计	男	女
10	**3**	**7**			
3	**2**	**1**			
1	1				
2	1	1			
7	**1**	**6**			
2	1	1			
1		1			
3		3			
1		1			

C-6-2c 续表 9

受教育程度 年　　龄	合　计	生男孩的 妇女人数	生女孩的 妇女人数	一　　孩		
				小计	男	女
博士研究生	**1**		**1**	**1**		**1**
15-19岁						
15						
16						
17						
18						
19						
20-24岁						
20						
21						
22						
23						
24						
25-29岁	**1**		**1**	**1**		**1**
25						
26						
27	1		1	1		1
28						
29						
30-34岁						
30						
31						
32						
33						
34						
35-39岁						
35						
36						
37						
38						
39						
40-44岁						
40						
41						
42						
43						
44						
45-49岁						
45						
46						
47						
48						
49						

单位：人

二孩			三孩及以上		
小计	男	女	小计	男	女

C-6-3 全省育龄妇女分年龄、孩次的生育状况
(2019.11.1-2020.10.31)

单位：人、‰

年龄	平均育龄妇女人数	出生人数	生育率	第一孩		第二孩		第三孩及以上	
				出生数	生育率	出生数	生育率	出生数	生育率
总计	**1568554**	**57163**	**36.44**	**24635**	**15.71**	**26370**	**16.81**	**6158**	**3.93**
15-19岁	**216979**	**844**	**3.89**	**736**	**3.39**	**101**	**0.47**	**7**	**0.03**
15	47498	14	0.29	14	0.29				
16	44876	47	1.05	46	1.03	1	0.02		
17	40485	119	2.94	108	2.67	11	0.27		
18	41481	245	5.91	206	4.97	37	0.89	2	0.05
19	42639	419	9.83	362	8.49	52	1.22	5	0.12
20-24岁	**156942**	**8738**	**55.68**	**6047**	**38.53**	**2392**	**15.24**	**299**	**1.91**
20	36874	813	22.05	642	17.41	156	4.23	15	0.41
21	32550	1289	39.60	951	29.22	310	9.52	28	0.86
22	29373	1718	58.49	1227	41.77	442	15.05	49	1.67
23	28614	2131	74.47	1444	50.46	602	21.04	85	2.97
24	29531	2787	94.38	1783	60.38	882	29.87	122	4.13
25-29岁	**184963**	**19341**	**104.57**	**9802**	**52.99**	**8102**	**43.80**	**1437**	**7.77**
25	27940	2825	101.11	1756	62.85	931	33.32	138	4.94
26	28080	3137	111.72	1795	63.92	1160	41.31	182	6.48
27	32546	3631	111.57	1955	60.07	1410	43.32	266	8.17
28	40683	4313	106.01	2054	50.49	1903	46.78	356	8.75
29	55714	5435	97.55	2242	40.24	2698	48.43	495	8.88
30-34岁	**292330**	**19948**	**68.24**	**6144**	**21.02**	**11015**	**37.68**	**2789**	**9.54**
30	65638	5695	86.76	2003	30.52	2947	44.90	745	11.35
31	61192	4703	76.86	1510	24.68	2618	42.78	575	9.40
32	61254	3995	65.22	1194	19.49	2222	36.28	579	9.45
33	55264	3153	57.05	834	15.09	1859	33.64	460	8.32
34	48982	2402	49.04	603	12.31	1369	27.95	430	8.78
35-39岁	**229672**	**6286**	**27.37**	**1395**	**6.07**	**3633**	**15.82**	**1258**	**5.48**
35	45728	1813	39.65	440	9.62	1035	22.63	338	7.39
36	44914	1461	32.53	329	7.33	850	18.93	282	6.28
37	49656	1310	26.38	275	5.54	771	15.53	264	5.32
38	49708	1084	21.81	215	4.33	621	12.49	248	4.99
39	39666	618	15.58	136	3.43	356	8.97	126	3.18
40-44岁	**210705**	**1423**	**6.75**	**321**	**1.52**	**829**	**3.93**	**273**	**1.30**
40	43173	502	11.63	99	2.29	299	6.93	104	2.41
41	39603	336	8.48	75	1.89	212	5.35	49	1.24
42	38769	249	6.42	58	1.50	135	3.48	56	1.44
43	42462	187	4.40	45	1.06	103	2.43	39	0.92
44	46698	149	3.19	44	0.94	80	1.71	25	0.54
45-49岁	**276963**	**583**	**2.10**	**190**	**0.69**	**298**	**1.08**	**95**	**0.34**
45	51399	127	2.47	35	0.68	62	1.21	30	0.58
46	55888	109	1.95	38	0.68	59	1.06	12	0.21
47	56950	129	2.27	38	0.67	70	1.23	21	0.37
48	53753	88	1.64	36	0.67	41	0.76	11	0.20
49	58973	130	2.20	43	0.73	66	1.12	21	0.36

C-6-3a　全省育龄妇女分年龄、孩次的生育状况（2019.11.1-2020.10.31）（城市）

单位：人、‰

年　龄	平均育龄妇女人数	出生人数	生育率	第一孩		第二孩		第三孩及以上	
				出生数	生育率	出生数	生育率	出生数	生育率
总　计	**507713**	**17414**	**34.30**	**8088**	**15.93**	**8194**	**16.14**	**1132**	**2.23**
15-19岁	**73643**	**120**	**1.63**	**107**	**1.45**	**13**	**0.18**		
15	12937	2	0.15	2	0.15				
16	12295	4	0.33	4	0.33				
17	13112	17	1.30	16	1.22	1	0.08		
18	16632	41	2.47	34	2.04	7	0.42		
19	18667	56	3.00	51	2.73	5	0.27		
20-24岁	**58256**	**1872**	**32.13**	**1434**	**24.62**	**407**	**6.99**	**31**	**0.53**
20	16053	131	8.16	110	6.85	21	1.31		
21	12418	224	18.04	185	14.90	37	2.98	2	0.16
22	10269	357	34.76	289	28.14	65	6.33	3	0.29
23	9671	470	48.60	370	38.26	88	9.10	12	1.24
24	9845	690	70.09	480	48.76	196	19.91	14	1.42
25-29岁	**59915**	**5852**	**97.67**	**3469**	**57.90**	**2158**	**36.02**	**225**	**3.76**
25	9358	756	80.79	545	58.24	191	20.41	20	2.14
26	9471	909	95.98	606	63.98	276	29.14	27	2.85
27	10556	1116	105.72	718	68.02	363	34.39	35	3.32
28	13053	1388	106.34	788	60.37	539	41.29	61	4.67
29	17477	1683	96.30	812	46.46	789	45.15	82	4.69
30-34岁	**96218**	**6745**	**70.10**	**2397**	**24.91**	**3839**	**39.90**	**509**	**5.29**
30	20981	1817	86.60	774	36.89	921	43.90	122	5.81
31	20184	1609	79.72	588	29.13	924	45.78	97	4.81
32	20256	1384	68.33	481	23.75	794	39.20	109	5.38
33	18584	1127	60.64	338	18.19	686	36.91	103	5.54
34	16213	808	49.84	216	13.32	514	31.70	78	4.81
35-39岁	**75976**	**2233**	**29.39**	**546**	**7.19**	**1399**	**18.41**	**288**	**3.79**
35	15143	649	42.86	177	11.69	399	26.35	73	4.82
36	15012	556	37.04	140	9.33	343	22.85	73	4.86
37	16558	447	27.00	93	5.62	293	17.70	61	3.68
38	16506	378	22.90	88	5.33	238	14.42	52	3.15
39	12757	203	15.91	48	3.76	126	9.88	29	2.27
40-44岁	**66618**	**456**	**6.84**	**83**	**1.25**	**305**	**4.58**	**68**	**1.02**
40	13982	162	11.59	25	1.79	113	8.08	24	1.72
41	12624	107	8.48	12	0.95	80	6.34	15	1.19
42	12614	84	6.66	20	1.59	48	3.81	16	1.27
43	13221	52	3.93	10	0.76	38	2.87	4	0.30
44	14177	51	3.60	16	1.13	26	1.83	9	0.63
45-49岁	**77087**	**136**	**1.76**	**52**	**0.67**	**73**	**0.95**	**11**	**0.14**
45	15029	37	2.46	15	1.00	18	1.20	4	0.27
46	15738	26	1.65	9	0.57	14	0.89	3	0.19
47	15825	22	1.39	5	0.32	15	0.95	2	0.13
48	14663	22	1.50	10	0.68	11	0.75	1	0.07
49	15832	29	1.83	13	0.82	15	0.95	1	0.06

C-6-3b 全省育龄妇女分年龄、孩次的生育状况（2019.11.1-2020.10.31）（镇）

单位：人、‰

年 龄	平均育龄妇女人数	出生人数	生育率	第一孩 出生数	第一孩 生育率	第二孩 出生数	第二孩 生育率	第三孩及以上 出生数	第三孩及以上 生育率
总 计	**501612**	**17978**	**35.84**	**7621**	**15.19**	**8436**	**16.82**	**1921**	**3.83**
15-19岁	**72073**	**228**	**3.16**	**213**	**2.96**	**15**	**0.21**		
15	18326	4	0.22	4	0.22				
16	17479	16	0.92	15	0.86	1	0.06		
17	13653	23	1.68	23	1.68				
18	11632	62	5.33	57	4.90	5	0.43		
19	10983	123	11.20	114	10.38	9	0.82		
20-24岁	**43920**	**2712**	**61.75**	**1909**	**43.47**	**717**	**16.33**	**86**	**1.96**
20	9203	237	25.75	198	21.51	36	3.91	3	0.33
21	8702	398	45.74	279	32.06	110	12.64	9	1.03
22	8572	536	62.53	387	45.15	134	15.63	15	1.75
23	8554	662	77.39	454	53.07	183	21.39	25	2.92
24	8889	879	98.89	591	66.49	254	28.57	34	3.82
25-29岁	**57807**	**6120**	**105.87**	**3066**	**53.04**	**2624**	**45.39**	**430**	**7.44**
25	8613	926	107.51	577	66.99	310	35.99	39	4.53
26	8639	998	115.52	574	66.44	367	42.48	57	6.60
27	10188	1152	113.07	614	60.27	457	44.86	81	7.95
28	12716	1305	102.63	606	47.66	606	47.66	93	7.31
29	17651	1739	98.52	695	39.37	884	50.08	160	9.06
30-34岁	**93445**	**6173**	**66.06**	**1840**	**19.69**	**3456**	**36.98**	**877**	**9.39**
30	20845	1799	86.30	621	29.79	918	44.04	260	12.47
31	19340	1411	72.96	458	23.68	796	41.16	157	8.12
32	19546	1235	63.18	340	17.39	712	36.43	183	9.36
33	17800	978	54.94	246	13.82	593	33.31	139	7.81
34	15914	750	47.13	175	11.00	437	27.46	138	8.67
35-39岁	**75484**	**2006**	**26.58**	**399**	**5.29**	**1187**	**15.73**	**420**	**5.56**
35	14929	550	36.84	121	8.11	321	21.50	108	7.23
36	14617	454	31.06	88	6.02	273	18.68	93	6.36
37	16348	442	27.04	90	5.51	259	15.84	93	5.69
38	16342	360	22.03	59	3.61	211	12.91	90	5.51
39	13248	200	15.10	41	3.09	123	9.28	36	2.72
40-44岁	**70052**	**529**	**7.55**	**120**	**1.71**	**332**	**4.74**	**77**	**1.10**
40	14354	181	12.61	37	2.58	116	8.08	28	1.95
41	13394	127	9.48	35	2.61	76	5.67	16	1.19
42	12851	88	6.85	18	1.40	57	4.44	13	1.01
43	14022	75	5.35	15	1.07	46	3.28	14	1.00
44	15431	58	3.76	15	0.97	37	2.40	6	0.39
45-49岁	**88831**	**210**	**2.36**	**74**	**0.83**	**105**	**1.18**	**31**	**0.35**
45	16768	40	2.39	13	0.78	16	0.95	11	0.66
46	18137	40	2.21	16	0.88	23	1.27	1	0.06
47	18512	55	2.97	16	0.86	29	1.57	10	0.54
48	17104	37	2.16	15	0.88	18	1.05	4	0.23
49	18310	38	2.08	14	0.76	19	1.04	5	0.27

C-6-3c 全省育龄妇女分年龄、孩次的生育状况（2019.11.1-2020.10.31）（乡村）

单位：人、‰

年 龄	平均育龄妇女人数	出生人数	生育率	第一孩		第二孩		第三孩及以上	
				出生数	生育率	出生数	生育率	出生数	生育率
总 计	**559229**	**21771**	**38.93**	**8926**	**15.96**	**9740**	**17.42**	**3105**	**5.55**
15-19岁	**71263**	**496**	**6.96**	**416**	**5.84**	**73**	**1.02**	**7**	**0.10**
15	16235	8	0.49	8	0.49				
16	15102	27	1.79	27	1.79				
17	13720	79	5.76	69	5.03	10	0.73		
18	13217	142	10.74	115	8.70	25	1.89	2	0.15
19	12989	240	18.48	197	15.17	38	2.93	5	0.38
20-24岁	**54766**	**4154**	**75.85**	**2704**	**49.37**	**1268**	**23.15**	**182**	**3.32**
20	11618	445	38.30	334	28.75	99	8.52	12	1.03
21	11430	667	58.36	487	42.61	163	14.26	17	1.49
22	10532	825	78.33	551	52.32	243	23.07	31	2.94
23	10389	999	96.16	620	59.68	331	31.86	48	4.62
24	10797	1218	112.81	712	65.94	432	40.01	74	6.85
25-29岁	**67241**	**7369**	**109.59**	**3267**	**48.59**	**3320**	**49.37**	**782**	**11.63**
25	9969	1143	114.66	634	63.60	430	43.13	79	7.92
26	9970	1230	123.37	615	61.69	517	51.86	98	9.83
27	11802	1363	115.49	623	52.79	590	49.99	150	12.71
28	14914	1620	108.62	660	44.25	758	50.82	202	13.54
29	20586	2013	97.78	735	35.70	1025	49.79	253	12.29
30-34岁	**102667**	**7030**	**68.47**	**1907**	**18.57**	**3720**	**36.23**	**1403**	**13.67**
30	23812	2079	87.31	608	25.53	1108	46.53	363	15.24
31	21668	1683	77.67	464	21.41	898	41.44	321	14.81
32	21452	1376	64.14	373	17.39	716	33.38	287	13.38
33	18880	1048	55.51	250	13.24	580	30.72	218	11.55
34	16855	844	50.07	212	12.58	418	24.80	214	12.70
35-39岁	**78212**	**2047**	**26.17**	**450**	**5.75**	**1047**	**13.39**	**550**	**7.03**
35	15656	614	39.22	142	9.07	315	20.12	157	10.03
36	15285	451	29.51	101	6.61	234	15.31	116	7.59
37	16750	421	25.13	92	5.49	219	13.07	110	6.57
38	16860	346	20.52	68	4.03	172	10.20	106	6.29
39	13661	215	15.74	47	3.44	107	7.83	61	4.47
40-44岁	**74035**	**438**	**5.92**	**118**	**1.59**	**192**	**2.59**	**128**	**1.73**
40	14837	159	10.72	37	2.49	70	4.72	52	3.50
41	13585	102	7.51	28	2.06	56	4.12	18	1.32
42	13304	77	5.79	20	1.50	30	2.25	27	2.03
43	15219	60	3.94	20	1.31	19	1.25	21	1.38
44	17090	40	2.34	13	0.76	17	0.99	10	0.59
45-49岁	**111045**	**237**	**2.13**	**64**	**0.58**	**120**	**1.08**	**53**	**0.48**
45	19602	50	2.55	7	0.36	28	1.43	15	0.77
46	22013	43	1.95	13	0.59	22	1.00	8	0.36
47	22613	52	2.30	17	0.75	26	1.15	9	0.40
48	21986	29	1.32	11	0.50	12	0.55	6	0.27
49	24831	63	2.54	16	0.64	32	1.29	15	0.60

C-6-4 各地区育龄妇女年龄别生育率

单位：‰

地 区	总 和 生育率	15-19岁	20-24岁	25-29岁	30-34岁	35-39岁	40-44岁	45-49岁
全 省	**1343**	**3.89**	**55.68**	**104.57**	**68.24**	**27.37**	**6.75**	**2.10**
长沙市	1217.73	1.70	32.11	98.38	71.69	31.51	6.37	1.78
株洲市	1250.43	1.58	49.79	104.81	65.23	22.78	4.92	0.98
湘潭市	1165.65	2.15	43.35	94.81	62.85	23.40	4.96	1.60
衡阳市	1273.22	4.14	58.88	98.59	61.19	22.86	6.87	2.13
邵阳市	1494.59	6.05	76.50	110.02	68.72	27.01	7.38	3.23
岳阳市	1376.99	4.16	58.86	107.32	70.41	26.90	5.89	1.87
常德市	1176.32	1.40	45.68	102.72	59.33	20.60	4.00	1.53
张家界市	1439.85	1.89	52.10	107.79	76.16	36.55	10.17	3.31
益阳市	1370.91	6.03	68.00	104.09	65.94	23.81	4.85	1.46
郴州市	1388.34	5.01	65.08	101.62	67.86	27.79	8.28	2.03
永州市	1495.85	5.00	69.10	112.96	73.15	28.15	8.04	2.77
怀化市	1502.97	4.24	64.53	108.94	74.61	35.73	9.61	2.93
娄底市	1587.29	7.56	86.97	120.38	66.80	26.61	6.99	2.15
湘西州	1479.14	7.64	67.98	101.41	75.47	30.34	10.68	2.31

C-6-4a 各地区育龄妇女年龄别生育率(城市)

单位：‰

地 区	总 和 生育率	15-19岁	20-24岁	25-29岁	30-34岁	35-39岁	40-44岁	45-49岁
全 省	**1197.68**	**1.63**	**32.13**	**97.67**	**70.10**	**29.39**	**6.84**	**1.76**
长沙市	1177.47	1.02	22.96	94.37	74.58	33.77	7.09	1.70
株洲市	1170.17	2.23	35.62	100.23	66.29	23.72	5.13	0.82
湘潭市	1058.28	1.25	24.81	89.90	61.64	25.37	6.34	2.35
衡阳市	1182.16	2.62	44.25	91.73	62.09	26.99	6.77	1.97
邵阳市	1292.10	3.59	56.13	104.30	61.47	22.69	7.37	2.88
岳阳市	1199.09	1.19	40.07	95.06	71.88	26.32	4.50	0.80
常德市	1043.91	0.24	24.13	95.05	61.67	20.88	4.50	2.30
张家界市	1456.87	0.65	36.10	110.93	81.64	42.49	16.91	2.63
益阳市	1284.24	4.71	64.21	86.47	68.22	26.64	4.95	1.64
郴州市	1253.96	0.62	38.68	101.57	72.12	27.78	8.81	1.21
永州市	1290.17	1.31	35.61	115.67	67.72	29.19	5.80	2.73
怀化市	1412.37	0.75	39.55	108.71	80.29	43.12	8.74	1.33
娄底市	1366.58	4.35	52.13	117.43	61.05	26.80	9.22	2.33
湘西州	1331.29	1.58	27.70	105.74	87.50	31.19	9.94	2.61

C-6-4b　各地区育龄妇女年龄别生育率（镇）

单位：‰

地　区	总　和 生育率	15-19岁	20-24岁	25-29岁	30-34岁	35-39岁	40-44岁	45-49岁
全　省	**1366.66**	**3.16**	**61.75**	**105.87**	**66.06**	**26.58**	**7.55**	**2.36**
长沙市	1218.54	1.73	47.97	97.42	61.89	26.35	5.96	2.39
株洲市	1320.29	0.19	58.03	108.76	67.22	21.16	6.68	2.02
湘潭市	1078.60	2.50	39.20	89.75	59.06	21.64	2.66	0.91
衡阳市	1327.74	2.78	60.61	103.14	65.33	23.40	8.39	1.89
邵阳市	1556.57	4.58	78.41	116.04	72.59	29.84	6.85	3.02
岳阳市	1383.81	3.81	58.20	110.82	67.96	25.16	7.69	3.12
常德市	1204.33	1.65	48.12	103.25	61.00	20.85	3.92	2.08
张家界市	1388.71	0.64	61.58	106.50	72.26	27.04	6.46	3.25
益阳市	1348.65	5.18	61.40	109.70	63.10	23.63	5.70	1.02
郴州市	1357.99	4.50	65.47	100.35	61.89	27.79	9.47	2.13
永州市	1439.61	4.30	66.59	106.17	70.38	27.09	10.38	3.00
怀化市	1574.46	2.76	67.76	119.32	72.31	39.21	10.77	2.76
娄底市	1604.90	5.13	98.72	112.51	67.15	26.74	8.11	2.62
湘西州	1444.77	4.68	76.07	94.91	67.85	30.04	13.01	2.39

C-6-4c　各地区育龄妇女年龄别生育率（乡村）

单位：‰

地　区	总　和 生育率	15-19岁	20-24岁	25-29岁	30-34岁	35-39岁	40-44岁	45-49岁
全　省	**1475.49**	**6.96**	**75.85**	**109.59**	**68.47**	**26.17**	**5.92**	**2.13**
长沙市	1593.58	5.68	80.04	126.93	73.05	27.77	3.83	1.42
株洲市	1340.27	3.11	68.41	109.41	61.43	22.79	2.71	0.20
湘潭市	1479.48	3.84	86.26	107.23	69.00	22.70	5.52	1.35
衡阳市	1291.35	6.22	68.04	99.99	57.04	18.93	5.65	2.40
邵阳市	1536.82	8.49	84.05	107.99	68.84	26.67	7.81	3.52
岳阳市	1502.50	6.87	72.65	113.53	71.48	29.03	5.35	1.59
常德市	1230.55	2.13	56.69	105.92	56.65	20.18	3.81	0.73
张家界市	1471.90	3.61	56.69	106.88	75.31	39.27	8.96	3.66
益阳市	1420.67	7.17	74.15	107.23	67.18	22.61	4.10	1.71
郴州市	1493.94	7.89	79.56	102.95	71.73	27.81	6.47	2.38
永州市	1614.89	7.01	81.95	118.49	77.57	28.93	6.44	2.57
怀化市	1495.93	6.73	72.79	102.32	74.24	30.57	9.05	3.49
娄底市	1704.13	11.48	100.64	125.43	69.89	26.43	5.10	1.85
湘西州	1606.28	13.87	81.04	106.82	79.16	30.30	7.94	2.12

C-6-5 各地区按活产子女数分的15-64岁妇女人数

单位：人

地　区	15-64岁妇女人数	活产0个	活产1个	活产2个	活产3个	活产4个	活产5个及以上
全　省	**2309191**	**530948**	**697390**	**892435**	**157816**	**25416**	**5186**
长沙市	362851	106949	137173	106526	10462	1513	228
株洲市	145660	29680	51098	57508	6426	815	133
湘潭市	98926	23191	39363	32012	3788	472	100
衡阳市	220001	53210	50070	94535	18871	2787	528
邵阳市	226817	50224	38319	106289	27279	3941	765
岳阳市	193208	40353	63651	77101	10453	1424	226
常德市	207317	41276	104491	58213	2865	399	73
张家界市	56906	13417	17251	23505	2321	361	51
益阳市	127044	23639	45332	51236	5922	775	140
郴州市	161099	36529	33440	65399	20710	4109	912
永州市	159897	37974	34047	67120	16957	3049	750
怀化市	161822	33918	45329	70652	10121	1553	249
娄底市	121657	23571	23791	56827	14367	2574	527
湘西州	65986	17017	14035	25512	7274	1644	504

C-6-6 全省按受教育程度、活产子女数分的15-64岁妇女人数

单位：人

受教育程度	15-64岁妇女人数	活产0个	活产1个	活产2个	活产3个	活产4个	活产5个及以上
总　计	**2309191**	**530948**	**697390**	**892435**	**157816**	**25416**	**5186**
未上过学	17138	2062	3324	7853	2978	712	209
学前教育	1840	311	383	820	259	55	12
小　学	315038	12560	75990	171316	44394	8757	2021
初　中	983554	104665	294163	481544	87625	13035	2522
高　中	548125	189447	180579	156741	18634	2364	360
大学专科	253856	116032	86160	48305	2963	354	42
大学本科	174318	97397	52103	23760	908	133	17
硕士研究生	13860	7831	4118	1856	47	5	3
博士研究生	1462	643	570	240	8	1	

C-6-7　全省按职业、活产子女数分的15-64岁妇女人数

单位：人

职业大类	15-64岁妇女人数	活产0个	活产1个	活产2个	活产3个	活产4个	活产5个及以上	妇女平均活产子女数
总　计	**1155433**	**200993**	**381701**	**482165**	**76726**	**11543**	**2305**	**1.41**
党的机关、国家机关、群众团体和社会组织、企事业单位负责人	18803	2392	7729	7664	907	91	20	1.40
专业技术人员	147086	47242	60290	36855	2354	313	32	0.97
办事人员和有关人员	67034	15381	32311	18046	1119	154	23	1.08
社会生产服务和生活服务人员	458105	83685	160564	184517	25420	3299	620	1.36
农、林、牧、渔业生产及辅助人员	253879	19354	64450	134097	29544	5271	1163	1.77
生产制造及有关人员	203183	30081	54518	98783	17015	2346	440	1.55
不便分类的其他从业人员	7343	2858	1839	2203	367	69	7	1.04

C-6-8　各地区按存活子女数分的15-64岁妇女人数

单位：人

地　区	15-64岁妇女人数	存活0个	存活1个	存活2个	存活3个	存活4个	存活5个及以上
全　省	**2309191**	**555533**	**696288**	**879656**	**151067**	**22729**	**3918**
长沙市	362851	111194	136159	104365	9812	1190	131
株洲市	145660	31120	51201	56593	5993	669	84
湘潭市	98926	24369	39178	31371	3541	403	64
衡阳市	220001	55324	50216	93325	18186	2556	394
邵阳市	226817	51920	38616	105611	26507	3576	587
岳阳市	193208	42417	63357	76047	10017	1208	162
常德市	207317	43373	104233	56840	2536	295	40
张家界市	56906	13994	17355	23114	2127	286	30
益阳市	127044	25056	45256	50389	5621	632	90
郴州市	161099	38158	33494	64722	20075	3897	753
永州市	159897	40196	33952	66248	16187	2752	562
怀化市	161822	35806	45401	69600	9516	1342	157
娄底市	121657	24432	23997	56352	13994	2421	461
湘西州	65986	18174	13873	25079	6955	1502	403

C-6-9 全省按受教育程度、存活子女数分的15-64岁妇女人数

单位：人

受教育程度	15-64岁妇女人数	存活0个	存活1个	存活2个	存活3个	存活4个	存活5个及以上
总　计	**2309191**	**555533**	**696288**	**879656**	**151067**	**22729**	**3918**
未上过学	17138	2315	3460	7754	2841	612	156
学前教育	1840	338	388	807	246	50	11
小　学	315038	16877	77746	168536	42319	7984	1576
初　中	983554	116515	293936	475372	84135	11694	1902
高　中	548125	194547	179088	154385	17841	2019	245
大学专科	253856	117970	85351	47440	2796	277	22
大学本科	174318	98424	51652	23304	842	91	5
硕士研究生	13860	7889	4105	1824	40	1	1
博士研究生	1462	658	562	234	7	1	

C-6-10 全省按职业、存活子女数分的15-64岁妇女人数

单位：人

职业大类	15-64岁妇女人数	存活0个	存活1个	存活2个	存活3个	存活4个	存活5个及以上	妇女平均存活子女数
总　计	**1155433**	**213593**	**380561**	**475863**	**73443**	**10260**	**1713**	**1.39**
党的机关、国家机关、群众团体和社会组织、企事业单位负责人	18803	2595	7672	7563	875	86	12	1.37
专业技术人员	147086	48632	59702	36287	2197	248	20	0.95
办事人员和有关人员	67034	16097	32016	17732	1054	121	14	1.06
社会生产服务和生活服务人员	458105	88908	159648	181902	24288	2912	447	1.33
农、林、牧、渔业生产及辅助人员	253879	22180	65313	132487	28291	4726	882	1.73
生产制造及有关人员	203183	32239	54380	97744	16379	2108	333	1.52
不便分类的其他从业人员	7343	2942	1830	2148	359	59	5	1.02

C-6-11　各地区15-64岁妇女平均活产子女数和平均存活子女数

单位：人、%

地　区	15-64岁妇女人数	活产子女总数			存活子女总数			存活子女数占活产子女数的百分比	妇女平均活产子女数	妇女平均存活子女数
		合计	男	女	合计	男	女			
全　省	**2309191**	**3085162**	**1688955**	**1396207**	**3020453**	**1648866**	**1371587**	**97.90**	**1.34**	**1.31**
长沙市	362851	388894	209141	179753	379778	203811	175967	97.66	1.07	1.05
株洲市	145660	189364	100458	88906	185481	98110	87371	97.95	1.30	1.27
湘潭市	98926	117177	64362	52815	114493	62666	51827	97.71	1.18	1.16
衡阳市	220001	309728	173423	136305	303746	169647	134099	98.07	1.41	1.38
邵阳市	226817	352544	194706	157838	346734	191046	155688	98.35	1.55	1.53
岳阳市	193208	256125	142145	113980	251191	139137	112054	98.07	1.33	1.30
常德市	207317	231506	124655	106851	226919	121867	105052	98.02	1.12	1.09
张家界市	56906	72937	38750	34187	71264	37751	33513	97.71	1.28	1.25
益阳市	127044	169428	91602	77826	165908	89489	76419	97.92	1.33	1.31
郴州市	161099	247686	136970	110716	242727	133789	108938	98.00	1.54	1.51
永州市	159897	235396	132973	102423	229012	128814	100198	97.29	1.47	1.43
怀化市	161822	224549	122170	102379	219356	118948	100408	97.69	1.39	1.36
娄底市	121657	193642	105422	88220	190801	103596	87205	98.53	1.59	1.57
湘西州	65986	96186	52178	44008	93043	50195	42848	96.73	1.46	1.41

C-6-12　全省按年龄分的15-64岁妇女平均活产子女数和平均存活子女数

单位：人、%

年　龄	15-64岁妇女人数	活产子女总数			存活子女总数			存活子女数占活产子女数的百分比	妇女平均活产子女数	妇女平均存活子女数
		合计	男	女	合计	男	女			
总　计	**2309191**	**3085162**	**1688955**	**1396207**	**3020453**	**1648866**	**1371587**	**97.90**	**1.34**	**1.31**
15-19岁	**219441**	**936**	**484**	**452**	**928**	**480**	**448**	**99.15**		
15	45873	11	5	6	11	5	6	100.00		
16	47976	31	20	11	31	20	11	100.00		
17	41716	111	60	51	111	60	51	100.00		
18	40154	263	145	118	259	142	117	98.48	0.01	0.01
19	43722	520	254	266	516	253	263	99.23	0.01	0.01
20-24岁	**161692**	**26738**	**14311**	**12427**	**26322**	**14070**	**12252**	**98.44**	**0.17**	**0.16**
20	39565	1337	727	610	1326	721	605	99.18	0.03	0.03
21	33355	2663	1447	1216	2622	1419	1203	98.46	0.08	0.08
22	31817	4869	2634	2235	4793	2592	2201	98.44	0.15	0.15
23	28712	7220	3847	3373	7096	3773	3323	98.28	0.25	0.25
24	28243	10649	5656	4993	10485	5565	4920	98.46	0.38	0.37

C-6-12 续表

单位：人、%

年 龄	15-64岁妇女人数	活产子女总数			存活子女总数			存活子女数占活产子女数的百分比	妇女平均活产子女数	妇女平均存活子女数
		合计	男	女	合计	男	女			
25-29岁	**168440**	**148242**	**79176**	**69066**	**145865**	**77750**	**68115**	**98.40**	**0.88**	**0.87**
25	29251	15182	8075	7107	14963	7938	7025	98.56	0.52	0.51
26	27384	18479	9767	8712	18196	9592	8604	98.47	0.67	0.66
27	31050	26523	14101	12422	26075	13817	12258	98.31	0.85	0.84
28	35418	35617	19008	16609	35082	18693	16389	98.50	1.01	0.99
29	45337	52441	28225	24216	51549	27710	23839	98.30	1.16	1.14
30-34岁	**300346**	**433782**	**233284**	**200498**	**426438**	**228955**	**197483**	**98.31**	**1.44**	**1.42**
30	64915	83958	44912	39046	82625	44135	38490	98.41	1.29	1.27
31	62908	87537	47210	40327	86029	46285	39744	98.28	1.39	1.37
32	58532	85490	46056	39434	84039	45235	38804	98.30	1.46	1.44
33	61779	94726	51034	43692	93062	50064	42998	98.24	1.53	1.51
34	52212	82071	44072	37999	80683	43236	37447	98.31	1.57	1.55
35-39岁	**234234**	**388340**	**209459**	**178881**	**381499**	**205421**	**176078**	**98.24**	**1.66**	**1.63**
35	45842	74071	39674	34397	72805	38939	33866	98.29	1.62	1.59
36	45917	75951	40884	35067	74621	40108	34513	98.25	1.65	1.63
37	45633	75656	40784	34872	74316	39964	34352	98.23	1.66	1.63
38	53339	89505	48406	41099	87844	47446	40398	98.14	1.68	1.65
39	43503	73157	39711	33446	71913	38964	32949	98.30	1.68	1.65
40-44岁	**206224**	**339102**	**185617**	**153485**	**332748**	**181803**	**150945**	**98.13**	**1.64**	**1.61**
40	39359	65525	35634	29891	64383	34955	29428	98.26	1.66	1.64
41	43016	71381	38970	32411	70011	38162	31849	98.08	1.66	1.63
42	39537	65168	35790	29378	63970	35046	28924	98.16	1.65	1.62
43	38901	63328	34717	28611	62161	34029	28132	98.16	1.63	1.60
44	45411	73700	40506	33194	72223	39611	32612	98.00	1.62	1.59
45-49岁	**269052**	**427167**	**236602**	**190565**	**418604**	**231264**	**187340**	**98.00**	**1.59**	**1.56**
45	49068	79167	43310	35857	77614	42340	35274	98.04	1.61	1.58
46	55573	89333	49349	39984	87583	48284	39299	98.04	1.61	1.58
47	54410	86414	47916	38498	84691	46829	37862	98.01	1.59	1.56
48	55233	86852	48486	38366	85087	47369	37718	97.97	1.57	1.54
49	54768	85401	47541	37860	83629	46442	37187	97.93	1.56	1.53
50-54岁	**317138**	**516798**	**286891**	**229907**	**505215**	**279535**	**225680**	**97.76**	**1.63**	**1.59**
50	65135	102315	56829	45486	100127	55450	44677	97.86	1.57	1.54
51	62372	99283	55471	43812	97147	54136	43011	97.85	1.59	1.56
52	72944	118256	65742	52514	115658	64065	51593	97.80	1.62	1.59
53	54421	90619	50249	40370	88528	48926	39602	97.69	1.67	1.63
54	62266	106325	58600	47725	103755	56958	46797	97.58	1.71	1.67
55-59岁	**264418**	**477816**	**263356**	**214460**	**465942**	**255838**	**210104**	**97.51**	**1.81**	**1.76**
55	62095	108782	59881	48901	106189	58265	47924	97.62	1.75	1.71
56	61433	109756	60482	49274	106986	58713	48273	97.48	1.79	1.74
57	71527	130491	72178	58313	127251	70121	57130	97.52	1.82	1.78
58	50189	93952	51582	42370	91526	50059	41467	97.42	1.87	1.82
59	19174	34835	19233	15602	33990	18680	15310	97.57	1.82	1.77
60-64岁	**168206**	**326241**	**179775**	**146466**	**316892**	**173750**	**143142**	**97.13**	**1.94**	**1.88**
60	27134	50468	27818	22650	49060	26938	22122	97.21	1.86	1.81
61	25476	48443	26738	21705	47114	25862	21252	97.26	1.90	1.85
62	35149	68068	37554	30514	66110	36288	29822	97.12	1.94	1.88
63	42371	82977	45722	37255	80568	44191	36377	97.10	1.96	1.90
64	38076	76285	41943	34342	74040	40471	33569	97.06	2.00	1.94

C-6-13　全省按受教育程度分的15-64岁妇女平均活产子女数和平均存活子女数

单位：人、%

受教育程度	15-64岁妇女人数	活产子女总数		
		合计	男	女
总　计	**2309191**	**3085162**	**1688955**	**1396207**
未上过学	17138	31941	17634	14307
学前教育	1840	3084	1766	1318
小　学	315038	597664	328834	268830
初　中	983554	1585786	867521	718265
高　中	548125	561329	307304	254025
大学专科	253856	193301	105344	87957
大学本科	174318	102972	55721	47251
硕士研究生	13860	8007	4258	3749
博士研究生	1462	1078	573	505

C-6-13　续表

单位：人、%

受教育程度	存活子女总数			存活子女数占活产子女数的百分比	妇女平均活产子女数	妇女平均存活子女数
	合计	男	女			
总　计	**3020453**	**1648866**	**1371587**	**97.90**	**1.34**	**1.31**
未上过学	30768	16886	13882	96.33	1.86	1.80
学前教育	2998	1721	1277	97.21	1.68	1.63
小　学	582042	318861	263181	97.39	1.90	1.85
初　中	1553939	847644	706295	97.99	1.61	1.58
高　中	550744	301013	249731	98.11	1.02	1.00
大学专科	189845	103312	86533	98.21	0.76	0.75
大学本科	101180	54683	46497	98.26	0.59	0.58
硕士研究生	7882	4183	3699	98.44	0.58	0.57
博士研究生	1055	563	492	97.87	0.74	0.72

第二部分　长表数据资料

第七卷　迁移和户口登记地

C-7-1 全省按现住地、户口登记地类型分的户口登记地在外乡镇街道人口

单位：人

现住地	合计				
	合计	乡	镇的村委会	镇的居委会	街道
全省	**1631242**	**389004**	**659833**	**203579**	**378826**
长沙市	461604	97842	190829	52610	120323
株洲市	121933	23379	53652	12453	32449
湘潭市	87410	18169	31717	9842	27682
衡阳市	143785	31425	57924	19359	35077
邵阳市	99061	32537	36883	10465	19176
岳阳市	104628	22640	36725	19604	25659
常德市	98619	21180	33032	18571	25836
张家界市	34399	12455	10505	3749	7690
益阳市	56573	13220	22066	8824	12463
郴州市	116113	27732	54301	12867	21213
永州市	85601	20428	43668	8205	13300
怀化市	100370	41927	33658	11483	13302
娄底市	80046	14550	38917	9527	17052
湘西州	41100	11520	15956	6020	7604

C-7-1 续表 1

单位：人

现住地	省内					省外				
						小计				
	小计	乡	镇的村委会	镇的居委会	街道	小计	乡	镇的村委会	镇的居委会	街道
全省	**1498401**	**359293**	**603850**	**188277**	**346981**	**132841**	**29711**	**55983**	**15302**	**31845**
长沙市	400404	84706	164563	45669	105466	61200	13136	26266	6941	14857
株洲市	108924	20695	47623	11220	29386	13009	2684	6029	1233	3063
湘潭市	79711	16344	29170	9023	25174	7699	1825	2547	819	2508
衡阳市	136783	30181	55489	18506	32607	7002	1244	2435	853	2470
邵阳市	94963	31382	35134	10001	18446	4098	1155	1749	464	730
岳阳市	95206	20394	32754	18380	23678	9422	2246	3971	1224	1981
常德市	92110	19637	30514	17572	24387	6509	1543	2518	999	1449
张家界市	32361	11789	9741	3520	7311	2038	666	764	229	379
益阳市	53445	12386	20701	8430	11928	3128	834	1365	394	535
郴州市	111138	26741	51860	12328	20209	4975	991	2441	539	1004
永州市	82654	19838	42181	7861	12774	2947	590	1487	344	526
怀化市	94259	39980	31357	10786	12136	6111	1947	2301	697	1166
娄底市	77236	14076	37553	9201	16406	2810	474	1364	326	646
湘西州	39207	11144	15210	5780	7073	1893	376	746	240	531

C-7-1 续表 2

单位：人

现住地	省外									
	北京					天津				
	小计	乡	镇的村委会	镇的居委会	街道	小计	乡	镇的村委会	镇的居委会	街道
全 省	**976**	**50**	**104**	**151**	**671**	**550**	**42**	**99**	**81**	**328**
长沙市	546	14	49	92	391	317	20	55	40	202
株洲市	73	4	6	9	54	26	3	4	5	14
湘潭市	60	4	4	8	44	38	2	4	3	29
衡阳市	48	6	4	8	30	34	1	7	7	19
邵阳市	31	4	5	3	19	12	2	1	2	7
岳阳市	67	7	8	2	50	34	4	8	4	18
常德市	42	2	4	10	26	41	6	6	10	19
张家界市	7	2			5	6	2		2	2
益阳市	13		3	4	6	7		2		5
郴州市	19	2	4	4	9	9	1	1	4	3
永州市	10	1	5		4	3		3		
怀化市	25	1	2	3	19	12	1	5	2	4
娄底市	23	3	3	4	13	6		1	2	3
湘西州	12		7	4	1	5		2		3

C-7-1 续表3

单位：人

现住地	省外									
	河北					山西				
	小计	乡	镇的村委会	镇的居委会	街道	小计	乡	镇的村委会	镇的居委会	街道
全 省	**3573**	**729**	**1437**	**397**	**1010**	**2053**	**410**	**663**	**247**	**733**
长沙市	1954	366	874	208	506	1128	219	408	135	366
株洲市	312	61	104	34	113	136	36	28	16	56
湘潭市	303	72	94	27	110	203	42	55	24	82
衡阳市	132	19	42	15	56	93	31	17	10	35
邵阳市	106	23	30	31	22	47	13	10	7	17
岳阳市	113	31	44	12	26	68	9	23	6	30
常德市	113	30	35	20	28	82	13	26	8	35
张家界市	65	19	25	5	16	25	10	6	2	7
益阳市	56	15	17	6	18	28	2	6	3	17
郴州市	111	29	52	7	23	79	13	27	10	29
永州市	20	3	10	3	4	20	4	8	4	4
怀化市	192	52	73	15	52	65	14	18	10	23
娄底市	51	5	23	8	15	59	4	18	12	25
湘西州	45	4	14	6	21	20		13		7

C 7 1 续表 4　　单位：人

现住地	省外									
	内蒙古					辽宁				
	小计	乡	镇的村委会	镇的居委会	街道	小计	乡	镇的村委会	镇的居委会	街道
全　省	**1115**	**213**	**294**	**165**	**443**	**1537**	**250**	**429**	**210**	**648**
长沙市	629	105	170	113	241	873	126	275	123	349
株洲市	68	17	21	6	24	108	11	25	20	52
湘潭市	89	16	15	9	49	143	28	24	11	80
衡阳市	100	13	24	12	51	91	14	16	11	50
邵阳市	16	2	5	6	3	37	9	10	2	16
岳阳市	34	11	10		13	56	13	19	10	14
常德市	34	15	8	3	8	48	4	9	11	24
张家界市	30	9	10	4	7	30	11	7	3	9
益阳市	14	3	4	2	5	23	10	8	1	4
郴州市	22	9	6	2	5	38	9	11	5	13
永州市	7		2	1	4	15	1	7	1	6
怀化市	37	11	7	5	14	44	8	11	7	18
娄底市	15	2	6	2	5	19	2	5	5	7
湘西州	20		6		14	12	4	2		6

C-7-1 续表 5　　单位：人

现住地	省外									
	吉林					黑龙江				
	小计	乡	镇的村委会	镇的居委会	街道	小计	乡	镇的村委会	镇的居委会	街道
全　省	**1410**	**228**	**441**	**189**	**552**	**1897**	**344**	**556**	**288**	**709**
长沙市	779	104	277	102	296	1096	188	347	160	401
株洲市	91	15	18	11	47	131	22	29	21	59
湘潭市	121	20	27	20	54	143	26	32	12	73
衡阳市	78	15	22	10	31	95	13	14	18	50
邵阳市	33	9	10	6	8	46	24	10	3	9
岳阳市	58	9	15	5	29	79	11	31	14	23
常德市	49	11	12	7	19	58	14	10	16	18
张家界市	48	15	8	9	16	45	16	18	3	8
益阳市	19	5	7		7	44	15	8	9	12
郴州市	42	13	13	6	10	34	4	14	4	12
永州市	21	4	7	2	8	14	1	4	2	7
怀化市	30	4	10	4	12	55	8	13	16	18
娄底市	23	4	9	6	4	28	1	12	5	10
湘西州	18		6	1	11	29	1	14	5	9

C-7-1 续表 6

单位：人

现住地	省外									
	上海					江苏				
	小计	乡	镇的村委会	镇的居委会	街道	小计	乡	镇的村委会	镇的居委会	街道
全省	**548**	**41**	**83**	**91**	**333**	**3434**	**570**	**1241**	**496**	**1127**
长沙市	228	13	26	30	159	1664	259	617	225	563
株洲市	45	4	7	7	27	342	51	121	47	123
湘潭市	40	5	6	4	25	230	44	62	29	95
衡阳市	17		3	7	7	190	29	48	32	81
邵阳市	18	6	3	5	4	83	15	41	10	17
岳阳市	52	1	9	7	35	189	29	72	27	61
常德市	53	1	7	18	27	126	17	50	32	27
张家界市	6			1	5	46	20	17	4	5
益阳市	20	1	5	3	11	76	4	42	17	13
郴州市	22	2	2		18	134	34	53	17	30
永州市	15	4	4	3	4	53	10	23	6	14
怀化市	17	2	5	3	7	183	32	55	30	66
娄底市	9	1	4	2	2	80	17	28	14	21
湘西州	6	1	2	1	2	38	9	12	6	11

C-7-1 续表 7

单位：人

现住地	省外									
	浙江					安徽				
	小计	乡	镇的村委会	镇的居委会	街道	小计	乡	镇的村委会	镇的居委会	街道
全省	**4531**	**840**	**1755**	**650**	**1286**	**5338**	**1272**	**2402**	**553**	**1111**
长沙市	1875	326	729	260	560	2858	660	1351	286	561
株洲市	703	107	321	112	163	482	103	224	33	122
湘潭市	244	54	81	41	68	357	95	139	34	89
衡阳市	211	38	51	28	94	331	67	108	35	121
邵阳市	145	35	58	21	31	107	32	50	7	18
岳阳市	183	28	70	27	58	266	62	109	56	39
常德市	178	30	37	40	71	282	58	137	48	39
张家界市	66	23	20	11	12	89	25	38	6	20
益阳市	112	26	39	24	23	100	24	54	6	16
郴州市	215	30	102	28	55	125	21	58	5	41
永州市	79	15	44	4	16	66	13	37	5	11
怀化市	336	103	119	28	86	175	84	53	18	20
娄底市	81	8	40	10	23	63	18	31	9	5
湘西州	103	17	44	16	26	37	10	13	5	9

C 7 1 续表 8

单位：人

现住地	省外									
	福建					江西				
	小计	乡	镇的村委会	镇的居委会	街道	小计	乡	镇的村委会	镇的居委会	街道
全省	**4708**	**1023**	**2132**	**566**	**987**	**12874**	**3183**	**6111**	**1295**	**2285**
长沙市	2167	415	1009	248	495	7033	1793	3563	614	1063
株洲市	445	95	222	46	82	1853	398	866	196	393
湘潭市	243	67	75	23	78	659	174	253	58	174
衡阳市	261	30	111	37	83	524	118	187	63	156
邵阳市	145	42	71	18	14	306	68	165	26	47
岳阳市	267	67	107	43	50	450	123	195	58	74
常德市	228	71	73	37	47	412	94	160	64	94
张家界市	80	31	19	13	17	124	41	50	9	24
益阳市	105	20	46	30	9	176	52	77	24	23
郴州市	221	41	133	16	31	431	89	214	50	78
永州市	98	7	53	11	27	195	34	109	25	27
怀化市	329	112	147	33	37	379	125	147	59	48
娄底市	81	11	57	4	9	203	43	77	27	56
湘西州	38	14	9	7	8	129	31	48	22	28

C-7-1 续表 9

单位：人

现住地	省外									
	山东					河南				
	小计	乡	镇的村委会	镇的居委会	街道	小计	乡	镇的村委会	镇的居委会	街道
全省	**3382**	**588**	**1324**	**392**	**1078**	**10110**	**2867**	**4668**	**899**	**1676**
长沙市	1855	315	763	203	574	5739	1588	2782	477	892
株洲市	220	34	85	25	76	759	215	337	55	152
湘潭市	315	53	111	37	114	562	158	214	56	134
衡阳市	175	21	53	17	84	374	78	160	44	92
邵阳市	48	16	20	4	8	255	95	103	20	37
岳阳市	147	18	63	21	45	570	179	226	71	94
常德市	124	33	43	7	41	436	146	176	47	67
张家界市	62	13	23	6	20	144	49	59	15	21
益阳市	76	10	30	17	19	196	81	72	15	28
郴州市	87	20	36	10	21	287	71	138	33	45
永州市	21	4	6	3	8	186	49	97	13	27
怀化市	133	34	38	25	36	357	123	163	27	44
娄底市	74	12	31	12	19	168	30	110	15	13
湘西州	45	5	22	5	13	77	5	31	11	30

C-7-1 续表 10　　单位：人

现住地	省外									
	湖北					广东				
	小计	乡	镇的村委会	镇的居委会	街道	小计	乡	镇的村委会	镇的居委会	街道
全省	**23122**	**5513**	**11041**	**2553**	**4015**	**12795**	**1753**	**4053**	**1970**	**5019**
长沙市	10342	2488	5006	1103	1745	4467	479	1173	753	2062
株洲市	3388	753	2011	204	420	938	107	275	138	418
湘潭市	808	185	284	75	264	676	115	154	92	315
衡阳市	640	137	233	87	183	1324	148	385	160	631
邵阳市	288	101	123	27	37	587	114	246	63	164
岳阳市	3596	855	1557	510	674	745	129	274	122	220
常德市	1448	324	626	241	257	771	135	215	144	277
张家界市	325	107	126	48	44	112	28	39	18	27
益阳市	405	107	198	54	46	413	63	153	76	121
郴州市	511	106	274	43	88	1169	165	492	198	314
永州市	220	63	94	32	31	601	83	314	70	134
怀化市	525	165	211	64	85	519	133	165	80	141
娄底市	247	32	127	26	62	381	40	137	44	160
湘西州	379	90	171	39	79	92	14	31	12	35

C-7-1 续表 11　　单位：人

现住地	省外									
	广西					海南				
	小计	乡	镇的村委会	镇的居委会	街道	小计	乡	镇的村委会	镇的居委会	街道
全省	**6158**	**1504**	**2946**	**648**	**1060**	**1523**	**234**	**466**	**235**	**588**
长沙市	2111	509	940	241	421	638	87	185	113	253
株洲市	507	111	237	48	111	91	6	19	12	54
湘潭市	292	89	122	28	53	207	50	58	21	78
衡阳市	449	74	229	43	103	128	11	35	24	58
邵阳市	415	122	207	38	48	42	6	18	5	13
岳阳市	290	75	140	24	51	64	12	24	11	17
常德市	269	70	119	36	44	74	15	24	12	23
张家界市	99	43	35	5	16	10	5	4	1	
益阳市	145	36	77	19	13	51	7	17	6	21
郴州市	386	81	239	23	43	47	7	24	4	12
永州市	546	102	301	72	71	40	4	18	7	11
怀化市	387	135	173	45	34	62	17	11	14	20
娄底市	205	47	106	17	35	54	6	25	4	19
湘西州	57	10	21	9	17	15	1	4	1	9

C-7-1　续表 12　　　　单位：人

现住地	省外									
	重庆					四川				
	小计	乡	镇的村委会	镇的居委会	街道	小计	乡	镇的村委会	镇的居委会	街道
全省	**4343**	**1008**	**1887**	**485**	**963**	**7721**	**2017**	**3450**	**857**	**1397**
长沙市	1699	316	784	201	398	3158	763	1408	371	616
株洲市	297	66	147	19	65	612	143	294	60	115
湘潭市	339	108	119	23	89	398	118	159	40	81
衡阳市	270	45	106	44	75	481	112	198	42	129
邵阳市	156	61	60	17	18	296	78	156	29	33
岳阳市	337	71	139	36	91	550	161	252	37	100
常德市	244	74	97	32	41	469	122	215	67	65
张家界市	104	21	36	20	27	163	45	71	20	27
益阳市	141	51	60	9	21	227	58	117	16	36
郴州市	126	28	75	10	13	288	71	168	21	28
永州市	103	17	44	21	21	210	74	91	19	26
怀化市	263	80	113	27	43	515	206	160	78	71
娄底市	75	13	42	10	10	194	26	99	33	36
湘西州	189	57	65	16	51	160	40	62	24	34

C-7-1　续表 13　　　　单位：人

现住地	省外									
	贵州					云南				
	小计	乡	镇的村委会	镇的居委会	街道	小计	乡	镇的村委会	镇的居委会	街道
全省	**7684**	**2103**	**3950**	**642**	**989**	**3458**	**1040**	**1605**	**275**	**538**
长沙市	2572	656	1350	223	343	1345	341	620	125	259
株洲市	520	125	269	34	92	328	92	156	22	58
湘潭市	363	91	173	41	58	213	77	88	12	36
衡阳市	287	78	134	26	49	221	66	100	17	38
邵阳市	485	170	190	60	65	143	51	68	13	11
岳阳市	572	129	342	46	55	241	91	98	22	30
常德市	471	132	258	44	37	138	46	57	11	24
张家界市	164	67	76	9	12	53	19	27	4	3
益阳市	202	68	111	17	6	282	137	131	7	7
郴州市	249	84	133	8	24	124	32	70	10	12
永州市	180	32	119	14	15	72	10	42	7	13
怀化市	1085	355	487	76	167	140	52	56	9	23
娄底市	346	76	223	12	35	113	22	70	8	13
湘西州	188	40	85	32	31	45	4	22	8	11

C-7-1 续表 14　　　　单位：人

现住地	省外									
	西藏					陕西				
	小计	乡	镇的村委会	镇的居委会	街道	小计	乡	镇的村委会	镇的居委会	街道
全　省	**547**	**263**	**98**	**69**	**117**	**2848**	**562**	**1228**	**308**	**750**
长沙市	198	86	31	29	52	1312	237	568	145	362
株洲市	23	7	8	5	3	210	44	92	14	60
湘潭市	23	4	4	6	9	326	66	125	39	96
衡阳市	11	3	3	4	1	153	26	64	12	51
邵阳市	7	3	1		3	107	23	50	18	16
岳阳市	80	48	14	10	8	149	34	67	22	26
常德市	8	1	1	2	4	126	27	59	12	28
张家界市	1	1				47	11	18	2	16
益阳市	29	12	11	2	4	93	15	44	11	23
郴州市	5				5	92	10	55	11	16
永州市	42	42				36	7	19	1	9
怀化市	18	7	3	1	7	112	52	28	7	25
娄底市	69	35	14	6	14	56	8	28	12	8
湘西州	33	14	8	4	7	29	2	11	2	14

C-7-1 续表 15　　　　单位：人

现住地	省外									
	甘肃					青海				
	小计	乡	镇的村委会	镇的居委会	街道	小计	乡	镇的村委会	镇的居委会	街道
全　省	**2098**	**524**	**815**	**229**	**530**	**622**	**120**	**188**	**80**	**234**
长沙市	1089	301	427	119	242	388	66	141	37	144
株洲市	156	32	63	16	45	37	4	14	6	13
湘潭市	142	32	36	19	55	41	12	7	4	18
衡阳市	123	22	46	15	40	33	11	7	6	9
邵阳市	60	15	24	8	13	22	10	1	5	6
岳阳市	91	20	36	11	24	18	6	1	6	5
常德市	106	34	40	6	26	10	3	1	3	3
张家界市	55	22	21	2	10	4	2	1		1
益阳市	32	5	13	8	6	1				1
郴州市	74	13	40	7	14	13	2	3	1	7
永州市	37	4	17	8	8	11		2	5	4
怀化市	69	17	24	3	25	17	3	1	4	9
娄底市	37	5	17	7	8	15	1	5	3	6
湘西州	27	2	11		14	12		4		8

C-7-1 续表 16

单位：人

现住地	省外									
	宁夏					新疆				
	小计	乡	镇的村委会	镇的居委会	街道	小计	乡	镇的村委会	镇的居委会	街道
全　省	**538**	**88**	**186**	**68**	**196**	**1348**	**332**	**331**	**213**	**472**
长沙市	364	66	141	38	119	776	230	197	127	222
株洲市	33	6	12	5	10	75	12	14	7	42
湘潭市	34	6	9	4	15	87	12	13	19	43
衡阳市	37	3	7	9	18	91	15	21	10	45
邵阳市	5			1	4	50	6	13	9	22
岳阳市	9		3		6	47	13	15	4	15
常德市	12	4	4	3	1	57	11	9	8	29
张家界市	3	2	1			25	7	9	7	2
益阳市	4		2		2	38	7	11	8	12
郴州市	5	1	1		3	10	3	3	2	2
永州市	4		2	1	1	22	2	5	4	11
怀化市	5				5	25	11	3	4	7
娄底市	11		2	4	5	24	2	14	3	5
湘西州	12		2	3	7	21	1	4	1	15

C-7-1a 全省按现住地、户口登记地类型分的户口登记地在外乡镇街道人口(城市)

单位：人

现住地	合计				
	合计	乡	镇的村委会	镇的居委会	街道
全　省	**969072**	**206201**	**350683**	**116344**	**295844**
长沙市	359366	75140	136615	43461	104150
株洲市	86912	16163	35518	9200	26031
湘潭市	49888	8322	15768	5527	20271
衡阳市	84434	18162	30091	10113	26068
邵阳市	51743	17599	15227	3683	15234
岳阳市	64861	10715	20100	11858	22188
常德市	47091	8250	14443	7382	17016
张家界市	18920	6136	4545	1508	6731
益阳市	27141	6024	9321	3646	8150
郴州市	53202	10008	21818	6250	15126
永州市	23494	4191	10294	2009	7000
怀化市	38197	13802	11140	4081	9174
娄底市	47430	8334	20689	5864	12543
湘西州	16393	3355	5114	1762	6162

C-7-1a 续表 1

单位：人

现住地	省内					省外				
						小计				
	小计	乡	镇的村委会	镇的居委会	街道	小计	乡	镇的村委会	镇的居委会	街道
全省	**883485**	**188527**	**318210**	**106130**	**270618**	**85587**	**17674**	**32473**	**10214**	**25226**
长沙市	312928	65837	118334	37692	91065	46438	9303	18281	5769	13085
株洲市	76466	13920	30919	8187	23440	10446	2243	4599	1013	2591
湘潭市	45905	7679	14466	4978	18782	3983	643	1302	549	1489
衡阳市	80306	17513	29032	9632	24129	4128	649	1059	481	1939
邵阳市	49978	17018	14720	3499	14741	1765	581	507	184	493
岳阳市	59286	9547	17994	11100	20645	5575	1168	2106	758	1543
常德市	44234	7659	13466	7072	16037	2857	591	977	310	979
张家界市	17812	5785	4192	1400	6435	1108	351	353	108	296
益阳市	26175	5760	9035	3510	7870	966	264	286	136	280
郴州市	50785	9581	20759	6004	14441	2417	427	1059	246	685
永州市	22745	3991	10054	1950	6750	749	200	240	59	250
怀化市	35551	12985	10346	3764	8456	2646	817	794	317	718
娄底市	45858	8052	20056	5661	12089	1572	282	633	203	454
湘西州	15456	3200	4837	1681	5738	937	155	277	81	424

C-7-1a 续表 2

单位：人

现住地	省外									
	北京					天津				
	小计	乡	镇的村委会	镇的居委会	街道	小计	乡	镇的村委会	镇的居委会	街道
全省	**762**	**24**	**61**	**106**	**571**	**433**	**31**	**78**	**57**	**267**
长沙市	505	13	44	84	364	285	18	48	33	186
株洲市	60	2	1	9	48	24	3	4	5	12
湘潭市	38	1	3	2	32	14		2	2	10
衡阳市	29	3	1	3	22	26	1	7	6	12
邵阳市	16	2	1		13	6	2	1		3
岳阳市	40		3	1	36	23		6	1	16
常德市	20		3	1	16	25	4	3	4	14
张家界市	4	1			3	4	2		1	1
益阳市	8		1	3	4	2				2
郴州市	15	1	4	2	8	6	1	1	2	2
永州市	4	1			3	2		2		
怀化市	12			1	11	8		3	1	4
娄底市	10				10	6		1	2	3
湘西州	1				1	2				2

C-7-1a　续表 3

单位：人

现住地	省外									
	河北					山西				
	小计	乡	镇的村委会	镇的居委会	街道	小计	乡	镇的村委会	镇的居委会	街道
全　省	**2730**	**519**	**1032**	**310**	**869**	**1544**	**291**	**438**	**200**	**615**
长沙市	1606	286	668	180	472	883	161	280	114	328
株洲市	279	56	89	33	101	123	34	25	15	49
湘潭市	162	23	54	23	62	128	20	35	20	53
衡阳市	93	12	19	11	51	66	22	6	5	33
邵阳市	72	17	18	15	22	42	13	6	6	17
岳阳市	83	22	33	7	21	48	6	13	3	26
常德市	75	19	19	13	24	48	6	14	6	22
张家界市	38	16	13		9	23	10	5	2	6
益阳市	13	2	2	1	8	12		3	1	8
郴州市	87	20	39	6	22	64	8	22	7	27
永州市	9	1	4	1	3	8	3	1	2	2
怀化市	141	40	52	9	40	43	4	12	7	20
娄底市	41	4	16	8	13	41	4	6	12	19
湘西州	31	1	6	3	21	15		10		5

C-7-1a　续表 4

单位：人

现住地	省外									
	内蒙古					辽宁				
	小计	乡	镇的村委会	镇的居委会	街道	小计	乡	镇的村委会	镇的居委会	街道
全　省	**905**	**154**	**227**	**142**	**382**	**1199**	**174**	**305**	**174**	**546**
长沙市	565	86	150	105	224	763	107	218	115	323
株洲市	58	16	17	5	20	88	10	16	17	45
湘潭市	46	2	8	5	31	94	12	22	11	49
衡阳市	87	12	16	11	48	61	9	6	8	38
邵阳市	6	1	1	3	1	23	4	3		16
岳阳市	19	6	4		9	27	6	8	3	10
常德市	24	8	8	2	6	30	1	7	5	17
张家界市	18	5	4	4	5	18	7	4	2	5
益阳市	7	2	2		3	7	1	5		1
郴州市	14	5	5	1	3	30	7	5	5	13
永州市	5			1	4	3		1	1	1
怀化市	25	9	3	3	10	29	4	6	3	16
娄底市	14	2	6	2	4	15	2	3	4	6
湘西州	17		3		14	11	4	1		6

C-7-1a 续表 5

单位：人

现住地	省外									
	吉林					黑龙江				
	小计	乡	镇的村委会	镇的居委会	街道	小计	乡	镇的村委会	镇的居委会	街道
全省	**1095**	**165**	**337**	**150**	**443**	**1406**	**224**	**381**	**227**	**574**
长沙市	664	87	230	89	258	880	142	252	139	347
株洲市	85	15	16	10	44	125	21	26	21	57
湘潭市	54	5	13	15	21	72	6	19	9	38
衡阳市	60	6	16	8	30	63	9	6	12	36
邵阳市	22	9	8		5	21	7	7	1	6
岳阳市	39	4	11	4	20	58	8	19	9	22
常德市	20	4	2	3	11	28	6	6	9	7
张家界市	43	12	7	8	16	25	9	10	1	5
益阳市	12	3	2		7	29	8	3	7	11
郴州市	32	11	9	5	7	23	3	5	4	11
永州市	8	2	3	1	2	10		3	1	6
怀化市	23	4	7	4	8	37	5	10	7	15
娄底市	15	3	7	2	3	17		10	3	4
湘西州	18		6	1	11	18		5	4	9

C-7-1a 续表 6

单位：人

现住地	省外									
	上海					江苏				
	小计	乡	镇的村委会	镇的居委会	街道	小计	乡	镇的村委会	镇的居委会	街道
全省	**389**	**19**	**39**	**53**	**278**	**2475**	**376**	**804**	**352**	**943**
长沙市	198	8	17	27	146	1381	214	471	193	503
株洲市	35	2	2	7	24	293	46	96	42	109
湘潭市	21	1	3	3	14	141	19	28	19	75
衡阳市	15		2	6	7	116	14	27	16	59
邵阳市	6	4			2	49	11	16	6	16
岳阳市	40	1	7	2	30	122	15	34	16	57
常德市	30		3	6	21	67	5	27	13	22
张家界市	5			1	4	28	11	12	1	4
益阳市	10	1	1	1	7	32	3	14	8	7
郴州市	15				15	79	9	39	12	19
永州市	4	1			3	16	4	2		10
怀化市	5	1	1		3	84	12	21	17	34
娄底市	3		2		1	49	10	15	6	18
湘西州	2		1		1	18	3	2	3	10

C-7-1a 续表 7

单位：人

现住地	省外									
	浙江					安徽				
	小计	乡	镇的村委会	镇的居委会	街道	小计	乡	镇的村委会	镇的居委会	街道
全省	**3290**	**563**	**1224**	**467**	**1036**	**3733**	**855**	**1588**	**381**	**909**
长沙市	1612	260	619	239	494	2287	512	1041	234	500
株洲市	612	99	282	92	139	374	91	166	27	90
湘潭市	125	15	35	27	48	235	48	90	32	65
衡阳市	164	30	35	23	76	223	38	59	17	109
邵阳市	87	32	29	9	17	46	18	11	3	14
岳阳市	118	11	42	18	47	148	42	47	24	35
常德市	94	20	19	9	46	117	18	59	19	21
张家界市	39	17	11	1	10	42	12	8	3	19
益阳市	34	7	7	4	16	37	12	17	3	5
郴州市	140	19	61	14	46	69	14	31	2	22
永州市	24	3	14	2	5	21	6	9	1	5
怀化市	163	43	40	20	60	79	33	25	9	12
娄底市	51	4	23	7	17	31	6	18	3	4
湘西州	27	3	7	2	15	24	5	7	4	8

C-7-1a 续表 8

单位：人

现住地	省外									
	福建					江西				
	小计	乡	镇的村委会	镇的居委会	街道	小计	乡	镇的村委会	镇的居委会	街道
全省	**3332**	**673**	**1469**	**383**	**807**	**7813**	**1859**	**3313**	**882**	**1759**
长沙市	1834	327	853	205	449	4549	1119	2065	489	876
株洲市	363	81	183	39	60	1323	307	546	145	325
湘潭市	135	32	43	14	46	291	62	103	40	86
衡阳市	166	22	47	25	72	314	60	85	42	127
邵阳市	63	21	27	7	8	151	29	64	19	39
岳阳市	190	35	85	27	43	228	43	93	35	57
常德市	141	48	40	18	35	188	34	59	23	72
张家界市	50	16	11	8	15	73	24	30	5	14
益阳市	35	7	12	13	3	73	33	19	7	14
郴州市	111	25	60	3	23	212	43	97	25	47
永州市	24	4	13	1	6	63	4	27	9	23
怀化市	158	41	67	17	33	165	52	63	21	29
娄底市	45	8	26	4	7	101	28	38	10	25
湘西州	17	6	2	2	7	82	21	24	12	25

C-7-1a 续表 9

单位：人

现住地	省外									
	山东					河南				
	小计	乡	镇的村委会	镇的居委会	街道	小计	乡	镇的村委会	镇的居委会	街道
全省	**2518**	**387**	**913**	**292**	**926**	**6233**	**1645**	**2678**	**548**	**1362**
长沙市	1528	249	594	176	509	3798	970	1754	303	771
株洲市	189	27	76	22	64	606	183	245	49	129
湘潭市	192	28	54	27	83	315	69	120	42	84
衡阳市	129	13	28	9	79	207	46	70	15	76
邵阳市	11	4	1	3	3	124	54	28	11	31
岳阳市	95	4	36	12	43	339	97	122	44	76
常德市	64	9	15	4	36	175	43	62	18	52
张家界市	47	7	21	2	17	83	26	30	10	17
益阳市	24	3	3	8	10	52	27	8	6	11
郴州市	59	10	28	5	16	165	40	80	16	29
永州市	8	2		1	5	47	13	13	6	15
怀化市	88	19	23	14	32	186	58	83	13	32
娄底市	57	10	20	9	18	97	18	53	13	13
湘西州	27	2	14		11	39	1	10	2	26

C-7-1a 续表 10

单位：人

现住地	省外									
	湖北					广东				
	小计	乡	镇的村委会	镇的居委会	街道	小计	乡	镇的村委会	镇的居委会	街道
全省	**16004**	**3710**	**7501**	**1690**	**3103**	**7335**	**758**	**1660**	**1159**	**3758**
长沙市	7784	1879	3569	869	1467	3814	384	888	671	1871
株洲市	3076	711	1807	178	380	651	67	160	105	319
湘潭市	388	54	164	32	138	319	38	64	48	169
衡阳市	354	56	115	47	136	680	45	129	71	435
邵阳市	114	53	29	5	27	201	44	43	16	98
岳阳市	2570	572	1080	387	531	308	31	70	52	155
常德市	540	115	206	51	168	292	29	75	28	160
张家界市	177	54	61	21	41	35	9	6	6	14
益阳市	151	35	67	20	29	133	19	35	28	51
郴州市	262	36	158	27	41	442	40	117	72	213
永州市	70	25	21	3	21	73	5	13	6	49
怀化市	249	78	103	22	46	168	29	22	30	87
娄底市	149	22	68	16	43	181	16	33	23	109
湘西州	120	20	53	12	35	38	2	5	3	28

C-7-1a 续表 11 单位：人

现住地	省外									
	广西					海南				
	小计	乡	镇的村委会	镇的居委会	街道	小计	乡	镇的村委会	镇的居委会	街道
全省	**3216**	**745**	**1321**	**354**	**796**	**1059**	**122**	**283**	**179**	**475**
长沙市	1591	362	664	196	369	541	68	144	102	227
株洲市	387	84	169	38	96	77	5	13	9	50
湘潭市	146	33	59	18	36	103	11	31	15	46
衡阳市	213	36	80	17	80	104	10	32	18	44
邵阳市	94	27	30	12	25	17	2	6		9
岳阳市	113	29	36	10	38	35	3	10	7	15
常德市	97	21	36	9	31	38	6	8	10	14
张家界市	44	17	11	2	14	3	2		1	
益阳市	40	15	17	5	3	17	5	2		10
郴州市	151	30	87	11	23	28	2	13	1	12
永州市	90	15	45	6	24	12	1	3	1	7
怀化市	118	47	30	18	23	38	2	6	12	18
娄底市	104	26	49	10	19	35	5	12	3	15
湘西州	28	3	8	2	15	11		3		8

C-7-1a 续表 12 单位：人

现住地	省外									
	重庆					四川				
	小计	乡	镇的村委会	镇的居委会	街道	小计	乡	镇的村委会	镇的居委会	街道
全省	**2676**	**603**	**1016**	**310**	**747**	**4806**	**1270**	**1852**	**588**	**1096**
长沙市	1344	246	581	170	347	2460	614	991	333	522
株洲市	204	50	84	17	53	473	119	201	50	103
湘潭市	145	35	43	15	52	185	42	67	26	50
衡阳市	141	14	45	24	58	259	59	70	25	105
邵阳市	83	39	25	7	12	131	41	60	7	23
岳阳市	205	35	75	24	71	322	100	129	22	71
常德市	114	37	41	9	27	188	37	84	18	49
张家界市	45	11	4	9	21	86	25	30	9	22
益阳市	57	35	6	2	14	72	19	24	7	22
郴州市	48	14	24	3	7	134	40	68	11	15
永州市	30	11	10	1	8	71	38	10	7	16
怀化市	109	36	32	14	27	241	105	51	39	46
娄底市	39	4	19	7	9	109	15	45	25	24
湘西州	112	36	27	8	41	75	16	22	9	28

C-7-1a 续表 13

单位：人

现住地	省外									
	贵州					云南				
	小计	乡	镇的村委会	镇的居委会	街道	小计	乡	镇的村委会	镇的居委会	街道
全省	**3537**	**954**	**1588**	**353**	**642**	**1749**	**431**	**705**	**176**	**437**
长沙市	1737	414	844	183	296	900	204	358	107	231
株洲市	300	69	140	22	69	225	57	100	17	51
湘潭市	158	22	78	28	30	99	18	46	10	25
衡阳市	131	38	40	17	36	99	31	30	7	31
邵阳市	179	83	37	26	33	51	23	17	4	7
岳阳市	170	45	76	19	30	64	20	15	8	21
常德市	196	54	106	14	22	66	17	24	5	20
张家界市	51	16	23	3	9	29	6	18	3	2
益阳市	25	10	8	2	5	18	6	8	1	3
郴州市	81	30	36		15	40	7	20	3	10
永州市	40	9	20	4	7	16	2	9	1	4
怀化市	256	113	77	24	42	64	29	17	4	14
娄底市	147	37	79	5	26	51	11	29	3	8
湘西州	66	14	24	6	22	27		14	3	10

C-7-1a 续表 14

单位：人

现住地	省外									
	西藏					陕西				
	小计	乡	镇的村委会	镇的居委会	街道	小计	乡	镇的村委会	镇的居委会	街道
全省	**360**	**169**	**59**	**49**	**83**	**1855**	**354**	**694**	**193**	**614**
长沙市	157	61	26	28	42	978	172	371	113	322
株洲市	8	3	3	1	1	156	38	61	8	49
湘潭市	13	1	3	4	5	213	28	86	27	72
衡阳市	4	1	2	1		105	20	34	5	46
邵阳市	6	3			3	54	16	15	9	14
岳阳市	6	1		3	2	66	14	21	15	16
常德市	5	1	1		3	52	10	17	5	20
张家界市	1	1				23	6	6		11
益阳市	1			1		41	6	18		17
郴州市	2				2	41	2	24	3	12
永州市	41	41				14	4	5		5
怀化市	17	7	3	1	6	59	29	16	3	11
娄底市	67	35	14	6	12	31	7	15	4	5
湘西州	32	14	7	4	7	22	2	5	1	14

C-7-1a　续表 15　　　　单位：人

现 住 地	省外									
	甘肃					青海				
	小计	乡	镇的村委会	镇的居委会	街道	小计	乡	镇的村委会	镇的居委会	街道
全　省	**1446**	**307**	**520**	**174**	**445**	**407**	**61**	**84**	**57**	**205**
长沙市	730	151	281	95	203	261	31	59	34	137
株洲市	128	29	45	12	42	22	1	4	6	11
湘潭市	84	15	14	17	38	13	1	3	1	8
衡阳市	91	14	29	12	36	30	11	6	6	7
邵阳市	48	10	21	8	9	16	9		2	5
岳阳市	58	10	22	3	23	6			1	5
常德市	73	27	25	3	18	9	3	1	2	3
张家界市	50	19	19	2	10	3	2	1		
益阳市	13	2	2	6	3	1				1
郴州市	48	8	22	5	13	10		2	1	7
永州市	18	4	8	1	5	2			1	1
怀化市	58	13	18	3	24	9	2	1		6
娄底市	27	4	9	7	7	15	1	5	3	6
湘西州	20	1	5		14	10		2		8

C-7-1a　续表 16　　　　单位：人

现 住 地	省外									
	宁夏					新疆				
	小计	乡	镇的村委会	镇的居委会	街道	小计	乡	镇的村委会	镇的居委会	街道
全　省	**346**	**47**	**90**	**51**	**158**	**934**	**184**	**213**	**157**	**380**
长沙市	228	34	64	29	101	575	124	137	114	200
株洲市	33	6	12	5	10	69	11	10	7	41
湘潭市	13		5	4	4	41	2	7	13	19
衡阳市	27	3	3	6	15	71	14	14	8	35
邵阳市	4			1	3	22	3	3	4	12
岳阳市	5		1		4	30	8	8	1	13
常德市	6	3	2	1		35	6	5	2	22
张家界市	1	1				20	7	8	3	2
益阳市	2				2	8	3		2	3
郴州市	3				3	6	2	2		2
永州市	4		2	1	1	12	1	2		9
怀化市	3				3	11	2	2	1	6
娄底市	10		1	4	5	14		11	2	1
湘西州	7				7	20	1	4		15

C-7-1b 全省按现住地、户口登记地类型分的户口登记地在外乡镇街道人口(镇)

单位：人

现住地	合计				
	合计	乡	镇的村委会	镇的居委会	街道
全省	**582848**	**161323**	**267990**	**81309**	**72226**
长沙市	88835	19526	47089	8415	13805
株洲市	31496	6662	15914	3053	5867
湘潭市	34340	9075	14257	4048	6960
衡阳市	53235	11703	24724	8791	8017
邵阳市	42427	13515	19177	6347	3388
岳阳市	31960	10236	12481	7151	2092
常德市	44339	10842	15034	10583	7880
张家界市	12182	5270	4626	1896	390
益阳市	25469	6076	10524	4943	3926
郴州市	59172	16804	30529	6116	5723
永州市	58778	15366	31523	6041	5848
怀化市	49983	22990	16845	6847	3301
娄底市	27777	5485	15491	2994	3807
湘西州	22855	7773	9776	4084	1222

C-7-1b 续表 1

单位：人

现住地	省内					省外				
						小计				
	小计	乡	镇的村委会	镇的居委会	街道	小计	乡	镇的村委会	镇的居委会	街道
全省	**548812**	**152816**	**252330**	**76785**	**66881**	**34036**	**8507**	**15660**	**4524**	**5345**
长沙市	76220	16217	40388	7348	12267	12615	3309	6701	1067	1538
株洲市	29653	6346	14995	2849	5463	1843	316	919	204	404
湘潭市	31016	8024	13220	3791	5981	3324	1051	1037	257	979
衡阳市	51330	11346	23929	8463	7592	1905	357	795	328	425
邵阳市	41004	13185	18485	6099	3235	1423	330	692	248	153
岳阳市	29877	9583	11622	6768	1904	2083	653	859	383	188
常德市	41905	10262	14203	9959	7481	2434	580	831	624	399
张家界市	11681	5108	4439	1795	339	501	162	187	101	51
益阳市	24221	5828	9976	4705	3712	1248	248	548	238	214
郴州市	57434	16459	29644	5871	5460	1738	345	885	245	263
永州市	57235	15111	30720	5788	5616	1543	255	803	253	232
怀化市	47879	22340	16022	6511	3006	2104	650	823	336	295
娄底市	27184	5400	15197	2900	3687	593	85	294	94	120
湘西州	22173	7607	9490	3938	1138	682	166	286	146	84

C-7-1b 续表 2 单位：人

现住地	省外									
	北京					天津				
	小计	乡	镇的村委会	镇的居委会	街道	小计	乡	镇的村委会	镇的居委会	街道
全省	**180**	**19**	**28**	**43**	**90**	**96**	**9**	**10**	**22**	**55**
长沙市	41	1	5	8	27	26	1	4	6	15
株洲市	7		1		6	2				2
湘潭市	22	3	1	6	12	23	1	2	1	19
衡阳市	14	2		5	7	8			1	7
邵阳市	10		2	2	6	4			2	2
岳阳市	16	6	2	1	7	9	4		3	2
常德市	21	2	1	9	9	12	2	1	5	4
张家界市	2				2	1			1	
益阳市	4		1	1	2	4		1		3
郴州市	4	1		2	1	3			2	1
永州市	6		5		1					
怀化市	10	1		2	7	2	1		1	
娄底市	12	3	3	3	3					
湘西州	11		7	4		2		2		

C-7-1b 续表 3 单位：人

现住地	省外									
	河北					山西				
	小计	乡	镇的村委会	镇的居委会	街道	小计	乡	镇的村委会	镇的居委会	街道
全省	**681**	**173**	**312**	**81**	**115**	**390**	**97**	**166**	**39**	**88**
长沙市	299	74	166	28	31	189	49	101	16	23
株洲市	27	5	13	1	8	11	2	2	1	6
湘潭市	137	47	40	4	46	73	22	18	4	29
衡阳市	30	4	17	4	5	21	7	9	3	2
邵阳市	22	2	5	15		3		2	1	
岳阳市	18	6	6	3	3	14	2	7	3	2
常德市	21	7	6	6	2	24	5	7	2	10
张家界市	22	3	10	4	5	2		1		1
益阳市	26	7	11	5	3	12	2	2	1	7
郴州市	17	8	7	1	1	11	5	2	3	1
永州市	8	1	5	1	1	9	1	4	2	2
怀化市	39	6	19	6	8	12	2	5	3	2
娄底市	8	1	5		2	6		4		2
湘西州	7	2	2	3		3		2		1

C-7-1b 续表 4 单位：人

现住地	省外									
	内蒙古					辽宁				
	小计	乡	镇的村委会	镇的居委会	街道	小计	乡	镇的村委会	镇的居委会	街道
全　省	**168**	**44**	**50**	**22**	**52**	**280**	**57**	**102**	**32**	**89**
长沙市	49	15	13	7	14	89	16	48	7	18
株洲市	9	1	3	1	4	18	1	7	3	7
湘潭市	43	14	7	4	18	49	16	2		31
衡阳市	12	1	8	1	2	24	3	8	3	10
邵阳市	9		4	3	2	13	4	7	2	
岳阳市	9	3	4		2	21	5	7	5	4
常德市	5	2		1	2	17	3	2	6	6
张家界市	8	3	5			9	3	3		3
益阳市	7	1	2	2	2	7		3	1	3
郴州市	6	3		1	2	7	1	6		
永州市	2		2			11	1	5		5
怀化市	8	1	2	2	3	12	4	3	4	1
娄底市	1				1	2			1	1
湘西州						1		1		

C-7-1b 续表 5 单位：人

现住地	省外									
	吉林					黑龙江				
	小计	乡	镇的村委会	镇的居委会	街道	小计	乡	镇的村委会	镇的居委会	街道
全　省	**266**	**50**	**83**	**36**	**97**	**405**	**101**	**131**	**56**	**117**
长沙市	100	17	37	11	35	169	37	69	20	43
株洲市	6		2	1	3	6	1	3		2
湘潭市	66	14	14	5	33	65	18	12	3	32
衡阳市	15	6	6	2	1	30	4	6	6	14
邵阳市	10		1	6	3	23	17	3	1	2
岳阳市	10	4	3	1	2	14	2	7	4	1
常德市	21	3	7	4	7	25	5	4	7	9
张家界市	3	2		1		17	6	6	2	3
益阳市	5	1	4			12	4	5	2	1
郴州市	6		3		3	10	1	8		1
永州市	11	2	3	1	5	3	1		1	1
怀化市	7		3		4	16	3	1	9	3
娄底市	6	1		4	1	8	1	2		5
湘西州						7	1	5	1	

C-7-1b　续表 6　　　　　　　　　　　　　　　　　　　　　　单位：人

现 住 地	省外									
	上海					江苏				
	小计	乡	镇的村委会	镇的居委会	街道	小计	乡	镇的村委会	镇的居委会	街道
全　省	**118**	**13**	**22**	**35**	**48**	**755**	**137**	**324**	**135**	**159**
长沙市	26	5	6	3	12	256	39	130	31	56
株洲市	3	2			1	33	4	11	5	13
湘潭市	15	2	1	1	11	77	22	25	10	20
衡阳市	2		1	1		52	9	13	16	14
邵阳市	10		3	5	2	22	3	15	3	1
岳阳市	9			5	4	43	7	21	11	4
常德市	20	1	1	12	6	53	11	19	18	5
张家界市						10	3	4	3	
益阳市	10		4	2	4	33		19	9	5
郴州市	4		1		3	30	4	11	5	10
永州市	6		3	2	1	32	5	17	6	4
怀化市	5	1		1	3	80	18	23	13	26
娄底市	4	1	1	2		20	7	9	3	1
湘西州	4	1	1	1	1	14	5	7	2	

C-7-1b　续表 7　　　　　　　　　　　　　　　　　　　　　　单位：人

现 住 地	省外									
	浙江					安徽				
	小计	乡	镇的村委会	镇的居委会	街道	小计	乡	镇的村委会	镇的居委会	街道
全　省	**922**	**212**	**346**	**167**	**197**	**1239**	**323**	**586**	**156**	**174**
长沙市	215	52	91	14	58	490	128	267	46	49
株洲市	74	8	30	18	18	77	9	30	6	32
湘潭市	99	35	31	14	19	112	46	42	2	22
衡阳市	36	6	10	5	15	81	19	34	16	12
邵阳市	41	3	19	10	9	43	10	25	4	4
岳阳市	44	13	18	9	4	71	15	26	29	1
常德市	63	5	6	31	21	113	26	44	26	17
张家界市	19	3	4	10	2	25	7	16	2	
益阳市	59	15	19	20	5	53	11	29	3	10
郴州市	57	10	26	13	8	45	5	21	3	16
永州市	41	12	16	2	11	35	4	23	4	4
怀化市	106	36	46	7	17	66	32	18	9	7
娄底市	24	4	14	1	5	22	8	9	5	
湘西州	44	10	16	13	5	6	3	2	1	

C-7-1b 续表 8

单位：人

现住地	省外									
	福建					江西				
	小计	乡	镇的村委会	镇的居委会	街道	小计	乡	镇的村委会	镇的居委会	街道
全省	**1029**	**254**	**449**	**174**	**152**	**4023**	**1051**	**2154**	**360**	**458**
长沙市	262	61	125	40	36	2136	588	1272	108	168
株洲市	64	7	29	7	21	407	63	242	45	57
湘潭市	101	35	27	9	30	335	104	128	17	86
衡阳市	65	5	39	11	10	146	35	66	18	27
邵阳市	55	10	32	11	2	96	31	53	7	5
岳阳市	56	23	12	15	6	135	46	61	20	8
常德市	65	22	17	19	7	161	41	63	38	19
张家界市	16	8	2	5	1	24	10	5	3	6
益阳市	39	9	8	17	5	76	14	41	14	7
郴州市	95	8	66	13	8	149	33	69	21	26
永州市	62	3	30	10	19	106	21	67	15	3
怀化市	106	57	33	12	4	142	48	52	28	14
娄底市	28	1	25		2	69	9	15	16	29
湘西州	15	5	4	5	1	41	8	20	10	3

C-7-1b 续表 9

单位：人

现住地	省外									
	山东					河南				
	合计	乡	镇的村委会	镇的居委会	街道	小计	乡	镇的村委会	镇的居委会	街道
全省	**713**	**159**	**335**	**95**	**124**	**3056**	**956**	**1504**	**321**	**275**
长沙市	274	51	146	26	51	1764	586	896	167	115
株洲市	28	6	8	3	11	107	20	59	6	22
湘潭市	120	25	54	10	31	223	79	85	13	46
衡阳市	37	6	20	8	3	117	26	55	23	13
邵阳市	24	9	11	1	3	86	19	56	7	4
岳阳市	39	11	19	9		149	56	57	27	9
常德市	45	20	20	2	3	163	62	65	21	15
张家界市	9	5		3	1	33	11	15	5	2
益阳市	42	5	21	8	8	74	17	36	9	12
郴州市	26	8	8	5	5	78	16	37	13	12
永州市	12	1	6	2	3	109	25	65	7	12
怀化市	29	7	10	10	2	95	31	41	13	10
娄底市	15	2	9	3	1	26	5	19	2	
湘西州	13	3	3	5	2	32	3	18	8	3

C-7-1b 续表 10　　单位：人

现 住 地	省外									
	湖　北					广　东				
	小计	乡	镇 的村委会	镇 的居委会	街道	小计	乡	镇 的村委会	镇 的居委会	街道
全　省	**5464**	**1339**	**2612**	**784**	**729**	**3438**	**543**	**1192**	**696**	**1007**
长沙市	2244	519	1257	211	257	516	65	220	74	157
株洲市	228	30	137	25	36	211	34	62	32	83
湘潭市	376	108	107	40	121	293	61	58	39	135
衡阳市	194	48	86	26	34	388	35	110	84	159
邵阳市	111	29	55	21	6	196	21	93	38	44
岳阳市	665	216	283	112	54	218	60	64	53	41
常德市	661	133	268	181	79	332	65	68	101	98
张家界市	92	31	36	24	1	38	6	12	10	10
益阳市	183	40	94	33	16	161	15	41	43	62
郴州市	179	50	75	10	44	470	70	218	109	73
永州市	112	26	48	29	9	276	40	114	51	71
怀化市	172	47	64	38	23	222	55	81	45	41
娄底市	50	3	30	9	8	89	11	40	10	28
湘西州	197	59	72	25	41	28	5	11	7	5

C-7-1b 续表 11　　单位：人

现 住 地	省外									
	广　西					海　南				
	小计	乡	镇 的村委会	镇 的居委会	街道	小计	乡	镇 的村委会	镇 的居委会	街道
全　省	**1853**	**448**	**972**	**250**	**183**	**338**	**76**	**108**	**53**	**101**
长沙市	402	105	215	41	41	79	14	31	11	23
株洲市	84	19	46	9	10	13	1	5	3	4
湘潭市	124	48	50	10	16	96	36	22	6	32
衡阳市	143	24	81	23	15	18		1	5	12
邵阳市	195	50	104	25	16	15	1	5	5	4
岳阳市	93	31	49	9	4	16	4	7	4	1
常德市	83	20	32	20	11	26	4	12	2	8
张家界市	19	8	10	1		2	1	1		
益阳市	59	12	25	14	8	21		4	6	11
郴州市	147	26	96	8	17	12	4	6	2	
永州市	295	48	163	53	31	20	2	8	6	4
怀化市	146	41	76	23	6	11	8	1	1	1
娄底市	42	11	16	7	8	7		5	1	1
湘西州	21	5	9	7		2	1		1	

C-7-1b 续表 12 单位：人

现住地	省外									
	重庆					四川				
	小计	乡	镇的村委会	镇的居委会	街道	小计	乡	镇的村委会	镇的居委会	街道
全省	**1184**	**307**	**561**	**147**	**169**	**1971**	**482**	**1000**	**245**	**244**
长沙市	285	58	152	28	47	562	118	320	36	88
株洲市	53	10	30	2	11	94	12	63	7	12
湘潭市	178	70	63	8	37	179	55	81	14	29
衡阳市	82	27	29	14	12	139	41	63	17	18
邵阳市	50	14	21	10	5	107	23	57	18	9
岳阳市	71	25	37	3	6	118	29	66	12	11
常德市	81	20	30	22	9	155	50	49	42	14
张家界市	28	5	12	8	3	43	15	14	10	4
益阳市	57	11	34	7	5	71	14	37	9	11
郴州市	57	11	35	5	6	113	22	72	9	10
永州市	64	5	27	20	12	117	29	68	12	8
怀化市	114	36	60	10	8	162	49	59	37	17
娄底市	11		8	3		41	5	22	7	7
湘西州	53	15	23	7	8	70	20	29	15	6

C-7-1b 续表 13 单位：人

现住地	省外									
	贵州					云南				
	小计	乡	镇的村委会	镇的居委会	街道	小计	乡	镇的村委会	镇的居委会	街道
全省	**2449**	**711**	**1273**	**249**	**216**	**936**	**343**	**446**	**71**	**76**
长沙市	692	218	393	36	45	363	106	219	16	22
株洲市	121	42	57	11	11	58	24	23	5	6
湘潭市	169	59	72	13	25	84	46	25	2	11
衡阳市	107	25	65	9	8	51	13	24	10	4
邵阳市	160	56	69	26	9	51	17	21	9	4
岳阳市	99	21	51	23	4	66	41	19	4	2
常德市	157	43	79	23	12	33	14	9	6	4
张家界市	48	17	25	4	2	12	10	1	1	
益阳市	66	16	38	12		86	42	38	2	4
郴州市	110	32	63	6	9	37	14	19	2	2
永州市	116	19	83	8	6	38	5	19	5	9
怀化市	463	136	204	50	73	28	8	13	3	4
娄底市	57	10	36	7	4	19	1	13	1	4
湘西州	84	17	38	21	8	10	2	3	5	

C 7 1b 续表 14

单位：人

现住地	省外									
	西藏					陕西				
	小计	乡	镇的村委会	镇的居委会	街道	小计	乡	镇的村委会	镇的居委会	街道
全省	**85**	**35**	**14**	**13**	**23**	**728**	**146**	**366**	**104**	**112**
长沙市	41	25	5	1	10	290	51	173	30	36
株洲市	15	4	5	4	2	43	5	22	6	10
湘潭市	10	3	1	2	4	107	38	34	11	24
衡阳市	4			3	1	36	5	20	6	5
邵阳市	1		1			33	4	19	8	2
岳阳市	2	2				44	9	25	7	3
常德市	3			2	1	33	6	13	6	8
张家界市						11	3	3		5
益阳市	4		1	1	2	37	7	15	9	6
郴州市	1				1	33	7	16	8	2
永州市	1	1				18	2	12	1	3
怀化市						22	9	5	3	5
娄底市	2				2	17		6	8	3
湘西州	1		1			4		3	1	

C-7-1b 续表 15

单位：人

现住地	省外									
	甘肃					青海				
	小计	乡	镇的村委会	镇的居委会	街道	小计	乡	镇的村委会	镇的居委会	街道
全省	**536**	**191**	**228**	**53**	**64**	**199**	**54**	**99**	**18**	**28**
长沙市	313	140	127	23	23	125	35	81	2	7
株洲市	23	2	15	3	3	15	3	10		2
湘潭市	58	17	22	2	17	27	11	4	2	10
衡阳市	24	5	13	3	3	3		1		2
邵阳市	9	4	1		4	6	1	1	3	1
岳阳市	21	9	4	8		3	1		2	
常德市	21	3	7	3	8	1			1	
张家界市	2	2								
益阳市	12	2	5	2	3					
郴州市	23	3	17	2	1	3	2	1		
永州市	15		6	7	2	8		1	4	3
怀化市	6	3	3			8	1		4	3
娄底市	2		2							
湘西州	7	1	6							

C-7-1b 续表 16

单位：人

现住地	省外									
	宁夏					新疆				
	小计	乡	镇的村委会	镇的居委会	街道	小计	乡	镇的村委会	镇的居委会	街道
全省	**173**	**38**	**89**	**15**	**31**	**361**	**139**	**98**	**52**	**72**
长沙市	128	31	76	7	14	190	104	56	13	17
株洲市						6	1	4		1
湘潭市	19	6	4		9	44	10	5	5	24
衡阳市	9		4	3	2	17	1	6	2	8
邵阳市	1				1	17	2	7	5	3
岳阳市	3		1		2	7	2	3	1	1
常德市	3			2	1	16	5	1	6	4
张家界市	1		1			5		1	4	
益阳市	1		1			27	3	9	6	9
郴州市	2	1	1			3		1	2	
永州市						10	1	3	4	2
怀化市	2				2	13	9	1	2	1
娄底市						5	1	1	1	2
湘西州	4		1	3		1			1	

C-7-1c 全省按现住地、户口登记地类型分的户口登记地在外乡镇街道人口(乡村)

单位：人

现住地	合计				
	合计	乡	镇的村委会	镇的居委会	街道
全省	**79322**	**21480**	**41160**	**5926**	**10756**
长沙市	13403	3176	7125	734	2368
株洲市	3525	554	2220	200	551
湘潭市	3182	772	1692	267	451
衡阳市	6116	1560	3109	455	992
邵阳市	4891	1423	2479	435	554
岳阳市	7807	1689	4144	595	1379
常德市	7189	2088	3555	606	940
张家界市	3297	1049	1334	345	569
益阳市	3963	1120	2221	235	387
郴州市	3739	920	1954	501	364
永州市	3329	871	1851	155	452
怀化市	12190	5135	5673	555	827
娄底市	4839	731	2737	669	702
湘西州	1852	392	1066	174	220

C-7-1c　续表 1

单位：人

现住地	省内					省外				
						小计				
	小计	乡	镇的村委会	镇的居委会	街道	小计	乡	镇的村委会	镇的居委会	街道
全　省	**66104**	**17950**	**33310**	**5362**	**9482**	**13218**	**3530**	**7850**	**564**	**1274**
长沙市	11256	2652	5841	629	2134	2147	524	1284	105	234
株洲市	2805	429	1709	184	483	720	125	511	16	68
湘潭市	2790	641	1484	254	411	392	131	208	13	40
衡阳市	5147	1322	2528	411	886	969	238	581	44	106
邵阳市	3981	1179	1929	403	470	910	244	550	32	84
岳阳市	6043	1264	3138	512	1129	1764	425	1006	83	250
常德市	5971	1716	2845	541	869	1218	372	710	65	71
张家界市	2868	896	1110	325	537	429	153	224	20	32
益阳市	3049	798	1690	215	346	914	322	531	20	41
郴州市	2919	701	1457	453	308	820	219	497	48	56
永州市	2674	736	1407	123	408	655	135	444	32	44
怀化市	10829	4655	4989	511	674	1361	480	684	44	153
娄底市	4194	624	2300	640	630	645	107	437	29	72
湘西州	1578	337	883	161	197	274	55	183	13	23

C-7-1c　续表 2

单位：人

现住地	省外									
	北京					天津				
	小计	乡	镇的村委会	镇的居委会	街道	小计	乡	镇的村委会	镇的居委会	街道
全　省	**34**	**7**	**15**	**2**	**10**	**21**	**2**	**11**	**2**	**6**
长沙市						6	1	3	1	1
株洲市	6	2	4							
湘潭市						1	1			
衡阳市	5	1	3		1					
邵阳市	5	2	2	1		2				2
岳阳市	11	1	3		7	2		2		
常德市	1				1	4		2	1	1
张家界市	1	1				1				1
益阳市	1		1			1		1		
郴州市										
永州市						1		1		
怀化市	3		2		1	2		2		
娄底市	1			1						
湘西州						1				1

C-7-1c 续表 3

单位：人

现住地	省外									
	河北					山西				
	小计	乡	镇的村委会	镇的居委会	街道	小计	乡	镇的村委会	镇的居委会	街道
全　省	**162**	**37**	**93**	**6**	**26**	**119**	**22**	**59**	**8**	**30**
长沙市	49	6	40		3	56	9	27	5	15
株洲市	6		2		4	2		1		1
湘潭市	4	2			2	2		2		
衡阳市	9	3	6			6	2	2	2	
邵阳市	12	4	7	1		2		2		
岳阳市	12	3	5	2	2	6	1	3		2
常德市	17	4	10	1	2	10	2	5		3
张家界市	5		2	1	2					
益阳市	17	6	4		7	4		1	1	2
郴州市	7	1	6			4		3		1
永州市	3	1	1	1		3		3		
怀化市	12	6	2		4	10	8	1		1
娄底市	2		2			12		8		4
湘西州	7	1	6			2		1		1

C-7-1c 续表 4

单位：人

现住地	省外									
	内蒙古					辽宁				
	小计	乡	镇的村委会	镇的居委会	街道	小计	乡	镇的村委会	镇的居委会	街道
全　省	**42**	**15**	**17**	**1**	**9**	**58**	**19**	**22**	**4**	**13**
长沙市	15	4	7	1	3	21	3	9	1	8
株洲市	1		1			2		2		
湘潭市										
衡阳市	1				1	6	2	2		2
邵阳市	1	1				1	1			
岳阳市	6	2	2		2	8	2	4	2	
常德市	5	5				1				1
张家界市	4	1	1		2	3	1		1	1
益阳市						9	9			
郴州市	2	1	1			1	1			
永州市						1		1		
怀化市	4	1	2		1	3		2		1
娄底市						2		2		
湘西州	3		3							

C-7-1c　续表 5　　单位：人

现住地	省外									
	吉林					黑龙江				
	小计	乡	镇的村委会	镇的居委会	街道	小计	乡	镇的村委会	镇的居委会	街道
全省	**49**	**13**	**21**	**3**	**12**	**86**	**19**	**44**	**5**	**18**
长沙市	15		10	2	3	47	9	26	1	11
株洲市										
湘潭市	1	1				6	2	1		3
衡阳市	3	3				2		2		
邵阳市	1		1			2			1	1
岳阳市	9	1	1		7	7	1	5	1	
常德市	8	4	3		1	5	3			2
张家界市	2	1	1			3	1	2		
益阳市	2	1	1			3	3			
郴州市	4	2	1	1		1		1		
永州市	2		1		1	1		1		
怀化市						2		2		
娄底市	2		2			3			2	1
湘西州						4		4		

C-7-1c　续表 6　　单位：人

现住地	省外									
	上海					江苏				
	小计	乡	镇的村委会	镇的居委会	街道	小计	乡	镇的村委会	镇的居委会	街道
全省	**41**	**9**	**22**	**3**	**7**	**204**	**57**	**113**	**9**	**25**
长沙市	4		3		1	27	6	16	1	4
株洲市	7		5		2	16	1	14		1
湘潭市	4	2	2			12	3	9		
衡阳市						22	6	8		8
邵阳市	2	2				12	1	10	1	
岳阳市	3		2		1	24	7	17		
常德市	3		3			6	1	4	1	
张家界市	1				1	8	6	1		1
益阳市						11	1	9		1
郴州市	3	2	1			25	21	3		1
永州市	5	3	1	1		5	1	4		
怀化市	7		4	2	1	19	2	11		6
娄底市	2		1		1	11		4	5	2
湘西州						6	1	3	1	1

C-7-1c 续表 7　　单位：人

现住地	省外									
	浙江					安徽				
	小计	乡	镇的村委会	镇的居委会	街道	小计	乡	镇的村委会	镇的居委会	街道
全省	**319**	**65**	**185**	**16**	**53**	**366**	**94**	**228**	**16**	**28**
长沙市	48	14	19	7	8	81	20	43	6	12
株洲市	17		9	2	6	31	3	28		
湘潭市	20	4	15		1	10	1	7		2
衡阳市	11	2	6		3	27	10	15	2	
邵阳市	17		10	2	5	18	4	14		
岳阳市	21	4	10		7	47	5	36	3	3
常德市	21	5	12		4	52	14	34	3	1
张家界市	8	3	5			22	6	14	1	1
益阳市	19	4	13		2	10	1	8		1
郴州市	18	1	15	1	1	11	2	6		3
永州市	14		14			10	3	5		2
怀化市	67	24	33	1	9	30	19	10		1
娄底市	6		3	2	1	10	4	4	1	1
湘西州	32	4	21	1	6	7	2	4		1

C-7-1c 续表 8　　单位：人

现住地	省外									
	福建					江西				
	小计	乡	镇的村委会	镇的居委会	街道	小计	乡	镇的村委会	镇的居委会	街道
全省	**347**	**96**	**214**	**9**	**28**	**1038**	**273**	**644**	**53**	**68**
长沙市	71	27	31	3	10	348	86	226	17	19
株洲市	18	7	10		1	123	28	78	6	11
湘潭市	7		5		2	33	8	22	1	2
衡阳市	30	3	25	1	1	64	23	36	3	2
邵阳市	27	11	12		4	59	8	48		3
岳阳市	21	9	10	1	1	87	34	41	3	9
常德市	22	1	16		5	63	19	38	3	3
张家界市	14	7	6		1	27	7	15	1	4
益阳市	31	4	26		1	27	5	17	3	2
郴州市	15	8	7			70	13	48	4	5
永州市	12		10		2	26	9	15	1	1
怀化市	65	14	47	4		72	25	32	10	5
娄底市	8	2	6			33	6	24	1	2
湘西州	6	3	3			6	2	4		

C-7-1c 续表 9　　单位：人

现住地	省外									
	山东					河南				
	小计	乡	镇的村委会	镇的居委会	街道	小计	乡	镇的村委会	镇的居委会	街道
全　省	**151**	**42**	**76**	**5**	**28**	**821**	**266**	**486**	**30**	**39**
长沙市	53	15	23	1	14	177	32	132	7	6
株洲市	3	1	1		1	46	12	33		1
湘潭市	3		3			24	10	9	1	4
衡阳市	9	2	5		2	50	6	35	6	3
邵阳市	13	3	8		2	45	22	19	2	2
岳阳市	13	3	8		2	82	26	47		9
常德市	15	4	8	1	2	98	41	49	8	
张家界市	6	1	2	1	2	28	12	14		2
益阳市	10	2	6	1	1	70	37	28		5
郴州市	2	2				44	15	21	4	4
永州市	1	1				30	11	19		
怀化市	16	8	5	1	2	76	34	39	1	2
娄底市	2		2			45	7	38		
湘西州	5		5			6	1	3	1	1

C-7-1c 续表 10　　单位：人

现住地	省外									
	湖北					广东				
	小计	乡	镇的村委会	镇的居委会	街道	小计	乡	镇的村委会	镇的居委会	街道
全　省	**1654**	**464**	**928**	**79**	**183**	**2022**	**452**	**1201**	**115**	**254**
长沙市	314	90	180	23	21	137	30	65	8	34
株洲市	84	12	67	1	4	76	6	53	1	16
湘潭市	44	23	13	3	5	64	16	32	5	11
衡阳市	92	33	32	14	13	256	68	146	5	37
邵阳市	63	19	39	1	4	190	49	110	9	22
岳阳市	361	67	194	11	89	219	38	140	17	24
常德市	247	76	152	9	10	147	41	72	15	19
张家界市	56	22	29	3	2	39	13	21	2	3
益阳市	71	32	37	1	1	119	29	77	5	8
郴州市	70	20	41	6	3	257	55	157	17	28
永州市	38	12	25		1	252	38	187	13	14
怀化市	104	40	44	4	16	129	49	62	5	13
娄底市	48	7	29	1	11	111	13	64	11	23
湘西州	62	11	46	2	3	26	7	15	2	2

C-7-1c 续表 11 单位：人

现住地	省外									
	广西					海南				
	小计	乡	镇的村委会	镇的居委会	街道	小计	乡	镇的村委会	镇的居委会	街道
全省	**1089**	**311**	**653**	**44**	**81**	**126**	**36**	**75**	**3**	**12**
长沙市	118	42	61	4	11	18	5	10		3
株洲市	36	8	22	1	5	1		1		
湘潭市	22	8	13		1	8	3	5		
衡阳市	93	14	68	3	8	6	1	2	1	2
邵阳市	126	45	73	1	7	10	3	7		
岳阳市	84	15	55	5	9	13	5	7		1
常德市	89	29	51	7	2	10	5	4		1
张家界市	36	18	14	2	2	5	2	3		
益阳市	46	9	35		2	13	2	11		
郴州市	88	25	56	4	3	7	1	5	1	
永州市	161	39	93	13	16	8	1	7		
怀化市	123	47	67	4	5	13	7	4	1	1
娄底市	59	10	41		8	12	1	8		3
湘西州	8	2	4		2	2		1		1

C-7-1c 续表 12 单位：人

现住地	省外									
	重庆					四川				
	小计	乡	镇的村委会	镇的居委会	街道	小计	乡	镇的村委会	镇的居委会	街道
全省	**483**	**98**	**310**	**28**	**47**	**944**	**265**	**598**	**24**	**57**
长沙市	70	12	51	3	4	136	31	97	2	6
株洲市	40	6	33		1	45	12	30	3	
湘潭市	16	3	13			34	21	11		2
衡阳市	47	4	32	6	5	83	12	65		6
邵阳市	23	8	14		1	58	14	39	4	1
岳阳市	61	11	27	9	14	110	32	57	3	18
常德市	49	17	26	1	5	126	35	82	7	2
张家界市	31	5	20	3	3	34	5	27	1	1
益阳市	27	5	20		2	84	25	56		3
郴州市	21	3	16	2		41	9	28	1	3
永州市	9	1	7		1	22	7	13		2
怀化市	40	8	21	3	8	112	52	50	2	8
娄底市	25	9	15		1	44	6	32	1	5
湘西州	24	6	15	1	2	15	4	11		

C-7-1c 续表 13　　　　单位：人

现住地	省外									
	贵州					云南				
	小计	乡	镇的村委会	镇的居委会	街道	小计	乡	镇的村委会	镇的居委会	街道
全省	**1698**	**438**	**1089**	**40**	**131**	**773**	**266**	**454**	**28**	**25**
长沙市	143	24	113	4	2	82	31	43	2	6
株洲市	99	14	72	1	12	45	11	33		1
湘潭市	36	10	23		3	30	13	17		
衡阳市	49	15	29		5	71	22	46		3
邵阳市	146	31	84	8	23	41	11	30		
岳阳市	303	63	215	4	21	111	30	64	10	7
常德市	118	35	73	7	3	39	15	24		
张家界市	65	34	28	2	1	12	3	8		1
益阳市	111	42	65	3	1	178	89	85	4	
郴州市	58	22	34	2		47	11	31	5	
永州市	24	4	16	2	2	18	3	14	1	
怀化市	366	106	206	2	52	48	15	26	2	5
娄底市	142	29	108		5	43	10	28	4	1
湘西州	38	9	23	5	1	8	2	5		1

C-7-1c 续表 14　　　　单位：人

现住地	省外									
	西藏					陕西				
	小计	乡	镇的村委会	镇的居委会	街道	小计	乡	镇的村委会	镇的居委会	街道
全省	**102**	**59**	**25**	**7**	**11**	**265**	**62**	**168**	**11**	**24**
长沙市						44	14	24	2	4
株洲市						11	1	9		1
湘潭市						6		5	1	
衡阳市	3	2	1			12	1	10	1	
邵阳市						20	3	16	1	
岳阳市	72	45	14	7	6	39	11	21		7
常德市						41	11	29	1	
张家界市						13	2	9	2	
益阳市	24	12	10		2	15	2	11	2	
郴州市	2				2	18	1	15		2
永州市						4	1	2		1
怀化市	1				1	31	14	7	1	9
娄底市						8	1	7		
湘西州						3		3		

C-7-1c 续表 15　　单位：人

现住地	省外									
	甘肃					青海				
	小计	乡	镇的村委会	镇的居委会	街道	小计	乡	镇的村委会	镇的居委会	街道
全　省	**116**	**26**	**67**	**2**	**21**	**16**	**5**	**5**	**5**	**1**
长沙市	46	10	19	1	16	2		1	1	
株洲市	5	1	3	1						
湘潭市						1			1	
衡阳市	8	3	4		1					
邵阳市	3	1	2							
岳阳市	12	1	10		1	9	5	1	3	
常德市	12	4	8							
张家界市	3	1	2			1				1
益阳市	7	1	6							
郴州市	3	2	1							
永州市	4		3		1	1		1		
怀化市	5	1	3		1					
娄底市	8	1	6		1					
湘西州						2		2		

C-7-1c 续表 16　　单位：人

现住地	省外									
	宁夏					新疆				
	小计	乡	镇的村委会	镇的居委会	街道	小计	乡	镇的村委会	镇的居委会	街道
全　省	**19**	**3**	**7**	**2**	**7**	**53**	**9**	**20**	**4**	**20**
长沙市	8	1	1	2	4	11	2	4		5
株洲市										
湘潭市	2				2	2		1	1	
衡阳市	1				1	3		1		2
邵阳市						11	1	3		7
岳阳市	1		1			10	3	4	2	1
常德市	3	1	2			6		3		3
张家界市	1	1								
益阳市	1		1			3	1	2		
郴州市						1	1			
永州市										
怀化市						1			1	
娄底市	1		1			5	1	2		2
湘西州	1		1							

C-7-2　全省按现住地、职业和性别分的户口登记地在本省其他乡镇街道人口

单位：人

现住地	合计			党的机关、国家机关、群众团体和社会组织、企事业单位负责人		
	合计	男	女	小计	男	女
全　省	**672699**	**383230**	**289469**	**24439**	**16846**	**7593**
长沙市	203329	115473	87856	6058	4279	1779
株洲市	52956	29188	23768	2335	1603	732
湘潭市	34015	18627	15388	1511	994	517
衡阳市	55059	32125	22934	1821	1282	539
邵阳市	35902	20136	15766	1322	908	414
岳阳市	42123	25083	17040	1791	1252	539
常德市	43126	24167	18959	1378	969	409
张家界市	14449	8136	6313	698	443	255
益阳市	21946	12391	9555	1149	800	349
郴州市	51422	29303	22119	1676	1169	507
永州市	33698	19511	14187	1130	740	390
怀化市	39369	23085	16284	1625	1086	539
娄底市	29289	16953	12336	1549	1063	486
湘西州	16016	9052	6964	396	258	138

C-7-2　续表 1

单位：人

现住地	专业技术人员			办事人员和有关人员			社会生产服务和生活服务人员		
	小计	男	女	小计	男	女	小计	男	女
全　省	**100403**	**42092**	**58311**	**63906**	**38182**	**25724**	**309121**	**162692**	**146429**
长沙市	35612	15243	20369	19350	9994	9356	100025	54824	45201
株洲市	7541	3119	4422	4909	2835	2074	23860	11928	11932
湘潭市	4979	1914	3065	3827	2255	1572	14611	7279	7332
衡阳市	7453	3203	4250	5152	3354	1798	25272	13533	11739
邵阳市	4535	1820	2715	2920	1953	967	16305	8569	7736
岳阳市	5604	2361	3243	4341	2747	1594	19815	10959	8856
常德市	6198	2606	3592	3918	2405	1513	19619	9915	9704
张家界市	2117	831	1286	1562	996	566	6590	3207	3383
益阳市	3559	1406	2153	2375	1516	859	9466	5066	4400
郴州市	7072	3021	4051	4502	2946	1556	23674	11908	11766
永州市	3852	1707	2145	2657	1787	870	13060	6841	6219
怀化市	5323	2144	3179	3811	2447	1364	17056	8672	8384
娄底市	4757	1984	2773	2999	1962	1037	12445	6341	6104
湘西州	1801	733	1068	1583	985	598	7323	3650	3673

C-7-2 续表 2

单位：人

现住地	农、林、牧、渔业生产及辅助人员			生产制造及有关人员			不便分类的其他从业人员		
	小计	男	女	小计	男	女	小计	男	女
全 省	**16688**	**9346**	**7342**	**152541**	**110708**	**41833**	**5601**	**3364**	**2237**
长沙市	1762	983	779	38752	29146	9606	1770	1004	766
株洲市	1160	668	492	13144	9031	4113	7	4	3
湘潭市	688	347	341	8379	5828	2551	20	10	10
衡阳市	1445	861	584	13261	9468	3793	655	424	231
邵阳市	1176	617	559	9442	6143	3299	202	126	76
岳阳市	1029	565	464	9392	7096	2296	151	103	48
常德市	1965	1034	931	9832	7101	2731	216	137	79
张家界市	423	218	205	2907	2350	557	152	91	61
益阳市	847	502	345	4470	3052	1418	80	49	31
郴州市	1665	987	678	11920	8725	3195	913	547	366
永州市	1571	944	627	10494	6929	3565	934	563	371
怀化市	1775	979	796	9655	7681	1974	124	76	48
娄底市	593	317	276	6732	5150	1582	214	136	78
湘西州	589	324	265	4161	3008	1153	163	94	69

C-7-3 全省按现住地、职业和性别分的户口登记地在外省人口

单位：人

现住地	合计			党的机关、国家机关、群众团体和社会组织、企事业单位负责人		
	合计	男	女	小计	男	女
全 省	**70209**	**43956**	**26253**	**2399**	**1762**	**637**
长沙市	33744	21978	11766	950	748	202
株洲市	7362	4482	2880	334	238	96
湘潭市	2514	1612	902	93	65	28
衡阳市	3359	2056	1303	126	92	34
邵阳市	2174	1154	1020	75	53	22
岳阳市	4968	3065	1903	159	111	48
常德市	3545	2050	1495	122	85	37
张家界市	1012	615	397	46	34	12
益阳市	1655	1021	634	86	55	31
郴州市	2922	1820	1102	116	82	34
永州市	1728	987	741	50	28	22
怀化市	3114	1901	1213	171	121	50
娄底市	1216	699	517	52	33	19
湘西州	896	516	380	19	17	2

C 7 3 续表 1

单位：人

现住地	专业技术人员			办事人员和有关人员			社会生产服务和生活服务人员		
	小计	男	女	小计	男	女	小计	男	女
全 省	**8037**	**4576**	**3461**	**4050**	**2410**	**1640**	**30530**	**17635**	**12895**
长沙市	4324	2515	1809	2119	1204	915	15347	9502	5845
株洲市	748	450	298	369	221	148	3114	1735	1379
湘潭市	264	150	114	185	127	58	998	555	443
衡阳市	388	204	184	207	134	73	1366	713	653
邵阳市	167	74	93	86	49	37	885	449	436
岳阳市	404	209	195	240	140	100	2283	1267	1016
常德市	381	211	170	186	113	73	1525	797	728
张家界市	105	61	44	59	37	22	466	248	218
益阳市	204	128	76	92	56	36	590	303	287
郴州市	359	196	163	185	139	46	1143	622	521
永州市	143	66	77	68	36	32	574	293	281
怀化市	294	168	126	151	88	63	1284	673	611
娄底市	170	98	72	49	31	18	530	253	277
湘西州	86	46	40	54	35	19	425	225	200

C-7-3 续表 2

单位：人

现住地	农、林、牧、渔业生产及辅助人员			生产制造及有关人员			不便分类的其他从业人员		
	小计	男	女	小计	男	女	小计	男	女
全 省	**2000**	**833**	**1167**	**22849**	**16531**	**6318**	**344**	**209**	**135**
长沙市	229	126	103	10577	7768	2809	198	115	83
株洲市	101	43	58	2694	1793	901	2	2	
湘潭市	60	30	30	913	684	229	1	1	
衡阳市	129	52	77	1117	845	272	26	16	10
邵阳市	176	34	142	770	488	282	15	7	8
岳阳市	261	143	118	1615	1190	425	6	5	1
常德市	275	93	182	1037	737	300	19	14	5
张家界市	35	8	27	293	221	72	8	6	2
益阳市	152	79	73	528	398	130	3	2	1
郴州市	154	69	85	929	688	241	36	24	12
永州市	153	77	76	725	477	248	15	10	5
怀化市	176	54	122	1036	796	240	2	1	1
娄底市	58	11	47	351	269	82	6	4	2
湘西州	41	14	27	264	177	87	7	2	5

C-7-4 全省按现住地、户口登记地类型、受教育程度分的户口登记地在本省其他乡镇街道人口

单位：人

现住地	合计					未上过学				
	合计	乡	镇的村委会	镇的居委会	街道	小计	乡	镇的村委会	镇的居委会	街道
全省	**1470938**	**352609**	**592689**	**185010**	**340630**	**11286**	**3333**	**4637**	**1335**	**1981**
长沙市	393070	83094	161526	44922	103528	1834	414	777	194	449
株洲市	106852	20322	46684	11014	28832	553	143	243	55	112
湘潭市	78404	16081	28654	8895	24774	370	71	153	27	119
衡阳市	134854	29724	54679	18276	32175	1141	337	424	169	211
邵阳市	93176	30809	34472	9799	18096	947	294	375	123	155
岳阳市	93453	20005	32171	18036	23241	665	169	226	140	130
常德市	90655	19353	30023	17293	23986	522	131	170	94	127
张家界市	31679	11559	9556	3448	7116	351	146	114	21	70
益阳市	52485	12156	20335	8264	11730	428	95	169	79	85
郴州市	108843	26191	50784	12091	19777	959	234	472	102	151
永州市	81242	19516	41421	7725	12580	785	203	413	63	106
怀化市	92196	39079	30671	10565	11881	1267	649	427	107	84
娄底市	75663	13789	36836	9015	16023	769	190	375	75	129
湘西州	38366	10931	14877	5667	6891	695	257	299	86	53

C-7-4 续表 1

单位：人

现住地	学前教育					小学				
	小计	乡	镇的村委会	镇的居委会	街道	小计	乡	镇的村委会	镇的居委会	街道
全省	**49753**	**12526**	**20725**	**5680**	**10822**	**210419**	**58664**	**93261**	**22655**	**35839**
长沙市	12626	2750	5400	1227	3249	39885	9512	18071	3797	8505
株洲市	3638	732	1642	366	898	15179	3371	7616	1275	2917
湘潭市	2149	478	831	197	643	8128	1896	3198	765	2269
衡阳市	3870	922	1601	458	889	22610	5595	10509	2580	3926
邵阳市	3186	1072	1195	350	569	14223	5172	5603	1321	2127
岳阳市	3303	676	1177	634	816	12353	3028	4587	2156	2582
常德市	2570	560	805	521	684	12668	2946	4640	2403	2679
张家界市	1181	471	334	111	265	5285	2175	1707	470	933
益阳市	1927	475	816	252	384	8071	2019	3492	1078	1482
郴州市	4120	984	2012	407	717	19550	5144	9995	1829	2582
永州市	2765	681	1461	225	398	14096	3762	7555	1080	1699
怀化市	3881	1716	1375	384	406	17497	8688	6078	1488	1243
娄底市	2896	523	1427	313	633	11931	2336	6364	1312	1919
湘西州	1641	486	649	235	271	8943	3020	3846	1101	976

C-7-4 续表 2

单位：人

现住地	初中					高中				
	小计	乡	镇的村委会	镇的居委会	街道	小计	乡	镇的村委会	镇的居委会	街道
全省	**413718**	**111778**	**185237**	**45785**	**70918**	**399044**	**92643**	**164667**	**50238**	**91496**
长沙市	84021	20096	40756	7813	15356	97865	21076	41504	11138	24147
株洲市	29869	6417	14981	2464	6007	26785	4332	11990	2731	7732
湘潭市	20027	4278	8429	1860	5460	20923	4268	8155	2173	6327
衡阳市	44903	10590	19982	5722	8609	36182	7704	14631	4893	8954
邵阳市	29056	10358	11395	2747	4556	28882	9231	11082	2725	5844
岳阳市	23076	5970	8565	4159	4382	33088	6787	11820	6416	8065
常德市	25693	6119	9040	4897	5637	27221	5660	9424	4895	7242
张家界市	9485	3604	3114	886	1881	8087	2823	2655	933	1676
益阳市	16393	4022	7025	2376	2970	14678	3570	5674	2407	3027
郴州市	37816	10066	19032	3573	5145	27908	6655	12963	3131	5159
永州市	27070	6769	15009	2142	3150	25176	6012	12596	2473	4095
怀化市	32369	15259	11348	2964	2798	21485	8386	7522	2577	3000
娄底市	21397	4227	11374	2417	3379	23417	4069	11976	2583	4789
湘西州	12543	4003	5187	1765	1588	7347	2070	2675	1163	1439

C-7-4 续表 3

单位：人

现住地	大学专科					大学本科				
	小计	乡	镇的村委会	镇的居委会	街道	小计	乡	镇的村委会	镇的居委会	街道
全省	**216886**	**44567**	**77105**	**32147**	**63067**	**157237**	**27712**	**44679**	**25170**	**59676**
长沙市	83636	17514	32800	10629	22693	65958	11002	20906	8996	25054
株洲市	19463	3939	6972	2360	6192	10434	1314	3032	1620	4468
湘潭市	13833	2527	4936	1684	4686	11884	2380	2695	2058	4751
衡阳市	14366	2562	4683	2465	4656	11247	1946	2769	1896	4636
邵阳市	9614	2394	3075	1656	2489	7052	2246	1697	851	2258
岳阳市	12023	2091	3502	2677	3753	8507	1244	2204	1769	3290
常德市	12030	2215	3380	2337	4098	9515	1678	2491	2049	3297
张家界市	3986	1180	1056	558	1192	3138	1129	556	448	1005
益阳市	6614	1359	2044	1165	2046	4088	586	1062	862	1578
郴州市	11119	1932	4091	1768	3328	7026	1143	2153	1221	2509
永州市	7667	1503	3137	1067	1960	3524	568	1211	636	1109
怀化市	8795	2814	2265	1660	2056	6633	1508	1613	1334	2178
娄底市	9448	1707	3662	1295	2784	5512	715	1596	977	2224
湘西州	4292	830	1502	826	1134	2719	253	694	453	1319

C-7-4 续表 4

单位：人

现住地	硕士研究生					博士研究生				
	小计	乡	镇的村委会	镇的居委会	街道	小计	乡	镇的村委会	镇的居委会	街道
全省	**11167**	**1266**	**2153**	**1811**	**5937**	**1428**	**120**	**225**	**189**	**894**
长沙市	6333	665	1184	999	3485	912	65	128	129	590
株洲市	867	69	200	134	464	64	5	8	9	42
湘潭市	961	173	225	120	443	129	10	32	11	76
衡阳市	466	62	69	81	254	69	6	11	12	40
邵阳市	193	37	47	23	86	23	5	3	3	12
岳阳市	400	38	85	80	197	38	2	5	5	26
常德市	397	36	67	92	202	39	8	6	5	20
张家界市	152	28	17	19	88	14	3	3	2	6
益阳市	257	28	48	42	139	29	2	5	3	19
郴州市	316	32	60	57	167	29	1	6	3	19
永州市	140	15	32	37	56	19	3	7	2	7
怀化市	246	52	40	48	106	23	7	3	3	10
娄底市	270	20	56	42	152	23	2	6	1	14
湘西州	169	11	23	37	98	17	1	2	1	13

C-7-5 全省按现住地、户口登记地类型、受教育程度分的户口登记地在外省人口

单位：人

现住地	合计					未上过学				
	合计	乡	镇的村委会	镇的居委会	街道	小计	乡	镇的村委会	镇的居委会	街道
全省	**131323**	**29389**	**55326**	**15129**	**31479**	**793**	**217**	**377**	**85**	**114**
长沙市	60564	13013	25957	6879	14715	316	85	151	26	54
株洲市	12865	2649	5964	1220	3032	60	18	30	8	4
湘潭市	7648	1815	2525	814	2494	17	4	10	2	1
衡阳市	6934	1241	2406	843	2444	34	9	12	7	6
邵阳市	4028	1141	1722	453	712	27	7	15	4	1
岳阳市	9286	2214	3925	1201	1946	76	28	34	7	7
常德市	6419	1523	2479	987	1430	36	15	10	8	3
张家界市	2012	661	757	223	371	18	3	7		8
益阳市	3086	819	1353	388	526	35	8	19	3	5
郴州市	4914	975	2416	534	989	32	5	17	7	3
永州市	2918	587	1468	342	521	17	4	8	2	3
怀化市	6020	1911	2277	684	1148	70	21	28	7	14
娄底市	2760	466	1341	323	630	31	7	20	2	2
湘西州	1869	374	736	238	521	24	3	16	2	3

C-7-5　续表 1　　　　单位：人

现住地	学前教育					小学				
	小计	乡	镇的村委会	镇的居委会	街道	小计	乡	镇的村委会	镇的居委会	街道
全　省	**2785**	**597**	**1244**	**332**	**612**	**12915**	**3423**	**6190**	**1282**	**2020**
长沙市	1131	232	520	118	261	5053	1334	2506	443	770
株洲市	295	67	155	20	53	1360	321	761	87	191
湘潭市	109	22	45	14	28	497	128	210	43	116
衡阳市	118	17	43	18	40	561	104	230	66	161
邵阳市	113	24	49	18	22	480	136	216	58	70
岳阳市	225	40	101	38	46	1195	305	565	160	165
常德市	147	31	53	26	37	739	219	299	101	120
张家界市	53	12	19	10	12	235	71	109	24	31
益阳市	97	26	36	14	21	480	165	214	52	49
郴州市	131	30	60	10	31	573	124	282	62	105
永州市	62	8	31	11	12	314	72	147	47	48
怀化市	171	62	66	18	25	839	319	348	73	99
娄底市	71	10	40	4	17	331	59	183	34	55
湘西州	62	16	26	13	7	258	66	120	32	40

C-7-5　续表 2　　　　单位：人

现住地	初中					高中				
	小计	乡	镇的村委会	镇的居委会	街道	小计	乡	镇的村委会	镇的居委会	街道
全　省	**37016**	**9879**	**19473**	**3227**	**4437**	**27523**	**6546**	**12375**	**3272**	**5330**
长沙市	13980	3804	7646	1134	1396	12504	3089	6105	1250	2060
株洲市	3966	945	2351	247	423	2460	508	1133	266	553
湘潭市	1377	340	691	91	255	1024	220	425	126	253
衡阳市	1992	440	974	193	385	1334	314	476	167	377
邵阳市	1683	524	837	103	219	962	304	383	118	157
岳阳市	3108	854	1433	353	468	2536	566	1071	392	507
常德市	2020	508	922	290	300	1607	378	601	283	345
张家界市	678	233	289	69	87	463	154	175	47	87
益阳市	1096	328	574	103	91	695	174	293	115	113
郴州市	1936	435	1108	174	219	1058	201	509	122	226
永州市	1261	283	759	104	115	728	106	347	101	174
怀化市	2417	870	1070	211	266	1159	383	405	145	226
娄底市	870	141	522	71	136	634	87	311	78	158
湘西州	632	174	297	84	77	359	62	141	62	94

C-7-5 续表 3

单位：人

现住地	大学专科					大学本科				
	小计	乡	镇的村委会	镇的居委会	街道	小计	乡	镇的村委会	镇的居委会	街道
全省	**18722**	**3730**	**6961**	**2819**	**5212**	**27918**	**4439**	**7726**	**3611**	**12142**
长沙市	10103	1949	3949	1657	2548	15056	2170	4449	1909	6528
株洲市	1895	416	628	208	643	2550	346	827	335	1042
湘潭市	707	134	265	85	223	3345	838	690	403	1414
衡阳市	891	143	274	138	336	1932	202	383	241	1106
邵阳市	355	85	112	68	90	391	59	109	83	140
岳阳市	1064	255	405	151	253	1007	157	293	89	468
常德市	998	184	360	141	313	821	180	219	127	295
张家界市	326	46	131	47	102	227	140	23	23	41
益阳市	424	80	160	51	133	235	35	52	45	103
郴州市	500	70	204	64	162	654	107	233	87	227
永州市	359	86	116	51	106	164	27	56	25	56
怀化市	519	147	132	92	148	818	104	223	135	356
娄底市	391	92	155	39	105	414	65	105	94	150
湘西州	190	43	70	27	50	304	9	64	15	216

C-7-5 续表 4

单位：人

现住地	硕士研究生					博士研究生				
	小计	乡	镇的村委会	镇的居委会	街道	小计	乡	镇的村委会	镇的居委会	街道
全省	**3213**	**515**	**878**	**440**	**1380**	**438**	**43**	**102**	**61**	**232**
长沙市	2104	315	560	301	928	317	35	71	41	170
株洲市	260	28	77	45	110	19		2	4	13
湘潭市	525	126	174	42	183	47	3	15	8	21
衡阳市	62	10	12	12	28	10	2	2	1	5
邵阳市	14	2	1	1	10	3				3
岳阳市	63	8	17	10	28	12	1	6	1	4
常德市	44	8	11	11	14	7		4		3
张家界市	10	2	3	2	3	2		1	1	
益阳市	23	2	5	5	11	1	1			
郴州市	22	2	2	5	13	8	1	1	3	3
永州市	11	1	4	1	5	2				2
怀化市	24	5	5	3	11	3				3
娄底市	17	5	5		7	1			1	
湘西州	34	1	2	2	29	6			1	5

C-7-6 全省按现住地和出生地分的人口

单位：人

现住地	出生地								
	合计	省内			省外				
		小计	本县市区	本省其他县市区	小计	北京	天津	河北	山西
全　省	**6978116**	**6817320**	**6064888**	**752432**	160796	**1017**	**519**	**4044**	**2401**
长沙市	993561	924623	578120	346503	68938	612	289	2267	1383
株洲市	426985	410058	348068	61990	16927	101	44	387	184
湘潭市	288849	281033	247618	33415	7816	59	29	302	211
衡阳市	684693	675463	626675	48788	9230	45	33	176	100
邵阳市	729075	722415	697556	24859	6660	21	12	93	34
岳阳市	573246	562819	521949	40870	10427	68	23	143	80
常德市	603526	595700	558866	36834	7826	33	31	123	95
张家界市	171945	169259	161374	7885	2686	12	11	46	30
益阳市	386031	381957	368072	13885	4074	7	4	45	30
郴州市	498237	492103	454979	37124	6134	20	10	139	74
永州市	515673	510460	497687	12773	5213	6	2	30	19
怀化市	506003	497370	457008	40362	8633	18	14	201	79
娄底市	385662	381344	347507	33837	4318	12	12	67	67
湘西州	214630	212716	199409	13307	1914	3	5	25	15

C-7-6 续表 1

单位：人

现住地	出生地								
		省外							
	内蒙古	辽宁	吉林	黑龙江	上海	江苏	浙江	安徽	福建
全　省	**1305**	**2273**	**1811**	**2573**	**921**	**4136**	**4858**	**5753**	**4620**
长沙市	761	1259	1047	1582	420	2022	1984	3149	2141
株洲市	93	213	132	230	101	533	776	593	465
湘潭市	95	235	129	130	62	241	221	345	203
衡阳市	105	113	103	109	62	261	212	321	243
邵阳市	20	45	33	47	27	90	201	127	153
岳阳市	38	102	78	98	56	178	177	252	229
常德市	40	59	48	71	62	144	177	277	215
张家界市	25	29	46	39	11	48	107	70	80
益阳市	14	36	15	38	16	75	75	78	85
郴州市	31	56	57	36	24	149	176	135	218
永州市	11	17	26	18	14	54	90	90	112
怀化市	35	53	44	83	34	196	465	203	347
娄底市	20	41	39	70	30	101	93	74	90
湘西州	17	15	14	22	2	44	104	39	39

C-7-6 续表 2

单位：人

现住地	出生地								
		省外							
	江西	山东	河南	湖北	广东	广西	海南	重庆	四川
全省	**14987**	**4297**	**11511**	**25466**	**17333**	**9016**	**1497**	**4528**	**10562**
长沙市	7815	2354	6295	11176	4591	2396	587	1722	3792
株洲市	2495	395	1039	3665	1379	798	111	370	886
湘潭市	633	324	524	847	655	336	159	296	468
衡阳市	648	208	496	740	1935	819	127	282	672
邵阳市	363	70	313	430	1609	809	49	156	441
岳阳市	474	169	585	3776	708	401	64	289	841
常德市	476	157	508	1718	822	415	81	269	754
张家界市	146	72	183	451	270	183	10	94	235
益阳市	212	61	223	443	509	221	29	176	499
郴州市	555	114	348	568	1544	525	51	148	417
永州市	275	43	223	316	1545	1088	66	139	326
怀化市	480	178	440	563	931	585	78	318	791
娄底市	304	116	259	325	725	377	69	101	282
湘西州	111	36	75	448	110	63	16	168	158

C-7-6 续表 3

单位：人

现住地	出生地								
	省外								港澳台或国外
	贵州	云南	西藏	陕西	甘肃	青海	宁夏	新疆	
全省	**10676**	**5164**	**451**	**3370**	**2410**	**652**	**561**	**1890**	**194**
长沙市	2769	1522	156	1548	1268	425	389	1130	87
株洲市	653	517	17	309	218	42	34	133	14
湘潭市	437	233	5	329	125	32	27	107	17
衡阳市	481	422	9	185	129	37	48	100	9
邵阳市	862	375	8	121	60	14	5	58	14
岳阳市	806	341	82	179	84	20	5	66	15
常德市	607	272	7	146	120	14	15	65	5
张家界市	239	84	1	63	62	5	1	31	2
益阳市	374	605	28	98	33	5	6	31	3
郴州市	348	155	2	97	84	12	6	34	1
永州市	353	159	38	55	47	8	4	27	12
怀化市	1975	197	12	140	105	10	5	50	3
娄底市	534	241	60	76	54	18	11	40	10
湘西州	238	41	26	24	21	10	5	18	2

C-7-7　全省按现住地和五年前常住地分的人口

单位：人

现住地	五年前常住地								
	合计	省内			省外				
		小计	本县市区	本省其他县市区	小计	北京	天津	河北	山西
全　省	**6618793**	**6489334**	**6236915**	**252419**	**129459**	**2584**	**563**	**2298**	**1463**
长沙市	940019	895178	771304	123874	44841	1515	296	1230	777
株洲市	405924	395072	373137	21935	10852	204	24	209	107
湘潭市	275702	270229	255226	15003	5473	91	31	204	149
衡阳市	651668	639894	624038	15856	11774	89	34	102	79
邵阳市	690396	679643	672096	7547	10753	110	9	74	39
岳阳市	542913	537679	528599	9080	5234	83	43	62	42
常德市	577897	571331	559610	11721	6566	141	39	83	55
张家界市	163534	160736	157451	3285	2798	50	15	44	24
益阳市	366602	362583	357502	5081	4019	48	12	33	13
郴州市	472165	466976	458160	8816	5189	44	18	64	47
永州市	488398	482272	478305	3967	6126	29	4	7	5
怀化市	478305	468957	458305	10652	9348	96	20	118	47
娄底市	363244	358297	346674	11623	4947	74	14	39	68
湘西州	202026	200487	196508	3979	1539	10	4	29	11

C-7-7　续表 1

单位：人

现住地	五年前常住地								
	省外								
	内蒙古	辽宁	吉林	黑龙江	上海	江苏	浙江	安徽	福建
全　省	**791**	**1138**	**864**	**1040**	**2175**	**3511**	**7818**	**2803**	**3486**
长沙市	461	653	494	660	977	1428	1773	1515	1246
株洲市	30	93	65	86	204	367	863	295	262
湘潭市	65	106	88	75	62	180	189	224	133
衡阳市	87	63	49	41	99	211	317	188	224
邵阳市	8	40	19	34	103	218	571	61	222
岳阳市	22	28	20	24	113	189	220	88	115
常德市	20	35	26	23	129	156	313	142	166
张家界市	17	26	14	13	47	76	359	43	99
益阳市	12	16	6	19	79	102	223	38	108
郴州市	7	14	22	13	56	103	185	45	149
永州市	1	7	8	6	40	41	194	36	98
怀化市	35	34	26	23	154	285	1974	70	490
娄底市	16	14	17	13	95	124	223	40	106
湘西州	10	9	10	10	17	31	414	18	68

C-7-7 续表 2

单位：人

现住地	五年前常住地								
	省外								
	江西	山东	河南	湖北	广东	广西	海南	重庆	四川
全　省	**6418**	**2352**	**4835**	**8720**	**48646**	**4753**	**1552**	**2442**	**3966**
长沙市	3551	1219	2847	4421	8782	1470	568	1069	1861
株洲市	877	163	388	761	3829	356	74	129	310
湘潭市	342	221	315	375	947	174	142	198	211
衡阳市	298	143	193	266	7345	494	140	161	229
邵阳市	173	67	105	198	6518	495	64	125	197
岳阳市	184	96	207	985	1632	122	58	118	231
常德市	165	90	168	557	2801	171	99	143	216
张家界市	80	61	76	150	1122	61	21	53	68
益阳市	77	29	103	215	2139	91	47	81	78
郴州市	175	57	96	196	3149	170	28	40	97
永州市	88	14	73	122	4217	549	94	62	102
怀化市	207	97	157	212	3641	276	96	137	211
娄底市	148	75	73	133	2189	297	105	69	102
湘西州	53	20	34	129	335	27	16	57	53

C-7-7 续表 3

单位：人

现住地	五年前常住地								
	省外								港澳台或国外
	贵州	云南	西藏	陕西	甘肃	青海	宁夏	新疆	
全　省	**5019**	**3389**	**485**	**1873**	**1372**	**445**	**398**	**1365**	**895**
长沙市	1608	1078	145	912	661	268	268	731	357
株洲市	332	343	23	137	117	35	20	73	76
湘潭市	225	173	17	256	90	30	23	84	53
衡阳市	255	309	6	101	62	26	37	70	56
邵阳市	528	439	8	74	51	16	4	86	97
岳阳市	179	103	87	59	43	9	4	33	35
常德市	339	167	10	76	80	18	7	72	59
张家界市	95	54	3	25	51	8	4	30	9
益阳市	169	107	29	51	21	2	3	37	31
郴州市	151	102	4	55	52	9	4	11	26
永州市	140	66	43	10	20	1	5	26	18
怀化市	591	120	15	64	69	5	4	48	26
娄底市	346	303	70	46	36	11	10	51	40
湘西州	61	25	25	7	19	7	5	13	12

第二部分　长表数据资料

第八卷　老年人口

C-8-1　各地区分性别、健康状况的60岁及以上老年人口

单位：人

地　区	60岁及以上人口			健　康		
	合计	男	女	小计	男	女
全　省	**1305917**	**640531**	**665386**	**611680**	**320608**	**291072**
长沙市	146021	71538	74483	76657	39207	37450
株洲市	77978	37691	40287	41291	21212	20079
湘潭市	60196	29498	30698	26616	13850	12766
衡阳市	133159	65666	67493	63330	33282	30048
邵阳市	136667	67067	69600	59682	31914	27768
岳阳市	105584	52536	53048	46324	24768	21556
常德市	135425	66572	68853	64834	34114	30720
张家界市	33361	16394	16967	13854	7364	6490
益阳市	84014	42080	41934	33114	17859	15255
郴州市	82477	39773	42704	42908	22006	20902
永州市	100306	49198	51108	48437	25308	23129
怀化市	96448	47030	49418	47514	24980	22534
娄底市	71658	34916	36742	29678	15653	14025
湘西州	42623	20572	22051	17441	9091	8350

C-8-1　续表

单位：人

地　区	基本健康			不健康，但生活能自理			不健康，生活不能自理		
	小计	男	女	小计	男	女	小计	男	女
全　省	**508937**	**235755**	**273182**	**156517**	**71332**	**85185**	**28783**	**12836**	**15947**
长沙市	52697	24612	28085	13383	6250	7133	3284	1469	1815
株洲市	26995	11980	15015	7807	3626	4181	1885	873	1012
湘潭市	24686	11546	13140	7411	3412	3999	1483	690	793
衡阳市	52116	24201	27915	15112	6994	8118	2601	1189	1412
邵阳市	55135	25379	29756	18592	8369	10223	3258	1405	1853
岳阳市	44995	21298	23697	12120	5554	6566	2145	916	1229
常德市	50919	23740	27179	16904	7501	9403	2768	1217	1551
张家界市	13336	6224	7112	5243	2380	2863	928	426	502
益阳市	35962	17332	18630	12993	6066	6927	1945	823	1122
郴州市	29235	13056	16179	8703	3967	4736	1631	744	887
永州市	37928	17492	20436	11915	5462	6453	2026	936	1090
怀化市	36824	16686	20138	10064	4463	5601	2046	901	1145
娄底市	29208	13445	15763	10932	4983	5949	1840	835	1005
湘西州	18901	8764	10137	5338	2305	3033	943	412	531

C-8-1a 各地区分性别、健康状况的60岁及以上老年人口(城市)

单位：人

地区	60岁及以上人口			健康		
	合计	男	女	小计	男	女
全省	**275222**	**133004**	**142218**	**155359**	**78541**	**76818**
长沙市	78083	37539	40544	49088	24377	24711
株洲市	26998	13028	13970	15713	7957	7756
湘潭市	18954	8889	10065	10587	5227	5360
衡阳市	29173	14319	14854	16133	8275	7858
邵阳市	18351	8846	9505	8746	4477	4269
岳阳市	22544	11121	11423	10809	5664	5145
常德市	19583	9548	10035	11086	5623	5463
张家界市	3880	1834	2046	1893	964	929
益阳市	12013	5858	6155	6201	3162	3039
郴州市	13533	6525	7008	8036	4116	3920
永州市	7989	3922	4067	3709	1954	1755
怀化市	9445	4572	4873	5017	2583	2434
娄底市	11199	5320	5879	6574	3275	3299
湘西州	3477	1683	1794	1767	887	880

C-8-1a 续表

单位：人

地区	基本健康			不健康，但生活能自理			不健康，生活不能自理		
	小计	男	女	小计	男	女	小计	男	女
全省	**94667**	**43126**	**51541**	**20078**	**8921**	**11157**	**5118**	**2416**	**2702**
长沙市	23096	10474	12622	4435	2008	2427	1464	680	784
株洲市	8659	3827	4832	1949	898	1051	677	346	331
湘潭市	6653	2912	3741	1372	591	781	342	159	183
衡阳市	10490	4903	5587	2085	914	1171	465	227	238
邵阳市	7560	3472	4088	1734	752	982	311	145	166
岳阳市	9362	4391	4971	1998	906	1092	375	160	215
常德市	6614	3086	3528	1533	671	862	350	168	182
张家界市	1443	627	816	456	200	256	88	43	45
益阳市	4510	2115	2395	1128	507	621	174	74	100
郴州市	4259	1860	2399	957	416	541	281	133	148
永州市	3494	1616	1878	664	297	367	122	55	67
怀化市	3530	1607	1923	721	306	415	177	76	101
娄底市	3590	1587	2003	807	346	461	228	112	116
湘西州	1407	649	758	239	109	130	64	38	26

C-8-1b　各地区分性别、健康状况的60岁及以上老年人口(镇)

单位：人

地　区	60岁及以上人口			健　康		
	合计	男	女	小计	男	女
全　省	**355208**	**173332**	**181876**	**169400**	**88082**	**81318**
长沙市	26713	13165	13548	11607	6137	5470
株洲市	21473	10328	11145	11131	5728	5403
湘潭市	13265	6599	6666	6109	3215	2894
衡阳市	31767	15671	16096	15687	8204	7483
邵阳市	41274	20127	21147	18668	9866	8802
岳阳市	34740	17307	17433	15262	8069	7193
常德市	45661	22304	23357	22145	11574	10571
张家界市	8455	4021	4434	3892	1979	1913
益阳市	24365	12038	12327	10451	5492	4959
郴州市	26130	12617	13513	13914	7073	6841
永州市	31021	15145	15876	16447	8436	8011
怀化市	24582	11739	12843	12731	6487	6244
娄底市	11909	5733	6176	5458	2847	2611
湘西州	13853	6538	7315	5898	2975	2923

C-8-1b　续表

单位：人

地　区	基本健康			不健康，但生活能自理			不健康，生活不能自理		
	小计	男	女	小计	男	女	小计	男	女
全　省	**139559**	**64332**	**75227**	**38910**	**17611**	**21299**	**7339**	**3307**	**4032**
长沙市	11280	5247	6033	3170	1512	1658	656	269	387
株洲市	7658	3371	4287	2162	1002	1160	522	227	295
湘潭市	5295	2510	2785	1520	706	814	341	168	173
衡阳市	12324	5744	6580	3211	1474	1737	545	249	296
邵阳市	16446	7516	8930	5150	2293	2857	1010	452	558
岳阳市	15027	7216	7811	3796	1720	2076	655	302	353
常德市	17329	7987	9342	5335	2370	2965	852	373	479
张家界市	3117	1389	1728	1215	550	665	231	103	128
益阳市	10298	4841	5457	3077	1466	1611	539	239	300
郴州市	9333	4218	5115	2437	1116	1321	446	210	236
永州市	11107	5089	6018	2951	1366	1585	516	254	262
怀化市	9215	4134	5081	2140	886	1254	496	232	264
娄底市	4893	2211	2682	1285	558	727	273	117	156
湘西州	6237	2859	3378	1461	592	869	257	112	145

C-8-1c 各地区分性别、健康状况的60岁及以上老年人口(乡村)

单位：人

地 区	60岁及以上人口			健 康		
	合计	男	女	小计	男	女
全 省	**675487**	**334195**	**341292**	**286921**	**153985**	**132936**
长沙市	41225	20834	20391	15962	8693	7269
株洲市	29507	14335	15172	14447	7527	6920
湘潭市	27977	14010	13967	9920	5408	4512
衡阳市	72219	35676	36543	31510	16803	14707
邵阳市	77042	38094	38948	32268	17571	14697
岳阳市	48300	24108	24192	20253	11035	9218
常德市	70181	34720	35461	31603	16917	14686
张家界市	21026	10539	10487	8069	4421	3648
益阳市	47636	24184	23452	16462	9205	7257
郴州市	42814	20631	22183	20958	10817	10141
永州市	61296	30131	31165	28281	14918	13363
怀化市	62421	30719	31702	29766	15910	13856
娄底市	48550	23863	24687	17646	9531	8115
湘西州	25293	12351	12942	9776	5229	4547

C-8-1c 续表

单位：人

地 区	基本健康			不健康，但生活能自理			不健康，生活不能自理		
	小计	男	女	小计	男	女	小计	男	女
全 省	**274711**	**128297**	**146414**	**97529**	**44800**	**52729**	**16326**	**7113**	**9213**
长沙市	18321	8891	9430	5778	2730	3048	1164	520	644
株洲市	10678	4782	5896	3696	1726	1970	686	300	386
湘潭市	12738	6124	6614	4519	2115	2404	800	363	437
衡阳市	29302	13554	15748	9816	4606	5210	1591	713	878
邵阳市	31129	14391	16738	11708	5324	6384	1937	808	1129
岳阳市	20606	9691	10915	6326	2928	3398	1115	454	661
常德市	26976	12667	14309	10036	4460	5576	1566	676	890
张家界市	8776	4208	4568	3572	1630	1942	609	280	329
益阳市	21154	10376	10778	8788	4093	4695	1232	510	722
郴州市	15643	6978	8665	5309	2435	2874	904	401	503
永州市	23327	10787	12540	8300	3799	4501	1388	627	761
怀化市	24079	10945	13134	7203	3271	3932	1373	593	780
娄底市	20725	9647	11078	8840	4079	4761	1339	606	733
湘西州	11257	5256	6001	3638	1604	2034	622	262	360

C-8-2　全省分年龄、性别、健康状况的60岁及以上老年人口

单位：人

年龄	60岁及以上人口			健康		
	合计	男	女	小计	男	女
总计	**1305917**	**640531**	**665386**	**611680**	**320608**	**291072**
60-64岁	**342962**	**174756**	**168206**	**219410**	**115924**	**103486**
60	54659	27525	27134	37784	19673	18111
61	52301	26825	25476	34663	18418	16245
62	72257	37108	35149	46256	24600	21656
63	87121	44750	42371	54344	28916	25428
64	76624	38548	38076	46363	24317	22046
65-69岁	**368046**	**182636**	**185410**	**197092**	**103251**	**93841**
65	74911	37443	37468	43440	22647	20793
66	80215	39697	40518	44634	23269	21365
67	74414	36865	37549	39889	20791	19098
68	76480	37988	38492	39128	20704	18424
69	62026	30643	31383	30001	15840	14161
70-74岁	**260234**	**129465**	**130769**	**106798**	**56948**	**49850**
70	60477	29975	30502	27758	14709	13049
71	61174	30894	30280	25952	13939	12013
72	51811	25783	26028	20643	11027	9616
73	46305	23010	23295	17573	9393	8180
74	40467	19803	20664	14872	7880	6992
75-79岁	**153660**	**74781**	**78879**	**49037**	**25847**	**23190**
75	32938	15900	17038	11451	5992	5459
76	35275	17403	17872	11549	6168	5381
77	29623	14330	15293	9338	4921	4417
78	27164	13270	13894	8403	4403	4000
79	28660	13878	14782	8296	4363	3933
80-84岁	**109289**	**50107**	**59182**	**26323**	**12938**	**13385**
80	25136	11988	13148	6597	3362	3235
81	22225	10272	11953	5543	2724	2819
82	23544	10770	12774	5665	2776	2889
83	20559	9261	11298	4588	2222	2366
84	17825	7816	10009	3930	1854	2076
85-89岁	**52174**	**21655**	**30519**	**10013**	**4497**	**5516**
85	13611	5774	7837	2771	1284	1487
86	12612	5325	7287	2450	1115	1335
87	11158	4584	6574	2118	939	1179
88	8137	3320	4817	1492	650	842
89	6656	2652	4004	1182	509	673
90-94岁	**16249**	**6119**	**10130**	**2554**	**1059**	**1495**
90	5827	2311	3516	985	438	547
91	3542	1353	2189	550	216	334
92	3214	1173	2041	478	194	284
93	2200	786	1414	318	127	191
94	1466	496	970	223	84	139
95-99岁	**3023**	**935**	**2088**	**420**	**136**	**284**
95	1143	370	773	154	50	104
96	835	268	567	105	35	70
97	497	139	358	75	24	51
98	302	88	214	51	17	34
99	246	70	176	35	10	25
100岁及以上	**280**	**77**	**203**	**33**	**8**	**25**

C-8-2 续表 单位：人

年 龄	基本健康			不健康，但生活能自理			不健康，生活不能自理		
	小计	男	女	小计	男	女	小计	男	女
总 计	**508937**	**235755**	**273182**	**156517**	**71332**	**85185**	**28783**	**12836**	**15947**
60-64岁	**103823**	**48372**	**55451**	**17037**	**8969**	**8068**	**2692**	**1491**	**1201**
60	14286	6446	7840	2184	1182	1002	405	224	181
61	14982	6962	8020	2288	1235	1053	368	210	158
62	21779	10254	11525	3664	1934	1730	558	320	238
63	27517	13054	14463	4579	2401	2178	681	379	302
64	25259	11656	13603	4322	2217	2105	680	358	322
65-69岁	**139212**	**63811**	**75401**	**27826**	**13502**	**14324**	**3916**	**2072**	**1844**
65	26185	12105	14080	4621	2346	2275	665	345	320
66	29279	13335	15944	5519	2661	2858	783	432	351
67	28236	12962	15274	5481	2679	2802	808	433	375
68	30179	13806	16373	6318	3033	3285	855	445	410
69	25333	11603	13730	5887	2783	3104	805	417	388
70-74岁	**116071**	**54904**	**61167**	**32968**	**15391**	**17577**	**4397**	**2222**	**2175**
70	25520	11813	13707	6388	3026	3362	811	427	384
71	26951	12966	13985	7332	3522	3810	939	467	472
72	23553	11185	12368	6747	3116	3631	868	455	413
73	21466	10197	11269	6366	2978	3388	900	442	458
74	18581	8743	9838	6135	2749	3386	879	431	448
75-79岁	**71761**	**33885**	**37876**	**28432**	**12927**	**15505**	**4430**	**2122**	**2308**
75	15294	7088	8206	5433	2473	2960	760	347	413
76	16600	7913	8687	6169	2845	3324	957	477	480
77	13781	6483	7298	5583	2480	3103	921	446	475
78	12635	6070	6565	5305	2400	2905	821	397	424
79	13451	6331	7120	5942	2729	3213	971	455	516
80-84岁	**49300**	**22767**	**26533**	**28098**	**12051**	**16047**	**5568**	**2351**	**3217**
80	11749	5582	6167	5725	2559	3166	1065	485	580
81	10149	4717	5432	5519	2406	3113	1014	425	589
82	10461	4826	5635	6233	2671	3562	1185	497	688
83	9135	4186	4949	5650	2364	3286	1186	489	697
84	7806	3456	4350	4971	2051	2920	1118	455	663
85-89岁	**21812**	**9282**	**12530**	**15867**	**6313**	**9554**	**4482**	**1563**	**2919**
85	5872	2505	3367	3972	1637	2335	996	348	648
86	5330	2282	3048	3850	1585	2265	982	343	639
87	4633	1954	2679	3437	1352	2085	970	339	631
88	3309	1409	1900	2525	990	1535	811	271	540
89	2668	1132	1536	2083	749	1334	723	262	461
90-94岁	**5911**	**2389**	**3522**	**5225**	**1839**	**3386**	**2559**	**832**	**1727**
90	2262	946	1316	1810	674	1136	770	253	517
91	1256	525	731	1176	408	768	560	204	356
92	1147	446	701	1049	360	689	540	173	367
93	764	304	460	715	236	479	403	119	284
94	482	168	314	475	161	314	286	83	203
95-99岁	**965**	**323**	**642**	**977**	**309**	**668**	**661**	**167**	**494**
95	364	127	237	374	127	247	251	66	185
96	271	89	182	274	91	183	185	53	132
97	163	48	115	156	42	114	103	25	78
98	87	30	57	91	26	65	73	15	58
99	80	29	51	82	23	59	49	8	41
100岁及以上	**82**	**22**	**60**	**87**	**31**	**56**	**78**	**16**	**62**

C-8-2a 全省分年龄、性别、健康状况的60岁及以上老年人口（城市）

单位：人

年 龄	60岁及以上人口			健 康		
	合计	男	女	小计	男	女
总 计	**275222**	**133004**	**142218**	**155359**	**78541**	**76818**
60-64岁	**82031**	**40822**	**41209**	**57920**	**29222**	**28698**
60	14537	7136	7401	10699	5327	5372
61	13245	6663	6582	9544	4844	4700
62	17229	8760	8469	12180	6250	5930
63	19701	9864	9837	13713	6976	6737
64	17319	8399	8920	11784	5825	5959
65-69岁	**78986**	**38253**	**40733**	**49344**	**24817**	**24527**
65	16823	8158	8665	11145	5554	5591
66	17553	8446	9107	11206	5553	5653
67	15889	7733	8156	9952	5028	4924
68	15861	7667	8194	9529	4822	4707
69	12860	6249	6611	7512	3860	3652
70-74岁	**50945**	**24860**	**26085**	**26042**	**13409**	**12633**
70	12483	6081	6402	6961	3570	3391
71	12089	5891	6198	6315	3193	3122
72	9991	4832	5159	4948	2526	2422
73	8888	4382	4506	4313	2261	2052
74	7494	3674	3820	3505	1859	1646
75-79岁	**28952**	**13678**	**15274**	**11955**	**6159**	**5796**
75	6097	2932	3165	2706	1433	1273
76	6468	3066	3402	2673	1332	1341
77	5445	2498	2947	2267	1161	1106
78	5369	2547	2822	2164	1143	1021
79	5573	2635	2938	2145	1090	1055
80-84岁	**21002**	**9634**	**11368**	**6855**	**3345**	**3510**
80	5049	2320	2729	1840	915	925
81	4429	1998	2431	1462	709	753
82	4459	2015	2444	1451	699	752
83	3756	1785	1971	1168	578	590
84	3309	1516	1793	934	444	490
85-89岁	**9815**	**4336**	**5479**	**2558**	**1270**	**1288**
85	2602	1098	1504	708	327	381
86	2361	1024	1337	602	300	302
87	2148	955	1193	566	288	278
88	1479	694	785	353	190	163
89	1225	565	660	329	165	164
90-94岁	**2955**	**1241**	**1714**	**586**	**289**	**297**
90	1078	493	585	235	126	109
91	651	254	397	116	52	64
92	571	233	338	108	57	51
93	381	158	223	79	36	43
94	274	103	171	48	18	30
95-99岁	**499**	**174**	**325**	**94**	**30**	**64**
95	181	74	107	38	12	26
96	135	45	90	24	7	17
97	89	28	61	15	4	11
98	59	18	41	11	4	7
99	35	9	26	6	3	3
100岁及以上	**37**	**6**	**31**	**5**		**5**

C-8-2a 续表 单位：人

年 龄	基本健康			不健康，但生活能自理			不健康，生活不能自理		
	小计	男	女	小计	男	女	小计	男	女
总 计	**94667**	**43126**	**51541**	**20078**	**8921**	**11157**	**5118**	**2416**	**2702**
60-64岁	**21167**	**9998**	**11169**	**2466**	**1308**	**1158**	**478**	**294**	**184**
60	3373	1542	1831	399	225	174	66	42	24
61	3282	1582	1700	345	188	157	74	49	25
62	4452	2165	2287	503	280	223	94	65	29
63	5227	2479	2748	630	330	300	131	79	52
64	4833	2230	2603	589	285	304	113	59	54
65-69岁	**25338**	**11326**	**14012**	**3626**	**1736**	**1890**	**678**	**374**	**304**
65	4913	2218	2695	648	326	322	117	60	57
66	5466	2470	2996	741	342	399	140	81	59
67	5123	2297	2826	689	335	354	125	73	52
68	5365	2382	2983	808	375	433	159	88	71
69	4471	1959	2512	740	358	382	137	72	65
70-74岁	**20322**	**9338**	**10984**	**3883**	**1741**	**2142**	**698**	**372**	**326**
70	4607	2070	2537	783	359	424	132	82	50
71	4740	2208	2532	867	406	461	167	84	83
72	4094	1891	2203	822	346	476	127	69	58
73	3693	1709	1984	731	334	397	151	78	73
74	3188	1460	1728	680	296	384	121	59	62
75-79岁	**12780**	**5683**	**7097**	**3439**	**1455**	**1984**	**778**	**381**	**397**
75	2633	1186	1447	632	250	382	126	63	63
76	2874	1313	1561	759	345	414	162	76	86
77	2379	1006	1373	646	251	395	153	80	73
78	2410	1055	1355	640	275	365	155	74	81
79	2484	1123	1361	762	334	428	182	88	94
80-84岁	**9451**	**4316**	**5135**	**3644**	**1497**	**2147**	**1052**	**476**	**576**
80	2270	1003	1267	725	301	424	214	101	113
81	1993	899	1094	759	305	454	215	85	130
82	1993	907	1086	803	313	490	212	96	116
83	1670	802	868	722	307	415	196	98	98
84	1525	705	820	635	271	364	215	96	119
85-89岁	**4257**	**1900**	**2357**	**2143**	**854**	**1289**	**857**	**312**	**545**
85	1185	503	682	522	200	322	187	68	119
86	1046	445	601	522	218	304	191	61	130
87	928	410	518	474	190	284	180	67	113
88	606	298	308	360	152	208	160	54	106
89	492	244	248	265	94	171	139	62	77
90-94岁	**1176**	**498**	**678**	**732**	**277**	**455**	**461**	**177**	**284**
90	472	205	267	246	111	135	125	51	74
91	249	92	157	179	61	118	107	49	58
92	220	93	127	148	49	99	95	34	61
93	142	70	72	83	29	54	77	23	54
94	93	38	55	76	27	49	57	20	37
95-99岁	**166**	**66**	**100**	**134**	**51**	**83**	**105**	**27**	**78**
95	67	33	34	50	21	29	26	8	18
96	46	17	29	31	13	18	34	8	26
97	26	8	18	32	12	20	16	4	12
98	13	5	8	13	3	10	22	6	16
99	14	3	11	8	2	6	7	1	6
100岁及以上	**10**	**1**	**9**	**11**	**2**	**9**	**11**	**3**	**8**

C-8-2b 全省分年龄、性别、健康状况的60岁及以上老年人口(镇)

单位：人

年 龄	60岁及以上人口			健 康		
	合计	男	女	小计	男	女
总 计	**3.87mm**	**173332**	**181876**	**169400**	**88082**	**81318**
60-64岁	**96735**	**48839**	**47896**	**61895**	**32390**	**29505**
60	15558	7764	7794	10784	5603	5181
61	14880	7531	7349	9788	5098	4690
62	20556	10514	10042	13211	7007	6204
63	24542	12462	12080	15287	8033	7254
64	21199	10568	10631	12825	6649	6176
65-69岁	**101448**	**50013**	**51435**	**55032**	**28550**	**26482**
65	20807	10197	10610	12152	6210	5942
66	22303	11046	11257	12525	6501	6024
67	20424	9974	10450	11157	5748	5409
68	21173	10499	10674	10996	5781	5215
69	16741	8297	8444	8202	4310	3892
70-74岁	**69908**	**34655**	**35253**	**28920**	**15273**	**13647**
70	16268	7999	8269	7546	3918	3628
71	16589	8405	8184	7122	3817	3305
72	13892	6873	7019	5545	2928	2617
73	12248	6070	6178	4676	2487	2189
74	10911	5308	5603	4031	2123	1908
75-79岁	**40605**	**19824**	**20781**	**13347**	**7011**	**6336**
75	8644	4160	4484	3067	1610	1457
76	9371	4620	4751	3177	1697	1480
77	7947	3924	4023	2560	1363	1197
78	7179	3518	3661	2281	1170	1111
79	7464	3602	3862	2262	1171	1091
80-84岁	**28213**	**12737**	**15476**	**6867**	**3419**	**3448**
80	6546	3109	3437	1792	931	861
81	5687	2595	3092	1437	696	741
82	6085	2709	3376	1413	691	722
83	5287	2363	2924	1192	600	592
84	4608	1961	2647	1033	501	532
85-89岁	**13302**	**5458**	**7844**	**2554**	**1122**	**1432**
85	3443	1442	2001	693	317	376
86	3234	1336	1898	663	285	378
87	2881	1190	1691	521	229	292
88	2076	828	1248	375	162	213
89	1668	662	1006	302	129	173
90-94岁	**4147**	**1558**	**2589**	**685**	**280**	**405**
90	1443	544	899	256	108	148
91	918	366	552	146	60	86
92	815	287	528	116	43	73
93	623	228	395	108	41	67
94	348	133	215	59	28	31
95-99岁	**770**	**226**	**544**	**93**	**35**	**58**
95	314	102	212	30	14	16
96	218	63	155	26	12	14
97	106	29	77	21	6	15
98	70	15	55	7	1	6
99	62	17	45	9	2	7
100岁及以上	**80**	**22**	**58**	**7**	**2**	**5**

C-8-2b 续表 单位：人

年龄	基本健康			不健康，但生活能自理			不健康，生活不能自理		
	小计	男	女	小计	男	女	小计	男	女
总 计	**139559**	**64332**	**75227**	**38910**	**17611**	**21299**	**7339**	**3307**	**4032**
60-64岁	**29626**	**13692**	**15934**	**4462**	**2347**	**2115**	**752**	**410**	**342**
60	4077	1806	2271	576	293	283	121	62	59
61	4361	2032	2329	604	326	278	127	75	52
62	6267	2925	3342	925	498	427	153	84	69
63	7847	3680	4167	1232	649	583	176	100	76
64	7074	3249	3825	1125	581	544	175	89	86
65-69岁	**38393**	**17476**	**20917**	**6998**	**3427**	**3571**	**1025**	**560**	**465**
65	7321	3275	4046	1167	610	557	167	102	65
66	8166	3724	4442	1405	708	697	207	113	94
67	7681	3465	4216	1378	656	722	208	105	103
68	8373	3834	4539	1584	763	821	220	121	99
69	6852	3178	3674	1464	690	774	223	119	104
70-74岁	**31605**	**14941**	**16664**	**8282**	**3872**	**4410**	**1101**	**569**	**532**
70	6925	3217	3708	1595	757	838	202	107	95
71	7389	3579	3810	1838	891	947	240	118	122
72	6423	3034	3389	1704	791	913	220	120	100
73	5751	2732	3019	1602	740	862	219	111	108
74	5117	2379	2738	1543	693	850	220	113	107
75-79岁	**19364**	**9240**	**10124**	**6771**	**3036**	**3735**	**1123**	**537**	**586**
75	4134	1903	2231	1265	570	695	178	77	101
76	4482	2170	2312	1478	638	840	234	115	119
77	3811	1840	1971	1332	603	729	244	118	126
78	3370	1647	1723	1317	600	717	211	101	110
79	3567	1680	1887	1379	625	754	256	126	130
80-84岁	**13088**	**5905**	**7183**	**6852**	**2844**	**4008**	**1406**	**569**	**837**
80	3142	1449	1693	1342	601	741	270	128	142
81	2683	1224	1459	1319	580	739	248	95	153
82	2804	1262	1542	1568	642	926	300	114	186
83	2386	1083	1303	1398	553	845	311	127	184
84	2073	887	1186	1225	468	757	277	105	172
85-89岁	**5673**	**2400**	**3273**	**3957**	**1547**	**2410**	**1118**	**389**	**729**
85	1490	634	856	1018	405	613	242	86	156
86	1369	581	788	942	382	560	260	88	172
87	1247	549	698	866	325	541	247	87	160
88	868	353	515	626	247	379	207	66	141
89	699	283	416	505	188	317	162	62	100
90-94岁	**1527**	**600**	**927**	**1310**	**463**	**847**	**625**	**215**	**410**
90	572	219	353	425	157	268	190	60	130
91	339	142	197	311	110	201	122	54	68
92	285	108	177	282	93	189	132	43	89
93	210	93	117	186	56	130	119	38	81
94	121	38	83	106	47	59	62	20	42
95-99岁	**256**	**70**	**186**	**247**	**64**	**183**	**174**	**57**	**117**
95	103	31	72	101	30	71	80	27	53
96	80	18	62	64	18	46	48	15	33
97	29	8	21	31	5	26	25	10	15
98	19	3	16	30	7	23	14	4	10
99	25	10	15	21	4	17	7	1	6
100岁及以上	**27**	**8**	**19**	**31**	**11**	**20**	**15**	**1**	**14**

C-8-2c 全省分年龄、性别、健康状况的60岁及以上老年人口(乡村)

单位：人

年龄	60岁及以上人口			健康		
	合计	男	女	小计	男	女
总计	**675487**	**334195**	**341292**	**286921**	**153985**	**132936**
60-64岁	**164196**	**85095**	**79101**	**99595**	**54312**	**45283**
60	24564	12625	11939	16301	8743	7558
61	24176	12631	11545	15331	8476	6855
62	34472	17834	16638	20865	11343	9522
63	42878	22424	20454	25344	13907	11437
64	38106	19581	18525	21754	11843	9911
65-69岁	**187612**	**94370**	**93242**	**92716**	**49884**	**42832**
65	37281	19088	18193	20143	10883	9260
66	40359	20205	20154	20903	11215	9688
67	38101	19158	18943	18780	10015	8765
68	39446	19822	19624	18603	10101	8502
69	32425	16097	16328	14287	7670	6617
70-74岁	**139381**	**69950**	**69431**	**51836**	**28266**	**23570**
70	31726	15895	15831	13251	7221	6030
71	32496	16598	15898	12515	6929	5586
72	27928	14078	13850	10150	5573	4577
73	25169	12558	12611	8584	4645	3939
74	22062	10821	11241	7336	3898	3438
75-79岁	**84103**	**41279**	**42824**	**23735**	**12677**	**11058**
75	18197	8808	9389	5678	2949	2729
76	19436	9717	9719	5699	3139	2560
77	16231	7908	8323	4511	2397	2114
78	14616	7205	7411	3958	2090	1868
79	15623	7641	7982	3889	2102	1787
80-84岁	**60074**	**27736**	**32338**	**12601**	**6174**	**6427**
80	13541	6559	6982	2965	1516	1449
81	12109	5679	6430	2644	1319	1325
82	13000	6046	6954	2801	1386	1415
83	11516	5113	6403	2228	1044	1184
84	9908	4339	5569	1963	909	1054
85-89岁	**29057**	**11861**	**17196**	**4901**	**2105**	**2796**
85	7566	3234	4332	1370	640	730
86	7017	2965	4052	1185	530	655
87	6129	2439	3690	1031	422	609
88	4582	1798	2784	764	298	466
89	3763	1425	2338	551	215	336
90-94岁	**9147**	**3320**	**5827**	**1283**	**490**	**793**
90	3306	1274	2032	494	204	290
91	1973	733	1240	288	104	184
92	1828	653	1175	254	94	160
93	1196	400	796	131	50	81
94	844	260	584	116	38	78
95-99岁	**1754**	**535**	**1219**	**233**	**71**	**162**
95	648	194	454	86	24	62
96	482	160	322	55	16	39
97	302	82	220	39	14	25
98	173	55	118	33	12	21
99	149	44	105	20	5	15
100岁及以上	**163**	**49**	**114**	**21**	**6**	**15**

C-8-2c 续表

单位：人

年 龄	基本健康			不健康，但生活能自理			不健康，生活不能自理		
	小计	男	女	小计	男	女	小计	男	女
总 计	**274711**	**128297**	**146414**	**97529**	**44800**	**52729**	**16326**	**7113**	**9213**
60-64岁	**53030**	**24682**	**28348**	**10109**	**5314**	**4795**	**1462**	**787**	**675**
60	6836	3098	3738	1209	664	545	218	120	98
61	7339	3348	3991	1339	721	618	167	86	81
62	11060	5164	5896	2236	1156	1080	311	171	140
63	14443	6895	7548	2717	1422	1295	374	200	174
64	13352	6177	7175	2608	1351	1257	392	210	182
65-69岁	**75481**	**35009**	**40472**	**17202**	**8339**	**8863**	**2213**	**1138**	**1075**
65	13951	6612	7339	2806	1410	1396	381	183	198
66	15647	7141	8506	3373	1611	1762	436	238	198
67	15432	7200	8232	3414	1688	1726	475	255	220
68	16441	7590	8851	3926	1895	2031	476	236	240
69	14010	6466	7544	3683	1735	1948	445	226	219
70-74岁	**64144**	**30625**	**33519**	**20803**	**9778**	**11025**	**2598**	**1281**	**1317**
70	13988	6526	7462	4010	1910	2100	477	238	239
71	14822	7179	7643	4627	2225	2402	532	265	267
72	13036	6260	6776	4221	1979	2242	521	266	255
73	12022	5756	6266	4033	1904	2129	530	253	277
74	10276	4904	5372	3912	1760	2152	538	259	279
75-79岁	**39617**	**18962**	**20655**	**18222**	**8436**	**9786**	**2529**	**1204**	**1325**
75	8527	3999	4528	3536	1653	1883	456	207	249
76	9244	4430	4814	3932	1862	2070	561	286	275
77	7591	3637	3954	3605	1626	1979	524	248	276
78	6855	3368	3487	3348	1525	1823	455	222	233
79	7400	3528	3872	3801	1770	2031	533	241	292
80-84岁	**26761**	**12546**	**14215**	**17602**	**7710**	**9892**	**3110**	**1306**	**1804**
80	6337	3130	3207	3658	1657	2001	581	256	325
81	5473	2594	2879	3441	1521	1920	551	245	306
82	5664	2657	3007	3862	1716	2146	673	287	386
83	5079	2301	2778	3530	1504	2026	679	264	415
84	4208	1864	2344	3111	1312	1799	626	254	372
85-89岁	**11882**	**4982**	**6900**	**9767**	**3912**	**5855**	**2507**	**862**	**1645**
85	3197	1368	1829	2432	1032	1400	567	194	373
86	2915	1256	1659	2386	985	1401	531	194	337
87	2458	995	1463	2097	837	1260	543	185	358
88	1835	758	1077	1539	591	948	444	151	293
89	1477	605	872	1313	467	846	422	138	284
90-94岁	**3208**	**1291**	**1917**	**3183**	**1099**	**2084**	**1473**	**440**	**1033**
90	1218	522	696	1139	406	733	455	142	313
91	668	291	377	686	237	449	331	101	230
92	642	245	397	619	218	401	313	96	217
93	412	141	271	446	151	295	207	58	149
94	268	92	176	293	87	206	167	43	124
95-99岁	**543**	**187**	**356**	**596**	**194**	**402**	**382**	**83**	**299**
95	194	63	131	223	76	147	145	31	114
96	145	54	91	179	60	119	103	30	73
97	108	32	76	93	25	68	62	11	51
98	55	22	33	48	16	32	37	5	32
99	41	16	25	53	17	36	35	6	29
100岁及以上	**45**	**13**	**32**	**45**	**18**	**27**	**52**	**12**	**40**

C-8-3　全省分性别、婚姻状况、健康状况的60岁及以上老年人口

单位：人

婚姻状况	60岁及以上人口			健　　康		
	合计	男	女	小计	男	女
总　计	**1305917**	**640531**	**665386**	**611680**	**320608**	**291072**
未　婚	24669	22210	2459	7707	6595	1112
有配偶	954835	524273	430562	501646	283177	218469
离　婚	15981	9724	6257	8284	4870	3414
丧　偶	310432	84324	226108	94043	25966	68077

C-8-3　续表

单位：人

婚姻状况	基本健康			不健康，但生活能自理			不健康，生活不能自理		
	小计	男	女	小计	男	女	小计	男	女
总　计	**508937**	**235755**	**273182**	**156517**	**71332**	**85185**	**28783**	**12836**	**15947**
未　婚	10499	9659	840	5629	5248	381	834	708	126
有配偶	354087	185260	168827	84533	47193	37340	14569	8643	5926
离　婚	5822	3592	2230	1638	1102	536	237	160	77
丧　偶	138529	37244	101285	64717	17789	46928	13143	3325	9818

C-8-3a　全省分性别、婚姻状况、健康状况的60岁及以上老年人口（城市）

单位：人

婚姻状况	60岁及以上人口			健　　康		
	合计	男	女	小计	男	女
总　计	**275222**	**133004**	**142218**	**155359**	**78541**	**76818**
未　婚	2436	1728	708	1153	721	432
有配偶	213351	115501	97850	130742	71547	59195
离　婚	6916	3479	3437	4027	1945	2082
丧　偶	52519	12296	40223	19437	4328	15109

C-8-3a　续表

单位：人

婚姻状况	基本健康			不健康，但生活能自理			不健康，生活不能自理		
	小计	男	女	小计	男	女	小计	男	女
总　计	**94667**	**43126**	**51541**	**20078**	**8921**	**11157**	**5118**	**2416**	**2702**
未　婚	783	599	184	351	293	58	149	115	34
有配偶	68779	35936	32843	11206	6331	4875	2624	1687	937
离　婚	2311	1196	1115	502	290	212	76	48	28
丧　偶	22794	5395	17399	8019	2007	6012	2269	566	1703

C-8-3b 全省分性别、婚姻状况、健康状况的60岁及以上老年人口(镇)

单位：人

婚姻状况	60岁及以上人口			健康		
	合计	男	女	小计	男	女
总计	**355208**	**173332**	**181876**	**169400**	**88082**	**81318**
未婚	5484	4632	852	1770	1380	390
有配偶	263013	144317	118696	140352	78847	61505
离婚	3995	2320	1675	1981	1118	863
丧偶	82716	22063	60653	25297	6737	18560

C-8-3b 续表

单位：人

婚姻状况	基本健康			不健康，但生活能自理			不健康，生活不能自理		
	小计	男	女	小计	男	女	小计	男	女
总计	**139559**	**64332**	**75227**	**38910**	**17611**	**21299**	**7339**	**3307**	**4032**
未婚	2255	1967	288	1213	1092	121	246	193	53
有配偶	98127	51479	46648	20884	11804	9080	3650	2187	1463
离婚	1541	900	641	402	251	151	71	51	20
丧偶	37636	9986	27650	16411	4464	11947	3372	876	2496

C-8-3c 全省分性别、婚姻状况、健康状况的60岁及以上老年人口(乡村)

单位：人

婚姻状况	60岁及以上人口			健康		
	合计	男	女	小计	男	女
总计	**675487**	**334195**	**341292**	**286921**	**153985**	**132936**
未婚	16749	15850	899	4784	4494	290
有配偶	478471	264455	214016	230552	132783	97769
离婚	5070	3925	1145	2276	1807	469
丧偶	175197	49965	125232	49309	14901	34408

C-8-3c 续表

单位：人

婚姻状况	基本健康			不健康，但生活能自理			不健康，生活不能自理		
	小计	男	女	小计	男	女	小计	男	女
总计	**274711**	**128297**	**146414**	**97529**	**44800**	**52729**	**16326**	**7113**	**9213**
未婚	7461	7093	368	4065	3863	202	439	400	39
有配偶	187181	97845	89336	52443	29058	23385	8295	4769	3526
离婚	1970	1496	474	734	561	173	90	61	29
丧偶	78099	21863	56236	40287	11318	28969	7502	1883	5619

C-8-4　全省分性别、主要生活来源、健康状况的60岁及以上老年人口

单位：人

主要生活来源	60岁及以上人口			健康		
	合计	男	女	小计	男	女
总　计	**1305917**	**640531**	**665386**	**611680**	**320608**	**291072**
劳动收入	271425	182777	88648	187199	128019	59180
离退休金/养老金	330169	173438	156731	177936	95705	82231
最低生活保障金	49555	29357	20198	9485	5679	3806
失业保险金	70	36	34	41	23	18
财产性收入	7153	4052	3101	4065	2331	1734
家庭其他成员供养	552818	204289	348529	189941	67317	122624
其　他	94727	46582	48145	43013	21534	21479

C-8-4　续表

单位：人

主要生活来源	基本健康			不健康，但生活能自理			不健康，生活不能自理		
	小计	男	女	小计	男	女	小计	男	女
总　计	**508937**	**235755**	**273182**	**156517**	**71332**	**85185**	**28783**	**12836**	**15947**
劳动收入	79057	51434	27623	4902	3169	1733	267	155	112
离退休金/养老金	121575	61876	59699	25205	12862	12343	5453	2995	2458
最低生活保障金	20375	12184	8191	16515	9803	6712	3180	1691	1489
失业保险金	18	9	9	9	3	6	2	1	1
财产性收入	2498	1385	1113	523	297	226	67	39	28
家庭其他成员供养	245695	89736	155959	99324	40211	59113	17858	7025	10833
其　他	39719	19131	20588	10039	4987	5052	1956	930	1026

C-8-4a 全省分性别、主要生活来源、健康状况的60岁及以上老年人口(城市)

单位：人

主要生活来源	60岁及以上人口			健康		
	合计	男	女	小计	男	女
总计	**275222**	**133004**	**142218**	**155359**	**78541**	**76818**
劳动收入	20274	14365	5909	15556	11110	4446
离退休金/养老金	177892	88699	89193	103729	53301	50428
最低生活保障金	4456	2236	2220	1070	528	542
失业保险金	12	8	4	6	4	2
财产性收入	2632	1394	1238	1642	878	764
家庭其他成员供养	55494	19380	36114	25390	8800	16590
其他	14462	6922	7540	7966	3920	4046

C-8-4a 续表

单位：人

主要生活来源	基本健康			不健康,但生活能自理			不健康,生活不能自理		
	小计	男	女	小计	男	女	小计	男	女
总计	**94667**	**43126**	**51541**	**20078**	**8921**	**11157**	**5118**	**2416**	**2702**
劳动收入	4446	3072	1374	257	175	82	15	8	7
离退休金/养老金	60549	28825	31724	10727	5061	5666	2887	1512	1375
最低生活保障金	1863	919	944	1226	648	578	297	141	156
失业保险金	5	4	1	1		1			
财产性收入	815	424	391	154	80	74	21	12	9
家庭其他成员供养	21759	7489	14270	6727	2495	4232	1618	596	1022
其他	5230	2393	2837	986	462	524	280	147	133

C-8-4b 全省分性别、主要生活来源、健康状况的60岁及以上老年人口(镇)

单位：人

主要生活来源	60岁及以上人口			健康		
	合计	男	女	小计	男	女
总 计	**355208**	**173332**	**181876**	**169400**	**88082**	**81318**
劳动收入	65082	44020	21062	45950	31556	14394
离退休金/养老金	100563	54974	45589	52859	29642	23217
最低生活保障金	12133	6763	5370	2471	1329	1142
失业保险金	38	17	21	26	13	13
财产性收入	2193	1285	908	1248	753	495
家庭其他成员供养	147162	52661	94501	54180	18483	35697
其 他	28037	13612	14425	12666	6306	6360

C-8-4b 续表

单位：人

主要生活来源	基本健康			不健康，但生活能自理			不健康，生活不能自理		
	小计	男	女	小计	男	女	小计	男	女
总 计	**139559**	**64332**	**75227**	**38910**	**17611**	**21299**	**7339**	**3307**	**4032**
劳动收入	18075	11789	6286	1005	649	356	52	26	26
离退休金/养老金	38680	20544	18136	7551	3955	3596	1473	833	640
最低生活保障金	5038	2817	2221	3875	2224	1651	749	393	356
失业保险金	6	1	5	5	2	3	1	1	
财产性收入	786	445	341	135	73	62	24	14	10
家庭其他成员供养	65006	23079	41927	23528	9357	14171	4448	1742	2706
其 他	11968	5657	6311	2811	1351	1460	592	298	294

C-8-4c 全省分性别、主要生活来源、健康状况的60岁及以上老年人口(乡村)

单位：人

主要生活来源	60岁及以上人口			健康		
	合计	男	女	小计	男	女
总 计	**675487**	**334195**	**341292**	**286921**	**153985**	**132936**
劳动收入	186069	124392	61677	125693	85353	40340
离退休金/养老金	51714	29765	21949	21348	12762	8586
最低生活保障金	32966	20358	12608	5944	3822	2122
失业保险金	20	11	9	9	6	3
财产性收入	2328	1373	955	1175	700	475
家庭其他成员供养	350162	132248	217914	110371	40034	70337
其 他	52228	26048	26180	22381	11308	11073

C-8-4c 续表

单位：人

主要生活来源	基本健康			不健康,但生活能自理			不健康,生活不能自理		
	小计	男	女	小计	男	女	小计	男	女
总 计	**274711**	**128297**	**146414**	**97529**	**44800**	**52729**	**16326**	**7113**	**9213**
劳动收入	56536	36573	19963	3640	2345	1295	200	121	79
离退休金/养老金	22346	12507	9839	6927	3846	3081	1093	650	443
最低生活保障金	13474	8448	5026	11414	6931	4483	2134	1157	977
失业保险金	7	4	3	3	1	2	1		1
财产性收入	897	516	381	234	144	90	22	13	9
家庭其他成员供养	158930	59168	99762	69069	28359	40710	11792	4687	7105
其 他	22521	11081	11440	6242	3174	3068	1084	485	599

C-8-5 全省分性别、居住状况、健康状况的60岁及以上老年人口

单位：人

居住状况	60岁及以上人口			健康		
	合计	男	女	小计	男	女
总 计	**1305917**	**640531**	**665386**	**611680**	**320608**	**291072**
与配偶和子女同住	323878	182167	141711	182116	105240	76876
与配偶同住	507007	278007	229000	251402	142326	109076
与子女同住	242701	71084	171617	86838	27337	59501
独居(有保姆)	2455	1132	1323	705	341	364
独居(无保姆)	154209	69728	84481	57409	27886	29523
养老机构	7189	4615	2574	1024	641	383
其 他	68478	33798	34680	32186	16837	15349

C-8-5 续表

单位：人

居住状况	基本健康			不健康，但生活能自理			不健康，生活不能自理		
	小计	男	女	小计	男	女	小计	男	女
总 计	**508937**	**235755**	**273182**	**156517**	**71332**	**85185**	**28783**	**12836**	**15947**
与配偶和子女同住	109872	58522	51350	27049	15450	11599	4841	2955	1886
与配偶同住	199682	104279	95403	48075	26750	21325	7848	4652	3196
与子女同住	101754	29057	72697	43644	11987	31657	10465	2703	7762
独居(有保姆)	855	398	457	471	209	262	424	184	240
独居(无保姆)	68243	29549	38694	27080	11731	15349	1477	562	915
养老机构	2690	1820	870	2111	1454	657	1364	700	664
其 他	25841	12130	13711	8087	3751	4336	2364	1080	1284

C-8-5a 全省分性别、居住状况、健康状况的60岁及以上老年人口(城市)

单位：人

居住状况	60岁及以上人口			健康		
	合计	男	女	小计	男	女
总 计	**275222**	**133004**	**142218**	**155359**	**78541**	**76818**
与配偶和子女同住	76466	43012	33454	49491	28177	21314
与配偶同住	102942	56537	46405	59892	33341	26551
与子女同住	50700	13979	36721	24296	6928	17368
独居(有保姆)	787	378	409	246	115	131
独居(无保姆)	27317	10659	16658	12605	5310	7295
养老机构	1711	755	956	221	97	124
其 他	15299	7684	7615	8608	4573	4035

C-8-5a 续表

单位：人

居住状况	基本健康			不健康,但生活能自理			不健康,生活不能自理		
	小计	男	女	小计	男	女	小计	男	女
总 计	**94667**	**43126**	**51541**	**20078**	**8921**	**11157**	**5118**	**2416**	**2702**
与配偶和子女同住	22335	12093	10242	3733	2136	1597	907	606	301
与配偶同住	35840	18950	16890	5952	3439	2513	1258	807	451
与子女同住	19283	5159	14124	5503	1471	4032	1618	421	1197
独居(有保姆)	274	129	145	119	63	56	148	71	77
独居(无保姆)	11249	4151	7098	3252	1130	2122	211	68	143
养老机构	499	212	287	418	202	216	573	244	329
其 他	5187	2432	2755	1101	480	621	403	199	204

C-8-5b　全省分性别、居住状况、健康状况的60岁及以上老年人口（镇）

单位：人

居住状况	60岁及以上人口			健　康		
	合计	男	女	小计	男	女
总　计	**355208**	**173332**	**181876**	**169400**	**88082**	**81318**
与配偶和子女同住	94901	53199	41702	54059	31056	23003
与配偶同住	129230	71148	58082	65437	37063	28374
与子女同住	68981	19678	49303	25256	7683	17573
独居（有保姆）	768	350	418	184	84	100
独居（无保姆）	38743	17382	21361	14687	7110	7577
养老机构	2108	1365	743	277	184	93
其　他	20477	10210	10267	9500	4902	4598

C-8-5b　续表

单位：人

居住状况	基本健康			不健康，但生活能自理			不健康，生活不能自理		
	小计	男	女	小计	男	女	小计	男	女
总　计	**139559**	**64332**	**75227**	**38910**	**17611**	**21299**	**7339**	**3307**	**4032**
与配偶和子女同住	32164	17097	15067	7373	4251	3122	1305	795	510
与配偶同住	51154	26887	24267	10847	6104	4743	1792	1094	698
与子女同住	29380	8167	21213	11600	3116	8484	2745	712	2033
独居（有保姆）	292	143	149	163	68	95	129	55	74
独居（无保姆）	17589	7549	10040	6127	2596	3531	340	127	213
养老机构	848	558	290	613	423	190	370	200	170
其　他	8132	3931	4201	2187	1053	1134	658	324	334

C-8-5c 全省分性别、居住状况、健康状况的60岁及以上老年人口(乡村)

单位：人

居住状况	60岁及以上人口			健康		
	合计	男	女	小计	男	女
总 计	**675487**	**334195**	**341292**	**286921**	**153985**	**132936**
与配偶和子女同住	152511	85956	66555	78566	46007	32559
与配偶同住	274835	150322	124513	126073	71922	54151
与子女同住	123020	37427	85593	37286	12726	24560
独居(有保姆)	900	404	496	275	142	133
独居(无保姆)	88149	41687	46462	30117	15466	14651
养老机构	3370	2495	875	526	360	166
其他	32702	15904	16798	14078	7362	6716

C-8-5c 续表

单位：人

居住状况	基本健康			不健康,但生活能自理			不健康,生活不能自理		
	小计	男	女	小计	男	女	小计	男	女
总 计	**274711**	**128297**	**146414**	**97529**	**44800**	**52729**	**16326**	**7113**	**9213**
与配偶和子女同住	55373	29332	26041	15943	9063	6880	2629	1554	1075
与配偶同住	112688	58442	54246	31276	17207	14069	4798	2751	2047
与子女同住	53091	15731	37360	26541	7400	19141	6102	1570	4532
独居(有保姆)	289	126	163	189	78	111	147	58	89
独居(无保姆)	39405	17849	21556	17701	8005	9696	926	367	559
养老机构	1343	1050	293	1080	829	251	421	256	165
其他	12522	5767	6755	4799	2218	2581	1303	557	746

C-8-6 各地区分性别、主要生活来源的60岁及以上老年人口

单位：人

地 区	60岁及以上人口			劳动收入		
	合计	男	女	小计	男	女
全 省	**1305917**	**640531**	**665386**	**271425**	**182777**	**88648**
长沙市	146021	71538	74483	17040	12445	4595
株洲市	77978	37691	40287	15180	10048	5132
湘潭市	60196	29498	30698	10396	7119	3277
衡阳市	133159	65666	67493	26846	18619	8227
邵阳市	136667	67067	69600	32726	21628	11098
岳阳市	105584	52536	53048	19328	14438	4890
常德市	135425	66572	68853	38789	24615	14174
张家界市	33361	16394	16967	9258	5821	3437
益阳市	84014	42080	41934	14413	10601	3812
郴州市	82477	39773	42704	20482	13034	7448
永州市	100306	49198	51108	21807	14482	7325
怀化市	96448	47030	49418	25081	16343	8738
娄底市	71658	34916	36742	11739	8229	3510
湘西州	42623	20572	22051	8340	5355	2985

C-8-6 续表 1

单位：人

地 区	离退休金/养老金			最低生活保障金			失业保险金		
	小计	男	女	小计	男	女	小计	男	女
全 省	**330169**	**173438**	**156731**	**49555**	**29357**	**20198**	**70**	**36**	**34**
长沙市	63400	31382	32018	4968	3076	1892	8	4	4
株洲市	27853	14171	13682	2095	1309	786	3	1	2
湘潭市	22017	11110	10907	2133	1352	781			
衡阳市	30812	16542	14270	4844	2864	1980	7	4	3
邵阳市	22944	12982	9962	5173	3071	2102	15	6	9
岳阳市	29638	15306	14332	4086	2324	1762	2	1	1
常德市	33383	17331	16052	5005	2784	2221	13	6	7
张家界市	5198	2943	2255	1523	865	658	2	2	
益阳市	19737	10200	9537	3826	2353	1473			
郴州市	17917	9894	8023	3172	1784	1388	1	1	
永州市	16124	8811	7313	4253	2649	1604	13	10	3
怀化市	17280	9695	7585	3296	1905	1391			
娄底市	16981	9303	7678	3018	1878	1140	3		3
湘西州	6885	3768	3117	2163	1143	1020	3	1	2

C-8-6 续表 2

单位：人

地区	财产性收入			家庭其他成员供养			其他		
	小计	男	女	小计	男	女	小计	男	女
全 省	**7153**	**4052**	**3101**	**552818**	**204289**	**348529**	**94727**	**46582**	**48145**
长沙市	1727	943	784	49429	18882	30547	9449	4806	4643
株洲市	240	136	104	30245	10904	19341	2362	1122	1240
湘潭市	184	108	76	21649	7916	13733	3817	1893	1924
衡阳市	596	333	263	60515	22579	37936	9539	4725	4814
邵阳市	621	355	266	65145	24117	41028	10043	4908	5135
岳阳市	537	312	225	42254	15333	26921	9739	4822	4917
常德市	649	371	278	49304	17503	31801	8282	3962	4320
张家界市	253	135	118	14261	5262	8999	2866	1366	1500
益阳市	617	366	251	37736	14662	23074	7685	3898	3787
郴州市	430	241	189	34053	11826	22227	6422	2993	3429
永州市	403	236	167	48959	18621	30338	8747	4389	4358
怀化市	452	262	190	43690	15614	28076	6649	3211	3438
娄底市	260	148	112	35441	13296	22145	4216	2062	2154
湘西州	184	106	78	20137	7774	12363	4911	2425	2486

C-8-6a 各地区分性别、主要生活来源的60岁及以上老年人口(城市)

单位：人

地区	60岁及以上人口			劳动收入		
	合计	男	女	小计	男	女
全 省	**275222**	**133004**	**142218**	**20274**	**14365**	**5909**
长沙市	78083	37539	40544	4931	3563	1368
株洲市	26998	13028	13970	1762	1204	558
湘潭市	18954	8889	10065	993	677	316
衡阳市	29173	14319	14854	2286	1565	721
邵阳市	18351	8846	9505	1550	1075	475
岳阳市	22544	11121	11423	1896	1533	363
常德市	19583	9548	10035	1632	1124	508
张家界市	3880	1834	2046	430	306	124
益阳市	12013	5858	6155	1069	753	316
郴州市	13533	6525	7008	1081	753	328
永州市	7989	3922	4067	789	534	255
怀化市	9445	4572	4873	927	629	298
娄底市	11199	5320	5879	636	452	184
湘西州	3477	1683	1794	292	197	95

C-8-6a 续表 1

单位：人

地 区	离退休金/养老金			最低生活保障金			失业保险金		
	小计	男	女	小计	男	女	小计	男	女
全 省	**177892**	**88699**	**89193**	**4456**	**2236**	**2220**	**12**	**8**	**4**
长沙市	53802	26125	27677	1093	604	489	6	3	3
株洲市	19807	9696	10111	367	207	160			
湘潭市	15216	7230	7986	186	94	92			
衡阳市	17589	9068	8521	511	229	282	1	1	
邵阳市	9808	5061	4747	372	178	194			
岳阳市	13375	6772	6603	464	235	229			
常德市	13536	6757	6779	227	100	127			
张家界市	1452	797	655	115	56	59			
益阳市	7301	3609	3692	464	254	210			
郴州市	8195	4258	3937	220	87	133			
永州市	3256	1731	1525	129	67	62	5	4	1
怀化市	5006	2694	2312	100	48	52			
娄底市	7696	3936	3760	158	53	105			
湘西州	1853	965	888	50	24	26			

C-8-6a 续表 2

单位：人

地 区	财产性收入			家庭其他成员供养			其 他		
	小计	男	女	小计	男	女	小计	男	女
全 省	**2632**	**1394**	**1238**	**55494**	**19380**	**36114**	**14462**	**6922**	**7540**
长沙市	1252	662	590	13502	4852	8650	3497	1730	1767
株洲市	107	54	53	4513	1647	2866	442	220	222
湘潭市	50	27	23	1891	574	1317	618	287	331
衡阳市	192	99	93	6981	2565	4416	1613	792	821
邵阳市	263	131	132	4849	1714	3135	1509	687	822
岳阳市	146	88	58	5324	1856	3468	1339	637	702
常德市	82	44	38	3265	1105	2160	841	418	423
张家界市	92	48	44	1386	446	940	405	181	224
益阳市	65	36	29	2364	833	1531	750	373	377
郴州市	141	66	75	3174	1014	2160	722	347	375
永州市	73	41	32	2622	1020	1602	1115	525	590
怀化市	65	44	21	2626	820	1806	721	337	384
娄底市	89	44	45	2081	608	1473	539	227	312
湘西州	15	10	5	916	326	590	351	161	190

C-8-6b 各地区分性别、主要生活来源的60岁及以上老年人口(镇)

单位：人

地区	60岁及以上人口			劳动收入		
	合计	男	女	小计	男	女
全 省	**355208**	**173332**	**181876**	**65082**	**44020**	**21062**
长沙市	26713	13165	13548	3971	2917	1054
株洲市	21473	10328	11145	4694	3126	1568
湘潭市	13265	6599	6666	2316	1579	737
衡阳市	31767	15671	16096	5550	3930	1620
邵阳市	41274	20127	21147	8285	5542	2743
岳阳市	34740	17307	17433	5462	4032	1430
常德市	45661	22304	23357	10791	6903	3888
张家界市	8455	4021	4434	1893	1188	705
益阳市	24365	12038	12327	3326	2455	871
郴州市	26130	12617	13513	5638	3593	2045
永州市	31021	15145	15876	5318	3597	1721
怀化市	24582	11739	12843	4311	2775	1536
娄底市	11909	5733	6176	1503	1068	435
湘西州	13853	6538	7315	2024	1315	709

C-8-6b 续表 1

单位：人

地区	离退休金/养老金			最低生活保障金			失业保险金		
	小计	男	女	小计	男	女	小计	男	女
全 省	**100563**	**54974**	**45589**	**12133**	**6763**	**5370**	**38**	**17**	**21**
长沙市	5233	2799	2434	1262	786	476	1		1
株洲市	5462	2981	2481	503	305	198	3	1	2
湘潭市	4886	2594	2292	474	291	183			
衡阳市	8772	4884	3888	1087	604	483	2	1	1
邵阳市	8642	4983	3659	1368	809	559	14	6	8
岳阳市	11266	5886	5380	1329	728	601	1	1	
常德市	14271	7591	6680	1517	790	727	12	5	7
张家界市	1741	992	749	397	204	193	1	1	
益阳市	8366	4374	3992	947	553	394			
郴州市	6935	4019	2916	861	458	403	1	1	
永州市	8591	4794	3797	925	521	404	2	1	1
怀化市	8527	4759	3768	615	296	319			
娄底市	4421	2352	2069	380	188	192			
湘西州	3450	1966	1484	468	230	238	1		1

C-8-6b 续表 2

单位：人

地 区	财产性收入			家庭其他成员供养			其 他		
	小计	男	女	小计	男	女	小计	男	女
全 省	**2193**	**1285**	**908**	**147162**	**52661**	**94501**	**28037**	**13612**	**14425**
长沙市	302	181	121	13346	5186	8160	2598	1296	1302
株洲市	65	37	28	9982	3531	6451	764	347	417
湘潭市	72	42	30	4583	1634	2949	934	459	475
衡阳市	227	125	102	13493	4847	8646	2636	1280	1356
邵阳市	194	120	74	19640	7094	12546	3131	1573	1558
岳阳市	225	131	94	12515	4581	7934	3942	1948	1994
常德市	231	134	97	16276	5653	10623	2563	1228	1335
张家界市	27	17	10	3658	1291	2367	738	328	410
益阳市	200	121	79	9394	3487	5907	2132	1048	1084
郴州市	183	110	73	10223	3391	6832	2289	1045	1244
永州市	192	113	79	13389	4797	8592	2604	1322	1282
怀化市	120	66	54	9635	3207	6428	1374	636	738
娄底市	60	35	25	4717	1685	3032	828	405	423
湘西州	95	53	42	6311	2277	4034	1504	697	807

C-8-6c 各地区分性别、主要生活来源的60岁及以上老年人口(乡村)

单位：人

地 区	60岁及以上人口			劳动收入		
	合计	男	女	小计	男	女
全 省	**675487**	**334195**	**341292**	**186069**	**124392**	**61677**
长沙市	41225	20834	20391	8138	5965	2173
株洲市	29507	14335	15172	8724	5718	3006
湘潭市	27977	14010	13967	7087	4863	2224
衡阳市	72219	35676	36543	19010	13124	5886
邵阳市	77042	38094	38948	22891	15011	7880
岳阳市	48300	24108	24192	11970	8873	3097
常德市	70181	34720	35461	26366	16588	9778
张家界市	21026	10539	10487	6935	4327	2608
益阳市	47636	24184	23452	10018	7393	2625
郴州市	42814	20631	22183	13763	8688	5075
永州市	61296	30131	31165	15700	10351	5349
怀化市	62421	30719	31702	19843	12939	6904
娄底市	48550	23863	24687	9600	6709	2891
湘西州	25293	12351	12942	6024	3843	2181

C-8-6c 续表 1

单位：人

地 区	离退休金/养老金			最低生活保障金			失业保险金		
	小计	男	女	小计	男	女	小计	男	女
全 省	**51714**	**29765**	**21949**	**32966**	**20358**	**12608**	**20**	**11**	**9**
长沙市	4365	2458	1907	2613	1686	927	1	1	
株洲市	2584	1494	1090	1225	797	428			
湘潭市	1915	1286	629	1473	967	506			
衡阳市	4451	2590	1861	3246	2031	1215	4	2	2
邵阳市	4494	2938	1556	3433	2084	1349	1		1
岳阳市	4997	2648	2349	2293	1361	932	1		1
常德市	5576	2983	2593	3261	1894	1367	1	1	
张家界市	2005	1154	851	1011	605	406	1	1	
益阳市	4070	2217	1853	2415	1546	869			
郴州市	2787	1617	1170	2091	1239	852			
永州市	4277	2286	1991	3199	2061	1138	6	5	1
怀化市	3747	2242	1505	2581	1561	1020			
娄底市	4864	3015	1849	2480	1637	843	3		3
湘西州	1582	837	745	1645	889	756	2	1	1

C-8-6c 续表 2

单位：人

地 区	财产性收入			家庭其他成员供养			其 他		
	小计	男	女	小计	男	女	小计	男	女
全 省	**2328**	**1373**	**955**	**350162**	**132248**	**217914**	**52228**	**26048**	**26180**
长沙市	173	100	73	22581	8844	13737	3354	1780	1574
株洲市	68	45	23	15750	5726	10024	1156	555	601
湘潭市	62	39	23	15175	5708	9467	2265	1147	1118
衡阳市	177	109	68	40041	15167	24874	5290	2653	2637
邵阳市	164	104	60	40656	15309	25347	5403	2648	2755
岳阳市	166	93	73	24415	8896	15519	4458	2237	2221
常德市	336	193	143	29763	10745	19018	4878	2316	2562
张家界市	134	70	64	9217	3525	5692	1723	857	866
益阳市	352	209	143	25978	10342	15636	4803	2477	2326
郴州市	106	65	41	20656	7421	13235	3411	1601	1810
永州市	138	82	56	32948	12804	20144	5028	2542	2486
怀化市	267	152	115	31429	11587	19842	4554	2238	2316
娄底市	111	69	42	28643	11003	17640	2849	1430	1419
湘西州	74	43	31	12910	5171	7739	3056	1567	1489

C-8-7　全省分年龄、性别、主要生活来源的人口

单位：人

年　龄	15岁及以上人口			劳动收入		
	合计	男	女	小计	男	女
总　计	**5674153**	**2867782**	**2806371**	**3077442**	**1861602**	**1215840**
45岁以下	**2646231**	**1355854**	**1290377**	**1663701**	**958297**	**705404**
45-49岁	**555834**	**286782**	**269052**	**428522**	**255165**	**173357**
45	101354	52286	49068	79895	46910	32985
46	114042	58469	55573	89181	52355	36826
47	113131	58721	54410	87791	52294	35497
48	113982	58749	55233	86973	52196	34777
49	113325	58557	54768	84682	51410	33272
50-54岁	**636531**	**319393**	**317138**	**424364**	**268170**	**156194**
50	130676	65541	65135	93116	56884	36232
51	126263	63891	62372	86341	54285	32056
52	146465	73521	72944	97613	61817	35796
53	108643	54222	54421	69967	44835	25132
54	124484	62218	62266	77327	50349	26978
55-59岁	**529640**	**265222**	**264418**	**289430**	**197193**	**92237**
55	124563	62468	62095	73225	48927	24298
56	122473	61040	61433	68301	46239	22062
57	143992	72465	71527	77819	53600	24219
58	100987	50798	50189	52916	36535	16381
59	37625	18451	19174	17169	11892	5277
60-64岁	**342962**	**174756**	**168206**	**119670**	**81149**	**38521**
60	54659	27525	27134	21592	14526	7066
61	52301	26825	25476	18991	12958	6033
62	72257	37108	35149	25149	17076	8073
63	87121	44750	42371	29545	20193	9352
64	76624	38548	38076	24393	16396	7997
65-69岁	**368046**	**182636**	**185410**	**94233**	**62644**	**31589**
65	74911	37443	37468	21979	14554	7425
66	80215	39697	40518	21848	14501	7347
67	74414	36865	37549	19038	12635	6403
68	76480	37988	38492	18210	12211	5999
69	62026	30643	31383	13158	8743	4415

C-8-7 续表 1

单位：人

年 龄	15岁及以上人口			劳动收入		
	合计	男	女	小计	男	女
70-74岁	**260234**	**129465**	**130769**	**39581**	**26932**	**12649**
70	60477	29975	30502	11349	7667	3682
71	61174	30894	30280	9990	6810	3180
72	51811	25783	26028	7459	5123	2336
73	46305	23010	23295	6028	4106	1922
74	40467	19803	20664	4755	3226	1529
75-79岁	**153660**	**74781**	**78879**	**12691**	**8746**	**3945**
75	32938	15900	17038	3410	2324	1086
76	35275	17403	17872	3169	2202	967
77	29623	14330	15293	2431	1675	756
78	27164	13270	13894	2019	1398	621
79	28660	13878	14782	1662	1147	515
80-84岁	**109289**	**50107**	**59182**	**3942**	**2566**	**1376**
80	25136	11988	13148	1225	819	406
81	22225	10272	11953	796	528	268
82	23544	10770	12774	789	518	271
83	20559	9261	11298	609	387	222
84	17825	7816	10009	523	314	209
85-89岁	**52174**	**21655**	**30519**	**1074**	**613**	**461**
85	13611	5774	7837	317	188	129
86	12612	5325	7287	269	161	108
87	11158	4584	6574	208	116	92
88	8137	3320	4817	163	86	77
89	6656	2652	4004	117	62	55
90-94岁	**16249**	**6119**	**10130**	**198**	**108**	**90**
90	5827	2311	3516	78	40	38
91	3542	1353	2189	48	30	18
92	3214	1173	2041	34	16	18
93	2200	786	1414	20	11	9
94	1466	496	970	18	11	7
95-99岁	**3023**	**935**	**2088**	**32**	**16**	**16**
95	1143	370	773	15	8	7
96	835	268	567	7	4	3
97	497	139	358	5	1	4
98	302	88	214	4	2	2
99	246	70	176	1	1	
100岁及以上	**280**	**77**	**203**	**4**	**3**	**1**

C-8-7 续表 2

单位：人

年 龄	离退休金/养老金			最低生活保障金			失业保险金		
	小计	男	女	小计	男	女	小计	男	女
总 计	**422180**	**193384**	**228796**	**84390**	**50743**	**33647**	**1411**	**813**	**598**
45岁以下	**115**	**33**	**82**	**13437**	**7912**	**5525**	**695**	**345**	**350**
45-49岁	**2420**	**94**	**2326**	**6205**	**3894**	**2311**	**333**	**171**	**162**
45	190	9	181	1010	630	380	52	23	29
46	277	11	266	1246	768	478	50	28	22
47	395	20	375	1308	828	480	69	30	39
48	577	25	552	1259	767	492	68	37	31
49	981	29	952	1382	901	481	94	53	41
50-54岁	**28044**	**4367**	**23677**	**7880**	**5065**	**2815**	**238**	**195**	**43**
50	3950	334	3616	1573	1004	569	71	45	26
51	5143	678	4465	1554	1021	533	40	34	6
52	6443	988	5455	1826	1171	655	61	57	4
53	5319	933	4386	1337	861	476	28	25	3
54	7189	1434	5755	1590	1008	582	38	34	4
55-59岁	**61432**	**15452**	**45980**	**7313**	**4515**	**2798**	**75**	**66**	**9**
55	10962	2308	8654	1638	1019	619	32	30	2
56	13407	3128	10279	1622	1017	605	10	8	2
57	17468	4368	13100	1962	1227	735	15	13	2
58	12569	3404	9165	1446	864	582	11	10	1
59	7026	2244	4782	645	388	257	7	5	2
60-64岁	**84045**	**42657**	**41388**	**9291**	**6066**	**3225**	**14**	**7**	**7**
60	13320	6445	6875	1128	710	418	1	1	
61	13203	6667	6536	1296	855	441	4	1	3
62	17785	9232	8553	2108	1393	715	1	1	
63	21005	10772	10233	2478	1646	832	4	2	2
64	18732	9541	9191	2281	1462	819	4	2	2
65-69岁	**92366**	**47983**	**44383**	**13025**	**8043**	**4982**	**21**	**12**	**9**
65	18645	9633	9012	2352	1474	878	7	5	2
66	20079	10310	9769	2726	1709	1017	8	5	3
67	18615	9635	8980	2673	1670	1003	3	2	1
68	19204	10048	9156	2808	1705	1103	3		3
69	15823	8357	7466	2466	1485	981			

C-8-7 续表 3

单位：人

年 龄	离退休金/养老金			最低生活保障金			失业保险金		
	小计	男	女	小计	男	女	小计	男	女
70-74岁	**67330**	**36619**	**30711**	**11143**	**6575**	**4568**	**14**	**6**	**8**
70	15852	8546	7306	2377	1388	989	4	1	3
71	15849	8596	7253	2645	1616	1029	2		2
72	13142	7024	6118	2242	1294	948	5	3	2
73	12027	6643	5384	2002	1193	809	2	2	
74	10460	5810	4650	1877	1084	793	1		1
75-79岁	**40574**	**21997**	**18577**	**7462**	**4386**	**3076**	**9**	**4**	**5**
75	8436	4655	3781	1600	948	652	1		1
76	9002	4966	4036	1733	1038	695	4	2	2
77	7722	4104	3618	1439	847	592	2	1	1
78	7575	4069	3506	1277	727	550			
79	7839	4203	3636	1413	826	587	2	1	1
80-84岁	**28771**	**15266**	**13505**	**5225**	**2825**	**2400**	**6**	**4**	**2**
80	7135	3800	3335	1277	722	555	1	1	
81	6077	3188	2889	1054	592	462	1	1	
82	6034	3135	2899	1101	592	509	1		1
83	5077	2791	2286	988	511	477	1	1	
84	4448	2352	2096	805	408	397	2	1	1
85-89岁	**12748**	**6698**	**6050**	**2388**	**1109**	**1279**	**5**	**2**	**3**
85	3376	1692	1684	638	311	327	3	1	2
86	3142	1656	1486	555	260	295	2	1	1
87	2776	1474	1302	509	232	277			
88	1879	1036	843	375	175	200			
89	1575	840	735	311	131	180			
90-94岁	**3690**	**1924**	**1766**	**821**	**302**	**519**			
90	1362	750	612	300	119	181			
91	799	406	393	164	60	104			
92	698	367	331	168	64	104			
93	487	241	246	109	36	73			
94	344	160	184	80	23	57			
95-99岁	**603**	**280**	**323**	**174**	**44**	**130**	**1**	**1**	
95	240	126	114	61	20	41			
96	172	73	99	50	8	42	1	1	
97	71	32	39	30	9	21			
98	68	29	39	14	2	12			
99	52	20	32	19	5	14			
100岁及以上	**42**	**14**	**28**	**26**	**7**	**19**			

C-8-7 续表 4　　　　单位：人

年龄	财产性收入			家庭其他成员供养			其他		
	小计	男	女	小计	男	女	小计	男	女
总计	**41039**	**21500**	**19539**	**1633159**	**545976**	**1087183**	**414532**	**193764**	**220768**
45岁以下	**15837**	**7700**	**8137**	**762578**	**293116**	**469462**	**189868**	**88451**	**101417**
45-49岁	**5740**	**2938**	**2802**	**72710**	**6952**	**65758**	**39904**	**17568**	**22336**
45	991	511	480	12255	1112	11143	6961	3091	3870
46	1107	554	553	14174	1242	12932	8007	3511	4496
47	1170	598	572	14309	1397	12912	8089	3554	4535
48	1224	625	599	15499	1464	14035	8382	3635	4747
49	1248	650	598	16473	1737	14736	8465	3777	4688
50-54岁	**6861**	**3654**	**3207**	**120017**	**16162**	**103855**	**49127**	**21780**	**27347**
50	1445	759	686	20773	2331	18442	9748	4184	5564
51	1351	714	637	22103	2779	19324	9731	4380	5351
52	1539	813	726	27576	3638	23938	11407	5037	6370
53	1193	646	547	22281	3141	19140	8518	3781	4737
54	1333	722	611	27284	4273	23011	9723	4398	5325
55-59岁	**5448**	**3156**	**2292**	**125036**	**25457**	**99579**	**40906**	**19383**	**21523**
55	1315	749	566	27714	4987	22727	9677	4448	5229
56	1287	745	542	28419	5404	23015	9427	4499	4928
57	1442	827	615	34165	7166	26999	11121	5264	5857
58	991	583	408	25201	5581	19620	7853	3821	4032
59	413	252	161	9537	2319	7218	2828	1351	1477
60-64岁	**2601**	**1481**	**1120**	**101825**	**30853**	**70972**	**25516**	**12543**	**12973**
60	442	252	190	14235	3747	10488	3941	1844	2097
61	422	251	171	14478	4188	10290	3907	1905	2002
62	548	299	249	21263	6446	14817	5403	2661	2742
63	634	363	271	27002	8495	18507	6453	3279	3174
64	555	316	239	24847	7977	16870	5812	2854	2958
65-69岁	**2351**	**1302**	**1049**	**138587**	**49041**	**89546**	**27463**	**13611**	**13852**
65	492	281	211	25902	8755	17147	5534	2741	2793
66	518	278	240	28935	9883	19052	6101	3011	3090
67	482	263	219	28058	9930	18128	5545	2730	2815
68	504	267	237	30116	10948	19168	5635	2809	2826
69	355	213	142	25576	9525	16051	4648	2320	2328

C-8-7 续表 5 单位：人

年 龄	财产性收入			家庭其他成员供养			其 他		
	小计	男	女	小计	男	女	小计	男	女
70-74岁	**1222**	**723**	**499**	**121625**	**48844**	**72781**	**19319**	**9766**	**9553**
70	301	177	124	26074	9963	16111	4520	2233	2287
71	304	190	114	27878	11399	16479	4506	2283	2223
72	267	151	116	24729	10185	14544	3967	2003	1964
73	197	121	76	22605	9163	13442	3444	1782	1662
74	153	84	69	20339	8134	12205	2882	1465	1417
75-79岁	**536**	**304**	**232**	**81765**	**33924**	**47841**	**10623**	**5420**	**5203**
75	114	61	53	16950	6711	10239	2427	1201	1226
76	121	69	52	18747	7826	10921	2499	1300	1199
77	120	71	49	15919	6603	9316	1990	1029	961
78	88	46	42	14412	6113	8299	1793	917	876
79	93	57	36	15737	6671	9066	1914	973	941
80-84岁	**282**	**153**	**129**	**63980**	**25965**	**38015**	**7083**	**3328**	**3755**
80	73	46	27	13792	5788	8004	1633	812	821
81	56	30	26	12779	5256	7523	1462	677	785
82	69	37	32	14041	5791	8250	1509	697	812
83	49	24	25	12522	4927	7595	1313	620	693
84	35	16	19	10846	4203	6643	1166	522	644
85-89岁	**116**	**67**	**49**	**32438**	**11730**	**20708**	**3405**	**1436**	**1969**
85	28	16	12	8349	3177	5172	900	389	511
86	35	27	8	7809	2886	4923	800	334	466
87	22	9	13	6950	2463	4487	693	290	403
88	15	6	9	5138	1789	3349	567	228	339
89	16	9	7	4192	1415	2777	445	195	250
90-94岁	**40**	**22**	**18**	**10419**	**3368**	**7051**	**1081**	**395**	**686**
90	16	11	5	3705	1257	2448	366	134	232
91	12	5	7	2290	772	1518	229	80	149
92	4	3	1	2091	643	1448	219	80	139
93	6	1	5	1415	435	980	163	62	101
94	2	2		918	261	657	104	39	65
95-99岁	**5**		**5**	**1987**	**518**	**1469**	**221**	**76**	**145**
95	1		1	744	192	552	82	24	58
96	2		2	532	148	384	71	34	37
97	1		1	349	84	265	41	13	28
98				198	53	145	18	2	16
99	1		1	164	41	123	9	3	6
100岁及以上				**192**	**46**	**146**	**16**	**7**	**9**

C-8-7a　全省分年龄、性别、主要生活来源的人口（城市）

单位：人

年龄	15岁及以上人口			劳动收入		
	合计	男	女	小计	男	女
总　计	**1563803**	**770907**	**792896**	**801400**	**463124**	**338276**
45岁以下	**846304**	**417156**	**429148**	**514914**	**278525**	**236389**
45-49岁	**153284**	**77257**	**76027**	**117515**	**67625**	**49890**
45	29383	14774	14609	23176	13080	10096
46	31491	15652	15839	24537	13849	10688
47	31141	15718	15423	24066	13786	10280
48	30976	15792	15184	23497	13771	9726
49	30293	15321	14972	22239	13139	9100
50-54岁	**157190**	**77948**	**79242**	**94731**	**61614**	**33117**
50	34340	16972	17368	23213	14260	8953
51	32089	16164	15925	20231	13059	7172
52	35655	17585	18070	21255	13901	7354
53	25906	12842	13064	14607	9806	4801
54	29200	14385	14815	15425	10588	4837
55-59岁	**131803**	**65542**	**66261**	**53966**	**40995**	**12971**
55	30024	15132	14892	14123	10467	3656
56	30779	15175	15604	13104	9831	3273
57	36280	18068	18212	14557	11198	3359
58	23864	11906	11958	8964	6952	2012
59	10856	5261	5595	3218	2547	671
60-64岁	**82031**	**40822**	**41209**	**11400**	**8244**	**3156**
60	14537	7136	7401	2584	1851	733
61	13245	6663	6582	1979	1450	529
62	17229	8760	8469	2360	1732	628
63	19701	9864	9837	2476	1797	679
64	17319	8399	8920	2001	1414	587
65-69岁	**78986**	**38253**	**40733**	**6163**	**4294**	**1869**
65	16823	8158	8665	1691	1185	506
66	17553	8446	9107	1495	1040	455
67	15889	7733	8156	1168	821	347
68	15861	7667	8194	1074	737	337
69	12860	6249	6611	735	511	224

C-8-7a 续表 1 单位：人

年 龄	15岁及以上人口			劳动收入		
	合计	男	女	小计	男	女
70-74岁	**50945**	**24860**	**26085**	**1876**	**1289**	**587**
70	12483	6081	6402	620	416	204
71	12089	5891	6198	445	311	134
72	9991	4832	5159	349	248	101
73	8888	4382	4506	271	184	87
74	7494	3674	3820	191	130	61
75-79岁	**28952**	**13678**	**15274**	**556**	**363**	**193**
75	6097	2932	3165	163	107	56
76	6468	3066	3402	134	84	50
77	5445	2498	2947	90	59	31
78	5369	2547	2822	92	62	30
79	5573	2635	2938	77	51	26
80-84岁	**21002**	**9634**	**11368**	**199**	**125**	**74**
80	5049	2320	2729	58	36	22
81	4429	1998	2431	44	27	17
82	4459	2015	2444	32	25	7
83	3756	1785	1971	34	19	15
84	3309	1516	1793	31	18	13
85-89岁	**9815**	**4336**	**5479**	**62**	**37**	**25**
85	2602	1098	1504	15	10	5
86	2361	1024	1337	15	6	9
87	2148	955	1193	16	11	5
88	1479	694	785	9	6	3
89	1225	565	660	7	4	3
90-94岁	**2955**	**1241**	**1714**	**13**	**10**	**3**
90	1078	493	585	4	3	1
91	651	254	397	4	2	2
92	571	233	338	3	3	
93	381	158	223	1	1	
94	274	103	171	1	1	
95-99岁	**499**	**174**	**325**	**5**	**3**	**2**
95	181	74	107	2	1	1
96	135	45	90	1	1	
97	89	28	61	2	1	1
98	59	18	41			
99	35	9	26			
100岁及以上	**37**	**6**	**31**			

C-8-7a 续表 2　　　　单位：人

年　龄	离退休金/养老金			最低生活保障金			失业保险金		
	小计	男	女	小计	男	女	小计	男	女
总　计	**238398**	**101294**	**137104**	**10360**	**5567**	**4793**	**885**	**513**	**372**
45岁以下	**56**	**18**	**38**	**1852**	**972**	**880**	**473**	**232**	**241**
45-49岁	**1587**	**58**	**1529**	**1139**	**589**	**550**	**212**	**112**	**100**
45	117	4	113	176	82	94	36	16	20
46	183	8	175	218	113	105	30	17	13
47	247	11	236	237	116	121	38	18	20
48	372	17	355	240	134	106	44	25	19
49	668	18	650	268	144	124	64	36	28
50-54岁	**18812**	**2657**	**16155**	**1491**	**881**	**610**	**143**	**119**	**24**
50	2676	194	2482	306	178	128	45	27	18
51	3491	414	3077	287	177	110	23	21	2
52	4354	607	3747	343	189	154	35	33	2
53	3568	579	2989	257	155	102	15	14	1
54	4723	863	3860	298	182	116	25	24	1
55-59岁	**40051**	**9862**	**30189**	**1422**	**889**	**533**	**45**	**42**	**3**
55	7143	1500	5643	306	179	127	20	19	1
56	8792	1969	6823	326	204	122	5	4	1
57	11410	2787	8623	384	259	125	7	7	
58	8005	2148	5857	268	161	107	10	9	1
59	4701	1458	3243	138	86	52	3	3	
60-64岁	**49727**	**24501**	**25226**	**983**	**577**	**406**	**1**	**1**	
60	8428	3991	4437	157	87	70			
61	8020	3946	4074	146	83	63			
62	10556	5332	5224	208	119	89	1	1	
63	12083	6037	6046	243	151	92			
64	10640	5195	5445	229	137	92			
65-69岁	**50925**	**25250**	**25675**	**1151**	**613**	**538**	**9**	**5**	**4**
65	10497	5170	5327	260	139	121	4	3	1
66	11289	5554	5735	237	134	103	3	2	1
67	10339	5154	5185	204	107	97			
68	10291	5102	5189	263	133	130	2		2
69	8509	4270	4239	187	100	87			

C-8-7a 续表 3　　　　单位：人

年 龄	离退休金/养老金			最低生活保障金			失业保险金		
	小计	男	女	小计	男	女	小计	男	女
70-74岁	**34138**	**17494**	**16644**	**975**	**475**	**500**	**2**	**2**	
70	8332	4252	4080	203	102	101			
71	8042	4096	3946	239	120	119			
72	6687	3348	3339	205	93	112	2	2	
73	5958	3095	2863	178	81	97			
74	5119	2703	2416	150	79	71			
75-79岁	**19941**	**10000**	**9941**	**584**	**279**	**305**			
75	4133	2133	2000	121	67	54			
76	4339	2195	2144	137	58	79			
77	3754	1848	1906	115	54	61			
78	3843	1891	1952	98	44	54			
79	3872	1933	1939	113	56	57			
80-84岁	**14578**	**7213**	**7365**	**434**	**185**	**249**			
80	3667	1790	1877	100	45	55			
81	3071	1472	1599	100	43	57			
82	3063	1502	1561	101	39	62			
83	2559	1334	1225	77	35	42			
84	2218	1115	1103	56	23	33			
85-89岁	**6476**	**3225**	**3251**	**220**	**75**	**145**			
85	1751	806	945	59	24	35			
86	1601	787	814	53	14	39			
87	1389	701	688	43	14	29			
88	959	515	444	34	13	21			
89	776	416	360	31	10	21			
90-94岁	**1812**	**893**	**919**	**89**	**26**	**63**			
90	687	360	327	31	10	21			
91	412	190	222	21	5	16			
92	338	161	177	21	6	15			
93	214	111	103	10	4	6			
94	161	71	90	6	1	5			
95-99岁	**280**	**119**	**161**	**17**	**4**	**13**			
95	110	58	52	3		3			
96	79	30	49	8	1	7			
97	38	15	23	3	1	2			
98	35	11	24	2	2				
99	18	5	13	1		1			
100岁及以上	**15**	**4**	**11**	**3**	**2**	**1**			

C-8-7a 续表 4　　　　单位：人

年　龄	财产性收入			家庭其他成员供养			其　他		
	小计	男	女	小计	男	女	小计	男	女
总　计	**17207**	**8508**	**8699**	**391550**	**141866**	**249684**	**104003**	**50035**	**53968**
45岁以下	**6497**	**2978**	**3519**	**267492**	**108458**	**159034**	**55020**	**25973**	**29047**
45-49岁	**2525**	**1196**	**1329**	**18708**	**2387**	**16321**	**11598**	**5290**	**6308**
45	435	208	227	3341	422	2919	2102	962	1140
46	473	212	261	3754	420	3334	2296	1033	1263
47	543	260	283	3664	475	3189	2346	1052	1294
48	517	239	278	3839	496	3343	2467	1110	1357
49	557	277	280	4110	574	3536	2387	1133	1254
50-54岁	**3074**	**1544**	**1530**	**26023**	**4782**	**21241**	**12916**	**6351**	**6565**
50	634	309	325	4791	751	4040	2675	1253	1422
51	582	289	293	4878	877	4001	2597	1327	1270
52	693	350	343	5981	1062	4919	2994	1443	1551
53	565	283	282	4737	919	3818	2157	1086	1071
54	600	313	287	5636	1173	4463	2493	1242	1251
55-59岁	**2479**	**1396**	**1083**	**23833**	**6859**	**16974**	**10007**	**5499**	**4508**
55	595	321	274	5407	1355	4052	2430	1291	1139
56	583	324	259	5660	1560	4100	2309	1283	1026
57	687	376	311	6506	1928	4578	2729	1513	1216
58	411	249	162	4390	1396	2994	1816	991	825
59	203	126	77	1870	620	1250	723	421	302
60-64岁	**1048**	**569**	**479**	**14147**	**4565**	**9582**	**4725**	**2365**	**2360**
60	189	105	84	2335	699	1636	844	403	441
61	182	101	81	2156	692	1464	762	391	371
62	218	113	105	2912	950	1962	974	513	461
63	242	129	113	3518	1174	2344	1139	576	563
64	217	121	96	3226	1050	2176	1006	482	524
65-69岁	**912**	**475**	**437**	**15581**	**5603**	**9978**	**4245**	**2013**	**2232**
65	196	101	95	3271	1141	2130	904	419	485
66	203	103	100	3372	1155	2217	954	458	496
67	188	99	89	3152	1147	2005	838	405	433
68	196	95	101	3155	1183	1972	880	417	463
69	129	77	52	2631	977	1654	669	314	355

C-8-7a 续表 5 单位：人

年 龄	财产性收入			家庭其他成员供养			其 他		
	小计	男	女	小计	男	女	小计	男	女
70-74岁	**410**	**220**	**190**	**10870**	**4090**	**6780**	**2674**	**1290**	**1384**
70	87	45	42	2547	915	1632	694	351	343
71	108	61	47	2647	1022	1625	608	281	327
72	100	51	49	2116	824	1292	532	266	266
73	67	41	26	1938	751	1187	476	230	246
74	48	22	26	1622	578	1044	364	162	202
75-79岁	**151**	**75**	**76**	**6364**	**2322**	**4042**	**1356**	**639**	**717**
75	35	16	19	1333	480	853	312	129	183
76	35	18	17	1496	560	936	327	151	176
77	38	21	17	1211	405	806	237	111	126
78	20	8	12	1097	427	670	219	115	104
79	23	12	11	1227	450	777	261	133	128
80-84岁	**78**	**38**	**40**	**4856**	**1702**	**3154**	**857**	**371**	**486**
80	21	9	12	999	336	663	204	104	100
81	21	13	8	1014	367	647	179	76	103
82	15	7	8	1074	378	696	174	64	110
83	13	4	9	905	328	577	168	65	103
84	8	5	3	864	293	571	132	62	70
85-89岁	**21**	**11**	**10**	**2618**	**818**	**1800**	**418**	**170**	**248**
85	5	2	3	658	212	446	114	44	70
86	7	4	3	588	175	413	97	38	59
87	5	3	2	601	183	418	94	43	51
88	1	1		423	137	286	53	22	31
89	3	1	2	348	111	237	60	23	37
90-94岁	**12**	**6**	**6**	**875**	**243**	**632**	**154**	**63**	**91**
90	5	3	2	297	89	208	54	28	26
91	3	1	2	181	47	134	30	9	21
92	2	1	1	174	50	124	33	12	21
93	1		1	135	35	100	20	7	13
94	1	1		88	22	66	17	7	10
95-99岁				**164**	**37**	**127**	**33**	**11**	**22**
95				56	12	44	10	3	7
96				38	9	29	9	4	5
97				36	8	28	10	3	7
98				19	4	15	3	1	2
99				15	4	11	1		1
100岁及以上				**19**		**19**			

C-8-7b 全省分年龄、性别、主要生活来源的人口(镇)

单位：人

年龄	15岁及以上人口			劳动收入		
	合计	男	女	小计	男	女
总计	**1715700**	**860538**	**855162**	**921192**	**551733**	**369459**
45岁以下	**836349**	**423206**	**413143**	**513408**	**290913**	**222495**
45-49岁	**176852**	**89933**	**86919**	**135370**	**79994**	**55376**
45	32745	16607	16138	25671	14890	10781
46	36566	18499	18067	28440	16568	11872
47	35985	18386	17599	27628	16331	11297
48	36000	18186	17814	27207	16148	11059
49	35556	18255	17301	26424	16057	10367
50-54岁	**191709**	**96184**	**95525**	**125267**	**79966**	**45301**
50	40201	20248	19953	28351	17495	10856
51	38021	19090	18931	25482	16097	9385
52	44197	22239	21958	28854	18503	10351
53	32071	16032	16039	20223	13088	7135
54	37219	18575	18644	22357	14783	7574
55-59岁	**155582**	**77883**	**77699**	**82065**	**56840**	**25225**
55	36972	18338	18634	21054	14149	6905
56	36185	18152	18033	19522	13523	5999
57	42117	21130	20987	21888	15307	6581
58	29681	15060	14621	14897	10556	4341
59	10627	5203	5424	4704	3305	1399
60-64岁	**96735**	**48839**	**47896**	**30317**	**20715**	**9602**
60	15558	7764	7794	5756	3890	1866
61	14880	7531	7349	4821	3306	1515
62	20556	10514	10042	6487	4455	2032
63	24542	12462	12080	7379	5086	2293
64	21199	10568	10631	5874	3978	1896
65-69岁	**101448**	**50013**	**51435**	**22435**	**14995**	**7440**
65	20807	10197	10610	5242	3489	1753
66	22303	11046	11257	5293	3520	1773
67	20424	9974	10450	4456	2980	1476
68	21173	10499	10674	4372	2948	1424
69	16741	8297	8444	3072	2058	1014

C-8-7b 续表 1

单位：人

年 龄	15岁及以上人口			劳动收入		
	合计	男	女	小计	男	女
70-74岁	**69908**	**34655**	**35253**	**8671**	**5850**	**2821**
70	16268	7999	8269	2560	1733	827
71	16589	8405	8184	2241	1502	739
72	13892	6873	7019	1601	1096	505
73	12248	6070	6178	1261	865	396
74	10911	5308	5603	1008	654	354
75-79岁	**40605**	**19824**	**20781**	**2610**	**1813**	**797**
75	8644	4160	4484	679	476	203
76	9371	4620	4751	656	468	188
77	7947	3924	4023	527	367	160
78	7179	3518	3661	407	277	130
79	7464	3602	3862	341	225	116
80-84岁	**28213**	**12737**	**15476**	**787**	**498**	**289**
80	6546	3109	3437	260	160	100
81	5687	2595	3092	147	96	51
82	6085	2709	3376	162	102	60
83	5287	2363	2924	116	77	39
84	4608	1961	2647	102	63	39
85-89岁	**13302**	**5458**	**7844**	**211**	**116**	**95**
85	3443	1442	2001	53	33	20
86	3234	1336	1898	59	31	28
87	2881	1190	1691	45	25	20
88	2076	828	1248	29	15	14
89	1668	662	1006	25	12	13
90-94岁	**4147**	**1558**	**2589**	**49**	**31**	**18**
90	1443	544	899	15	11	4
91	918	366	552	12	7	5
92	815	287	528	7	3	4
93	623	228	395	8	5	3
94	348	133	215	7	5	2
95-99岁	**770**	**226**	**544**	**2**	**2**	
95	314	102	212	2	2	
96	218	63	155			
97	106	29	77			
98	70	15	55			
99	62	17	45			
100岁及以上	**80**	**22**	**58**			

C-8-7b 续表 2

单位：人

年 龄	离退休金/养老金			最低生活保障金			失业保险金		
	小计	男	女	小计	男	女	小计	男	女
总 计	**128478**	**61360**	**67118**	**21101**	**12082**	**9019**	**354**	**194**	**160**
45岁以下	**50**	**11**	**39**	**3314**	**1967**	**1347**	**146**	**70**	**76**
45-49岁	**765**	**32**	**733**	**1661**	**959**	**702**	**84**	**38**	**46**
45	63	4	59	271	150	121	8	3	5
46	86	3	83	311	175	136	14	8	6
47	137	9	128	380	231	149	22	7	15
48	186	7	179	348	192	156	19	8	11
49	293	9	284	351	211	140	21	12	9
50-54岁	**8544**	**1480**	**7064**	**2101**	**1295**	**806**	**66**	**53**	**13**
50	1186	125	1061	429	266	163	20	13	7
51	1515	216	1299	435	264	171	10	9	1
52	1952	340	1612	462	288	174	18	17	1
53	1623	301	1322	363	221	142	10	8	2
54	2268	498	1770	412	256	156	8	6	2
55-59岁	**18556**	**4863**	**13693**	**1892**	**1098**	**794**	**20**	**16**	**4**
55	3401	718	2683	450	265	185	7	7	
56	4061	1020	3041	392	240	152	4	4	
57	5244	1372	3872	528	298	230	5	3	2
58	3891	1085	2806	354	207	147			
59	1959	668	1291	168	88	80	4	2	2
60-64岁	**25687**	**13539**	**12148**	**2293**	**1392**	**901**	**8**	**3**	**5**
60	3911	1952	1959	309	179	130			
61	4058	2136	1922	305	183	122	3	1	2
62	5455	2919	2536	526	339	187			
63	6506	3469	3037	619	372	247	2	1	1
64	5757	3063	2694	534	319	215	3	1	2
65-69岁	**28272**	**15316**	**12956**	**3178**	**1847**	**1331**	**7**	**4**	**3**
65	5680	3037	2643	568	316	252	1	1	
66	6132	3319	2813	670	401	269	3	1	2
67	5679	3013	2666	638	373	265	3	2	1
68	6022	3318	2704	716	412	304			
69	4759	2629	2130	586	345	241			

C-8-7b 续表 3

单位：人

年 龄	离退休金/养老金			最低生活保障金			失业保险金		
	小计	男	女	小计	男	女	小计	男	女
70-74岁	**20931**	**11790**	**9141**	**2707**	**1487**	**1220**	**11**	**4**	**7**
70	4880	2746	2134	570	309	261	4	1	3
71	4964	2791	2173	641	367	274	2		2
72	4055	2234	1821	535	284	251	3	1	2
73	3720	2133	1587	500	276	224	2	2	
74	3312	1886	1426	461	251	210			
75-79岁	**12597**	**7151**	**5446**	**1819**	**1020**	**799**	**6**	**2**	**4**
75	2606	1504	1102	371	213	158	1		1
76	2828	1642	1186	450	249	201	4	2	2
77	2458	1378	1080	340	202	138			
78	2289	1276	1013	312	168	144			
79	2416	1351	1065	346	188	158	1		1
80-84岁	**8311**	**4577**	**3734**	**1293**	**662**	**631**	**2**	**1**	**1**
80	2064	1152	912	290	165	125			
81	1770	972	798	264	134	130	1	1	
82	1763	938	825	252	121	131	1		1
83	1455	822	633	240	126	114			
84	1259	693	566	247	116	131			
85-89岁	**3526**	**1933**	**1593**	**602**	**268**	**334**	**3**	**2**	**1**
85	927	479	448	163	79	84	2	1	1
86	883	497	386	144	57	87	1	1	
87	759	426	333	129	54	75			
88	513	286	227	91	41	50			
89	444	245	199	75	37	38			
90-94岁	**1051**	**578**	**473**	**188**	**73**	**115**			
90	370	200	170	75	32	43			
91	220	128	92	40	17	23			
92	204	118	86	33	13	20			
93	161	83	78	23	8	15			
94	96	49	47	17	3	14			
95-99岁	**169**	**83**	**86**	**46**	**14**	**32**	**1**	**1**	
95	75	41	34	18	6	12			
96	49	22	27	15	3	12	1	1	
97	17	7	10	5	2	3			
98	12	8	4	3		3			
99	16	5	11	5	3	2			
100岁及以上	**19**	**7**	**12**	**7**		**7**			

C-8-7b 续表 4　　单位：人

年 龄	财产性收入			家庭其他成员供养			其 他		
	小计	男	女	小计	男	女	小计	男	女
总 计	**13711**	**7390**	**6321**	**500986**	**167216**	**333770**	**129878**	**60563**	**69315**
45岁以下	**5372**	**2646**	**2726**	**252941**	**99114**	**153827**	**61118**	**28485**	**32633**
45-49岁	**1966**	**1021**	**945**	**24206**	**2274**	**21932**	**12800**	**5615**	**7185**
45	327	159	168	4124	371	3753	2281	1030	1251
46	383	204	179	4757	426	4331	2575	1115	1460
47	399	210	189	4859	458	4401	2560	1140	1420
48	457	244	213	5100	465	4635	2683	1122	1561
49	400	204	196	5366	554	4812	2701	1208	1493
50-54岁	**2396**	**1358**	**1038**	**37993**	**5195**	**32798**	**15342**	**6837**	**8505**
50	532	303	229	6645	725	5920	3038	1321	1717
51	465	263	202	7030	879	6151	3084	1362	1722
52	546	298	248	8783	1212	7571	3582	1581	2001
53	389	236	153	6876	1012	5864	2587	1166	1421
54	464	258	206	8659	1367	7292	3051	1407	1644
55-59岁	**1784**	**1080**	**704**	**38684**	**7972**	**30712**	**12581**	**6014**	**6567**
55	424	246	178	8672	1571	7101	2964	1382	1582
56	435	260	175	8814	1683	7131	2957	1422	1535
57	466	284	182	10575	2252	8323	3411	1614	1797
58	328	211	117	7835	1800	6035	2376	1201	1175
59	131	79	52	2788	666	2122	873	395	478
60-64岁	**830**	**500**	**330**	**29840**	**8918**	**20922**	**7760**	**3772**	**3988**
60	143	83	60	4244	1093	3151	1195	567	628
61	135	86	49	4345	1242	3103	1213	577	636
62	186	110	76	6279	1902	4377	1623	789	834
63	197	120	77	7877	2451	5426	1962	963	999
64	169	101	68	7095	2230	4865	1767	876	891
65-69岁	**729**	**401**	**328**	**38605**	**13403**	**25202**	**8222**	**4047**	**4175**
65	147	80	67	7520	2461	5059	1649	813	836
66	173	95	78	8177	2767	5410	1855	943	912
67	148	77	71	7797	2717	5080	1703	812	891
68	155	89	66	8245	2920	5325	1663	812	851
69	106	60	46	6866	2538	4328	1352	667	685

C-8-7b 续表 5　　　　单位：人

年龄	财产性收入			家庭其他成员供养			其他		
	小计	男	女	小计	男	女	小计	男	女
70-74岁	**370**	**232**	**138**	**31620**	**12505**	**19115**	**5598**	**2787**	**2811**
70	86	54	32	6841	2520	4321	1327	636	691
71	105	69	36	7348	3030	4318	1288	646	642
72	74	47	27	6457	2631	3826	1167	580	587
73	57	35	22	5724	2267	3457	984	492	492
74	48	27	21	5250	2057	3193	832	433	399
75-79岁	**156**	**93**	**63**	**20393**	**8221**	**12172**	**3024**	**1524**	**1500**
75	29	18	11	4294	1622	2672	664	327	337
76	33	20	13	4680	1885	2795	720	354	366
77	35	21	14	4012	1655	2357	575	301	274
78	33	18	15	3607	1501	2106	531	278	253
79	26	16	10	3800	1558	2242	534	264	270
80-84岁	**69**	**37**	**32**	**15708**	**6026**	**9682**	**2043**	**936**	**1107**
80	19	11	8	3440	1402	2038	473	219	254
81	9	4	5	3070	1202	1868	426	186	240
82	20	11	9	3436	1327	2109	451	210	241
83	12	6	6	3095	1147	1948	369	185	184
84	9	5	4	2667	948	1719	324	136	188
85-89岁	**29**	**17**	**12**	**7914**	**2700**	**5214**	**1017**	**422**	**595**
85	6	4	2	2035	739	1296	257	107	150
86	11	10	1	1901	645	1256	235	95	140
87	6	1	5	1728	603	1125	214	81	133
88	5	1	4	1256	409	847	182	76	106
89	1	1		994	304	690	129	63	66
90-94岁	**9**	**5**	**4**	**2539**	**762**	**1777**	**311**	**109**	**202**
90	6	3	3	876	264	612	101	34	67
91	3	2	1	579	187	392	64	25	39
92				509	137	372	62	16	46
93				375	107	268	56	25	31
94				200	67	133	28	9	19
95-99岁	**1**		**1**	**494**	**112**	**382**	**57**	**14**	**43**
95				198	48	150	21	5	16
96				133	31	102	20	6	14
97				77	18	59	7	2	5
98				48	7	41	7		7
99	1		1	38	8	30	2	1	1
100岁及以上				**49**	**14**	**35**	**5**	**1**	**4**

C-8-7c　全省分年龄、性别、主要生活来源的人口(乡村)

单位：人

年龄	15岁及以上人口			劳动收入		
	合计	男	女	小计	男	女
总　计	**2394650**	**1236337**	**1158313**	**1354850**	**846745**	**508105**
45岁以下	**963578**	**515492**	**448086**	**635379**	**388859**	**246520**
45-49岁	**225698**	**119592**	**106106**	**175637**	**107546**	**68091**
45	39226	20905	18321	31048	18940	12108
46	45985	24318	21667	36204	21938	14266
47	46005	24617	21388	36097	22177	13920
48	47006	24771	22235	36269	22277	13992
49	47476	24981	22495	36019	22214	13805
50-54岁	**287632**	**145261**	**142371**	**204366**	**126590**	**77776**
50	56135	28321	27814	41552	25129	16423
51	56153	28637	27516	40628	25129	15499
52	66613	33697	32916	47504	29413	18091
53	50666	25348	25318	35137	21941	13196
54	58065	29258	28807	39545	24978	14567
55-59岁	**242255**	**121797**	**120458**	**153399**	**99358**	**54041**
55	57567	28998	28569	38048	24311	13737
56	55509	27713	27796	35675	22885	12790
57	65595	33267	32328	41374	27095	14279
58	47442	23832	23610	29055	19027	10028
59	16142	7987	8155	9247	6040	3207
60-64岁	**164196**	**85095**	**79101**	**77953**	**52190**	**25763**
60	24564	12625	11939	13252	8785	4467
61	24176	12631	11545	12191	8202	3989
62	34472	17834	16638	16302	10889	5413
63	42878	22424	20454	19690	13310	6380
64	38106	19581	18525	16518	11004	5514
65-69岁	**187612**	**94370**	**93242**	**65635**	**43355**	**22280**
65	37281	19088	18193	15046	9880	5166
66	40359	20205	20154	15060	9941	5119
67	38101	19158	18943	13414	8834	4580
68	39446	19822	19624	12764	8526	4238
69	32425	16097	16328	9351	6174	3177

C-8-7c 续表 1

单位：人

年 龄	15岁及以上人口			劳动收入		
	合计	男	女	小计	男	女
70-74岁	**139381**	**69950**	**69431**	**29034**	**19793**	**9241**
70	31726	15895	15831	8169	5518	2651
71	32496	16598	15898	7304	4997	2307
72	27928	14078	13850	5509	3779	1730
73	25169	12558	12611	4496	3057	1439
74	22062	10821	11241	3556	2442	1114
75-79岁	**84103**	**41279**	**42824**	**9525**	**6570**	**2955**
75	18197	8808	9389	2568	1741	827
76	19436	9717	9719	2379	1650	729
77	16231	7908	8323	1814	1249	565
78	14616	7205	7411	1520	1059	461
79	15623	7641	7982	1244	871	373
80-84岁	**60074**	**27736**	**32338**	**2956**	**1943**	**1013**
80	13541	6559	6982	907	623	284
81	12109	5679	6430	605	405	200
82	13000	6046	6954	595	391	204
83	11516	5113	6403	459	291	168
84	9908	4339	5569	390	233	157
85-89岁	**29057**	**11861**	**17196**	**801**	**460**	**341**
85	7566	3234	4332	249	145	104
86	7017	2965	4052	195	124	71
87	6129	2439	3690	147	80	67
88	4582	1798	2784	125	65	60
89	3763	1425	2338	85	46	39
90-94岁	**9147**	**3320**	**5827**	**136**	**67**	**69**
90	3306	1274	2032	59	26	33
91	1973	733	1240	32	21	11
92	1828	653	1175	24	10	14
93	1196	400	796	11	5	6
94	844	260	584	10	5	5
95-99岁	**1754**	**535**	**1219**	**25**	**11**	**14**
95	648	194	454	11	5	6
96	482	160	322	6	3	3
97	302	82	220	3		3
98	173	55	118	4	2	2
99	149	44	105	1	1	
100岁及以上	**163**	**49**	**114**	**4**	**3**	**1**

C-8-7c 续表 2

单位：人

年 龄	离退休金/养老金			最低生活保障金			失业保险金		
	小计	男	女	小计	男	女	小计	男	女
总 计	**55304**	**30730**	**24574**	**52929**	**33094**	**19835**	**172**	**106**	**66**
45岁以下	**9**	**4**	**5**	**8271**	**4973**	**3298**	**76**	**43**	**33**
45-49岁	**68**	**4**	**64**	**3405**	**2346**	**1059**	**37**	**21**	**16**
45	10	1	9	563	398	165	8	4	4
46	8		8	717	480	237	6	3	3
47	11		11	691	481	210	9	5	4
48	19	1	18	671	441	230	5	4	1
49	20	2	18	763	546	217	9	5	4
50-54岁	**688**	**230**	**458**	**4288**	**2889**	**1399**	**29**	**23**	**6**
50	88	15	73	838	560	278	6	5	1
51	137	48	89	832	580	252	7	4	3
52	137	41	96	1021	694	327	8	7	1
53	128	53	75	717	485	232	3	3	
54	198	73	125	880	570	310	5	4	1
55-59岁	**2825**	**727**	**2098**	**3999**	**2528**	**1471**	**10**	**8**	**2**
55	418	90	328	882	575	307	5	4	1
56	554	139	415	904	573	331	1		1
57	814	209	605	1050	670	380	3	3	
58	673	171	502	824	496	328	1	1	
59	366	118	248	339	214	125			
60-64岁	**8631**	**4617**	**4014**	**6015**	**4097**	**1918**	**5**	**3**	**2**
60	981	502	479	662	444	218	1	1	
61	1125	585	540	845	589	256	1		1
62	1774	981	793	1374	935	439			
63	2416	1266	1150	1616	1123	493	2	1	1
64	2335	1283	1052	1518	1006	512	1	1	
65-69岁	**13169**	**7417**	**5752**	**8696**	**5583**	**3113**	**5**	**3**	**2**
65	2468	1426	1042	1524	1019	505	2	1	1
66	2658	1437	1221	1819	1174	645	2	2	
67	2597	1468	1129	1831	1190	641			
68	2891	1628	1263	1829	1160	669	1		1
69	2555	1458	1097	1693	1040	653			

C-8-7c 续表 3

单位：人

年 龄	离退休金/养老金			最低生活保障金			失业保险金		
	小计	男	女	小计	男	女	小计	男	女
70-74岁	**12261**	**7335**	**4926**	**7461**	**4613**	**2848**	**1**		**1**
70	2640	1548	1092	1604	977	627			
71	2843	1709	1134	1765	1129	636			
72	2400	1442	958	1502	917	585			
73	2349	1415	934	1324	836	488			
74	2029	1221	808	1266	754	512	1		1
75-79岁	**8036**	**4846**	**3190**	**5059**	**3087**	**1972**	**3**	**2**	**1**
75	1697	1018	679	1108	668	440			
76	1835	1129	706	1146	731	415			
77	1510	878	632	984	591	393	2	1	1
78	1443	902	541	867	515	352			
79	1551	919	632	954	582	372	1	1	
80-84岁	**5882**	**3476**	**2406**	**3498**	**1978**	**1520**	**4**	**3**	**1**
80	1404	858	546	887	512	375	1	1	
81	1236	744	492	690	415	275			
82	1208	695	513	748	432	316			
83	1063	635	428	671	350	321	1	1	
84	971	544	427	502	269	233	2	1	1
85-89岁	**2746**	**1540**	**1206**	**1566**	**766**	**800**	**2**		**2**
85	698	407	291	416	208	208	1		1
86	658	372	286	358	189	169	1		1
87	628	347	281	337	164	173			
88	407	235	172	250	121	129			
89	355	179	176	205	84	121			
90-94岁	**827**	**453**	**374**	**544**	**203**	**341**			
90	305	190	115	194	77	117			
91	167	88	79	103	38	65			
92	156	88	68	114	45	69			
93	112	47	65	76	24	52			
94	87	40	47	57	19	38			
95-99岁	**154**	**78**	**76**	**111**	**26**	**85**			
95	55	27	28	40	14	26			
96	44	21	23	27	4	23			
97	16	10	6	22	6	16			
98	21	10	11	9		9			
99	18	10	8	13	2	11			
100岁及以上	**8**	**3**	**5**	**16**	**5**	**11**			

C-8-7c 续表 4　　　　单位：人

年龄	财产性收入			家庭其他成员供养			其他		
	小计	男	女	小计	男	女	小计	男	女
总计	**10121**	**5602**	**4519**	**740623**	**236894**	**503729**	**180651**	**83166**	**97485**
45岁以下	**3968**	**2076**	**1892**	**242145**	**85544**	**156601**	**73730**	**33993**	**39737**
45-49岁	**1249**	**721**	**528**	**29796**	**2291**	**27505**	**15506**	**6663**	**8843**
45	229	144	85	4790	319	4471	2578	1099	1479
46	251	138	113	5663	396	5267	3136	1363	1773
47	228	128	100	5786	464	5322	3183	1362	1821
48	250	142	108	6560	503	6057	3232	1403	1829
49	291	169	122	6997	609	6388	3377	1436	1941
50-54岁	**1391**	**752**	**639**	**56001**	**6185**	**49816**	**20869**	**8592**	**12277**
50	279	147	132	9337	855	8482	4035	1610	2425
51	304	162	142	10195	1023	9172	4050	1691	2359
52	300	165	135	12812	1364	11448	4831	2013	2818
53	239	127	112	10668	1210	9458	3774	1529	2245
54	269	151	118	12989	1733	11256	4179	1749	2430
55-59岁	**1185**	**680**	**505**	**62519**	**10626**	**51893**	**18318**	**7870**	**10448**
55	296	182	114	13635	2061	11574	4283	1775	2508
56	269	161	108	13945	2161	11784	4161	1794	2367
57	289	167	122	17084	2986	14098	4981	2137	2844
58	252	123	129	12976	2385	10591	3661	1629	2032
59	79	47	32	4879	1033	3846	1232	535	697
60-64岁	**723**	**412**	**311**	**57838**	**17370**	**40468**	**13031**	**6406**	**6625**
60	110	64	46	7656	1955	5701	1902	874	1028
61	105	64	41	7977	2254	5723	1932	937	995
62	144	76	68	12072	3594	8478	2806	1359	1447
63	195	114	81	15607	4870	10737	3352	1740	1612
64	169	94	75	14526	4697	9829	3039	1496	1543
65-69岁	**710**	**426**	**284**	**84401**	**30035**	**54366**	**14996**	**7551**	**7445**
65	149	100	49	15111	5153	9958	2981	1509	1472
66	142	80	62	17386	5961	11425	3292	1610	1682
67	146	87	59	17109	6066	11043	3004	1513	1491
68	153	83	70	18716	6845	11871	3092	1580	1512
69	120	76	44	16079	6010	10069	2627	1339	1288

C-8-7c 续表 5 单位：人

年 龄	财产性收入			家庭其他成员供养			其 他		
	小计	男	女	小计	男	女	小计	男	女
70-74岁	**442**	**271**	**171**	**79135**	**32249**	**46886**	**11047**	**5689**	**5358**
70	128	78	50	16686	6528	10158	2499	1246	1253
71	91	60	31	17883	7347	10536	2610	1356	1254
72	93	53	40	16156	6730	9426	2268	1157	1111
73	73	45	28	14943	6145	8798	1984	1060	924
74	57	35	22	13467	5499	7968	1686	870	816
75-79岁	**229**	**136**	**93**	**55008**	**23381**	**31627**	**6243**	**3257**	**2986**
75	50	27	23	11323	4609	6714	1451	745	706
76	53	31	22	12571	5381	7190	1452	795	657
77	47	29	18	10696	4543	6153	1178	617	561
78	35	20	15	9708	4185	5523	1043	524	519
79	44	29	15	10710	4663	6047	1119	576	543
80-84岁	**135**	**78**	**57**	**43416**	**18237**	**25179**	**4183**	**2021**	**2162**
80	33	26	7	9353	4050	5303	956	489	467
81	26	13	13	8695	3687	5008	857	415	442
82	34	19	15	9531	4086	5445	884	423	461
83	24	14	10	8522	3452	5070	776	370	406
84	18	6	12	7315	2962	4353	710	324	386
85-89岁	**66**	**39**	**27**	**21906**	**8212**	**13694**	**1970**	**844**	**1126**
85	17	10	7	5656	2226	3430	529	238	291
86	17	13	4	5320	2066	3254	468	201	267
87	11	5	6	4621	1677	2944	385	166	219
88	9	4	5	3459	1243	2216	332	130	202
89	12	7	5	2850	1000	1850	256	109	147
90-94岁	**19**	**11**	**8**	**7005**	**2363**	**4642**	**616**	**223**	**393**
90	5	5		2532	904	1628	211	72	139
91	6	2	4	1530	538	992	135	46	89
92	2	2		1408	456	952	124	52	72
93	5	1	4	905	293	612	87	30	57
94	1	1		630	172	458	59	23	36
95-99岁	**4**		**4**	**1329**	**369**	**960**	**131**	**51**	**80**
95	1		1	490	132	358	51	16	35
96	2		2	361	108	253	42	24	18
97	1		1	236	58	178	24	8	16
98				131	42	89	8	1	7
99				111	29	82	6	2	4
100岁及以上				**124**	**32**	**92**	**11**	**6**	**5**

C-8-8　全省分性别、婚姻状况、主要生活来源的60岁及以上老年人口

单位：人

婚姻状况	60岁及以上人口			劳动收入		
	合计	男	女	小计	男	女
总　计	**1305917**	**640531**	**665386**	**271425**	**182777**	**88648**
未　婚	24669	22210	2459	3791	3405	386
有配偶	954835	524273	430562	237604	164649	72955
离　婚	15981	9724	6257	3078	2522	556
丧　偶	310432	84324	226108	26952	12201	14751

C-8-8　续表 1

单位：人

婚姻状况	离退休金/养老金			最低生活保障金			失业保险金		
	小计	男	女	小计	男	女	小计	男	女
总　计	**330169**	**173438**	**156731**	**49555**	**29357**	**20198**	**70**	**36**	**34**
未　婚	1972	1493	479	12667	12256	411	3	3	
有配偶	257932	149739	108193	22124	12010	10114	47	28	19
离　婚	7235	3643	3592	1038	837	201			
丧　偶	63030	18563	44467	13726	4254	9472	20	5	15

C-8-8　续表 2

单位：人

婚姻状况	财产性收入			家庭其他成员供养			其　他		
	小计	男	女	小计	男	女	小计	男	女
总　计	**7153**	**4052**	**3101**	**552818**	**204289**	**348529**	**94727**	**46582**	**48145**
未　婚	170	159	11	1332	997	335	4734	3897	837
有配偶	5896	3517	2379	362928	158388	204540	68304	35942	32362
离　婚	101	61	40	3346	1889	1457	1183	772	411
丧　偶	986	315	671	185212	43015	142197	20506	5971	14535

C-8-8a 全省分性别、婚姻状况、主要生活来源的60岁及以上老年人口(城市)

单位：人

婚姻状况	60岁及以上人口			劳动收入		
	合计	男	女	小计	男	女
总　计	**275222**	**133004**	**142218**	**20274**	**14365**	**5909**
未　婚	2436	1728	708	320	236	84
有配偶	213351	115501	97850	18126	13245	4881
离　婚	6916	3479	3437	488	334	154
丧　偶	52519	12296	40223	1340	550	790

C-8-8a 续表 1

单位：人

婚姻状况	离退休金/养老金			最低生活保障金			失业保险金		
	小计	男	女	小计	男	女	小计	男	女
总　计	**177892**	**88699**	**89193**	**4456**	**2236**	**2220**	**12**	**8**	**4**
未　婚	690	415	275	629	586	43			
有配偶	141075	78171	62904	2196	1161	1035	12	8	4
离　婚	5198	2492	2706	247	173	74			
丧　偶	30929	7621	23308	1384	316	1068			

C-8-8a 续表 2

单位：人

婚姻状况	财产性收入			家庭其他成员供养			其　他		
	小计	男	女	小计	男	女	小计	男	女
总　计	**2632**	**1394**	**1238**	**55494**	**19380**	**36114**	**14462**	**6922**	**7540**
未　婚	13	11	2	271	150	121	513	330	183
有配偶	2250	1281	969	38598	15910	22688	11094	5725	5369
离　婚	46	25	21	590	243	347	347	212	135
丧　偶	323	77	246	16035	3077	12958	2508	655	1853

C-8-8b　全省分性别、婚姻状况、主要生活来源的60岁及以上老年人口(镇)

单位：人

婚姻状况	60岁及以上人口			劳动收入		
	合计	男	女	小计	男	女
总　计	**355208**	**173332**	**181876**	**65082**	**44020**	**21062**
未　婚	5484	4632	852	750	635	115
有配偶	263013	144317	118696	57563	40240	17323
离　婚	3995	2320	1675	741	565	176
丧　偶	82716	22063	60653	6028	2580	3448

C-8-8b 续表 1

单位：人

婚姻状况	离退休金/养老金			最低生活保障金			失业保险金		
	小计	男	女	小计	男	女	小计	男	女
总　计	**100563**	**54974**	**45589**	**12133**	**6763**	**5370**	**38**	**17**	**21**
未　婚	503	350	153	2445	2348	97			
有配偶	79247	47577	31670	5924	3189	2735	23	13	10
离　婚	1636	856	780	243	176	67			
丧　偶	19177	6191	12986	3521	1050	2471	15	4	11

C-8-8b 续表 2

单位：人

婚姻状况	财产性收入			家庭其他成员供养			其　他		
	小计	男	女	小计	男	女	小计	男	女
总　计	**2193**	**1285**	**908**	**147162**	**52661**	**94501**	**28037**	**13612**	**14425**
未　婚	38	33	5	334	242	92	1414	1024	390
有配偶	1852	1139	713	98061	41421	56640	20343	10738	9605
离　婚	34	23	11	997	503	494	344	197	147
丧　偶	269	90	179	47770	10495	37275	5936	1653	4283

C-8-8c 全省分性别、婚姻状况、主要生活来源的60岁及以上老年人口(乡村)

单位：人

婚姻状况	60岁及以上人口			劳动收入		
	合计	男	女	小计	男	女
总 计	**675487**	**334195**	**341292**	**186069**	**124392**	**61677**
未 婚	16749	15850	899	2721	2534	187
有配偶	478471	264455	214016	161915	111164	50751
离 婚	5070	3925	1145	1849	1623	226
丧 偶	175197	49965	125232	19584	9071	10513

C-8-8c 续表 1

单位：人

婚姻状况	离退休金/养老金			最低生活保障金			失业保险金		
	小计	男	女	小计	男	女	小计	男	女
总 计	**51714**	**29765**	**21949**	**32966**	**20358**	**12608**	**20**	**11**	**9**
未 婚	779	728	51	9593	9322	271	3	3	
有配偶	37610	23991	13619	14004	7660	6344	12	7	5
离 婚	401	295	106	548	488	60			
丧 偶	12924	4751	8173	8821	2888	5933	5	1	4

C-8-8c 续表 2

单位：人

婚姻状况	财产性收入			家庭其他成员供养			其 他		
	小计	男	女	小计	男	女	小计	男	女
总 计	**2328**	**1373**	**955**	**350162**	**132248**	**217914**	**52228**	**26048**	**26180**
未 婚	119	115	4	727	605	122	2807	2543	264
有配偶	1794	1097	697	226269	101057	125212	36867	19479	17388
离 婚	21	13	8	1759	1143	616	492	363	129
丧 偶	394	148	246	121407	29443	91964	12062	3663	8399

C-8-9　全省分性别、居住状况、主要生活来源的60岁及以上老年人口

单位：人

居住状况	60岁及以上人口			劳动收入		
	合计	男	女	小计	男	女
总　计	**1305917**	**640531**	**665386**	**271425**	**182777**	**88648**
与配偶和子女同住	323878	182167	141711	86719	61355	25364
与配偶同住	507007	278007	229000	124553	84736	39817
与子女同住	242701	71084	171617	25039	12837	12202
独居(有保姆)	2455	1132	1323	186	123	63
独居(无保姆)	154209	69728	84481	22059	14799	7260
养老机构	7189	4615	2574	146	88	58
其　他	68478	33798	34680	12723	8839	3884

C-8-9　续表 1

单位：人

居住状况	离退休金/养老金			最低生活保障金			失业保险金		
	小计	男	女	小计	男	女	小计	男	女
总　计	**330169**	**173438**	**156731**	**49555**	**29357**	**20198**	**70**	**36**	**34**
与配偶和子女同住	82283	48663	33620	6771	3726	3045	17	12	5
与配偶同住	141060	81916	59144	13416	7250	6166	24	13	11
与子女同住	50021	15896	34125	7783	2374	5409	17	6	11
独居(有保姆)	1091	557	534	112	69	43	2		2
独居(无保姆)	38806	17453	21353	15324	11166	4158	7	3	4
养老机构	1784	840	944	2402	2050	352	2	2	
其　他	15124	8113	7011	3747	2722	1025	1		1

C-8-9　续表 2

单位：人

居住状况	财产性收入			家庭其他成员供养			其　他		
	小计	男	女	小计	男	女	小计	男	女
总　计	**7153**	**4052**	**3101**	**552818**	**204289**	**348529**	**94727**	**46582**	**48145**
与配偶和子女同住	2009	1242	767	127073	56724	70349	19006	10445	8561
与配偶同住	3234	1910	1324	189118	83502	105616	35602	18680	16922
与子女同住	850	322	528	145170	35225	109945	13821	4424	9397
独居(有保姆)	16	7	9	960	331	629	88	45	43
独居(无保姆)	754	396	358	66686	20763	45923	10573	5148	5425
养老机构	16	14	2	1392	542	850	1447	1079	368
其　他	274	161	113	22419	7202	15217	14190	6761	7429

C-8-9a 全省分性别、居住状况、主要生活来源的60岁及以上老年人口(城市)

单位：人

居住状况	60岁及以上人口			劳动收入		
	合计	男	女	小计	男	女
总　计	**275222**	**133004**	**142218**	**20274**	**14365**	**5909**
与配偶和子女同住	76466	43012	33454	6977	5345	1632
与配偶同住	102942	56537	46405	7187	5210	1977
与子女同住	50700	13979	36721	1970	1023	947
独居(有保姆)	787	378	409	15	10	5
独居(无保姆)	27317	10659	16658	1617	1071	546
养老机构	1711	755	956	23	4	19
其　他	15299	7684	7615	2485	1702	783

C-8-9a 续表 1

单位：人

居住状况	离退休金/养老金			最低生活保障金			失业保险金		
	小计	男	女	小计	男	女	小计	男	女
总　计	**177892**	**88699**	**89193**	**4456**	**2236**	**2220**	**12**	**8**	**4**
与配偶和子女同住	46918	26943	19975	738	401	337	3	3	
与配偶同住	75641	42136	33505	1197	625	572	9	5	4
与子女同住	27114	7956	19158	900	250	650			
独居(有保姆)	568	281	287	12	8	4			
独居(无保姆)	18917	7198	11719	1093	611	482			
养老机构	1075	417	658	180	144	36			
其　他	7659	3768	3891	336	197	139			

C-8-9a 续表 2

单位：人

居住状况	财产性收入			家庭其他成员供养			其　他		
	小计	男	女	小计	男	女	小计	男	女
总　计	**2632**	**1394**	**1238**	**55494**	**19380**	**36114**	**14462**	**6922**	**7540**
与配偶和子女同住	886	524	362	17217	7750	9467	3727	2046	1681
与配偶同住	1110	632	478	13483	5617	7866	4315	2312	2003
与子女同住	335	105	230	17806	3860	13946	2575	785	1790
独居(有保姆)	6	3	3	159	64	95	27	12	15
独居(无保姆)	212	79	133	4315	1203	3112	1163	497	666
养老机构	1	1		312	119	193	120	70	50
其　他	82	50	32	2202	767	1435	2535	1200	1335

C-8-9b 全省分性别、居住状况、主要生活来源的60岁及以上老年人口(镇)

单位：人

居住状况	60岁及以上人口			劳动收入		
	合计	男	女	小计	男	女
总　计	**355208**	**173332**	**181876**	**65082**	**44020**	**21062**
与配偶和子女同住	94901	53199	41702	22937	16412	6525
与配偶同住	129230	71148	58082	27764	19153	8611
与子女同住	68981	19678	49303	6183	3049	3134
独居(有保姆)	768	350	418	39	25	14
独居(无保姆)	38743	17382	21361	4815	3121	1694
养老机构	2108	1365	743	28	17	11
其　他	20477	10210	10267	3316	2243	1073

C-8-9b 续表 1

单位：人

居住状况	离退休金/养老金			最低生活保障金			失业保险金		
	小计	男	女	小计	男	女	小计	男	女
总　计	**100563**	**54974**	**45589**	**12133**	**6763**	**5370**	**38**	**17**	**21**
与配偶和子女同住	25130	15293	9837	1945	1068	877	8	5	3
与配偶同住	42280	25109	17171	3376	1820	1556	11	6	5
与子女同住	14624	4958	9666	2168	628	1540	12	4	8
独居(有保姆)	410	207	203	28	13	15	2		2
独居(无保姆)	12318	6062	6256	3161	2115	1046	5	2	3
养老机构	420	255	165	610	527	83			
其　他	5381	3090	2291	845	592	253			

C-8-9b 续表 2

单位：人

居住状况	财产性收入			家庭其他成员供养			其　他		
	小计	男	女	小计	男	女	小计	男	女
总　计	**2193**	**1285**	**908**	**147162**	**52661**	**94501**	**28037**	**13612**	**14425**
与配偶和子女同住	618	405	213	38240	16690	21550	6023	3326	2697
与配偶同住	999	596	403	45193	19434	25759	9607	5030	4577
与子女同住	246	103	143	41507	9648	31859	4241	1288	2953
独居(有保姆)	6	2	4	259	90	169	24	13	11
独居(无保姆)	216	121	95	15361	4629	10732	2867	1332	1535
养老机构	6	4	2	490	177	313	554	385	169
其　他	102	54	48	6112	1993	4119	4721	2238	2483

C-8-9c 全省分性别、居住状况、主要生活来源的60岁及以上老年人口(乡村)

单位：人

居住状况	60岁及以上人口			劳动收入		
	合计	男	女	小计	男	女
总　计	**675487**	**334195**	**341292**	**186069**	**124392**	**61677**
与配偶和子女同住	152511	85956	66555	56805	39598	17207
与配偶同住	274835	150322	124513	89602	60373	29229
与子女同住	123020	37427	85593	16886	8765	8121
独居(有保姆)	900	404	496	132	88	44
独居(无保姆)	88149	41687	46462	15627	10607	5020
养老机构	3370	2495	875	95	67	28
其 他	32702	15904	16798	6922	4894	2028

C-8-9c 续表 1

单位：人

居住状况	离退休金/养老金			最低生活保障金			失业保险金		
	小计	男	女	小计	男	女	小计	男	女
总　计	**51714**	**29765**	**21949**	**32966**	**20358**	**12608**	**20**	**11**	**9**
与配偶和子女同住	10235	6427	3808	4088	2257	1831	6	4	2
与配偶同住	23139	14671	8468	8843	4805	4038	4	2	2
与子女同住	8283	2982	5301	4715	1496	3219	5	2	3
独居(有保姆)	113	69	44	72	48	24			
独居(无保姆)	7571	4193	3378	11070	8440	2630	2	1	1
养老机构	289	168	121	1612	1379	233	2	2	
其 他	2084	1255	829	2566	1933	633	1		1

C-8-9c 续表 2

单位：人

居住状况	财产性收入			家庭其他成员供养			其　他		
	小计	男	女	小计	男	女	小计	男	女
总　计	**2328**	**1373**	**955**	**350162**	**132248**	**217914**	**52228**	**26048**	**26180**
与配偶和子女同住	505	313	192	71616	32284	39332	9256	5073	4183
与配偶同住	1125	682	443	130442	58451	71991	21680	11338	10342
与子女同住	269	114	155	85857	21717	64140	7005	2351	4654
独居(有保姆)	4	2	2	542	177	365	37	20	17
独居(无保姆)	326	196	130	47010	14931	32079	6543	3319	3224
养老机构	9	9		590	246	344	773	624	149
其 他	90	57	33	14105	4442	9663	6934	3323	3611

C-8-10 各地区分性别、居住状况的60岁及以上老年人口

单位：人

地 区	60岁及以上人口			与配偶和子女同住		
	合计	男	女	小计	男	女
全 省	**1305917**	**640531**	**665386**	**323878**	**182167**	**141711**
长沙市	146021	71538	74483	42229	23862	18367
株洲市	77978	37691	40287	24069	13401	10668
湘潭市	60196	29498	30698	13173	7502	5671
衡阳市	133159	65666	67493	31278	17870	13408
邵阳市	136667	67067	69600	30673	17534	13139
岳阳市	105584	52536	53048	24905	14031	10874
常德市	135425	66572	68853	39552	21884	17668
张家界市	33361	16394	16967	9725	5338	4387
益阳市	84014	42080	41934	15884	8898	6986
郴州市	82477	39773	42704	17307	9824	7483
永州市	100306	49198	51108	24961	13910	11051
怀化市	96448	47030	49418	23550	13156	10394
娄底市	71658	34916	36742	13092	7575	5517
湘西州	42623	20572	22051	13480	7382	6098

C-8-10 续表 1

单位：人

地 区	与配偶同住			与子女同住			独居(有保姆)		
	小计	男	女	小计	男	女	小计	男	女
全 省	**507007**	**278007**	**229000**	**242701**	**71084**	**171617**	**2455**	**1132**	**1323**
长沙市	49938	27627	22311	31195	8776	22419	343	171	172
株洲市	26898	14707	12191	16019	4543	11476	142	64	78
湘潭市	24881	13764	11117	10976	3007	7969	97	48	49
衡阳市	53578	29581	23997	22724	6564	16160	264	115	149
邵阳市	57610	31610	26000	23353	6794	16559	221	101	120
岳阳市	43186	23602	19584	18936	5854	13082	186	84	102
常德市	48135	26190	21945	26591	8091	18500	230	121	109
张家界市	11639	6261	5378	6798	2159	4639	61	30	31
益阳市	37748	20855	16893	14379	4438	9941	195	91	104
郴州市	34836	19017	15819	13019	3582	9437	143	64	79
永州市	37355	20255	17100	18197	5497	12700	169	80	89
怀化市	37389	20411	16978	18358	5288	13070	164	68	96
娄底市	31872	17667	14205	11818	3252	8566	188	77	111
湘西州	11942	6460	5482	10338	3239	7099	52	18	34

C-8-10 续表 2

单位：人

地区	独居(无保姆)			养老机构			其他		
	小计	男	女	小计	男	女	小计	男	女
全省	**154209**	**69728**	**84481**	**7189**	**4615**	**2574**	**68478**	**33798**	**34680**
长沙市	14273	6641	7632	1071	615	456	6972	3846	3126
株洲市	7255	3108	4147	568	355	213	3027	1513	1514
湘潭市	7396	3243	4153	443	273	170	3230	1661	1569
衡阳市	16834	7359	9475	610	400	210	7871	3777	4094
邵阳市	17360	7425	9935	488	336	152	6962	3267	3695
岳阳市	11321	5278	6043	708	425	283	6342	3262	3080
常德市	13879	6743	7136	799	460	339	6239	3083	3156
张家界市	3404	1650	1754	199	159	40	1535	797	738
益阳市	10982	5292	5690	423	282	141	4403	2224	2179
郴州市	12415	4955	7460	455	291	164	4302	2040	2262
永州市	12734	6048	6686	564	387	177	6326	3021	3305
怀化市	11568	5479	6089	358	261	97	5061	2367	2694
娄底市	10855	4508	6347	305	213	92	3528	1624	1904
湘西州	3933	1999	1934	198	158	40	2680	1316	1364

C-8-10a 各地区分性别、居住状况的60岁及以上老年人口(城市)

单位：人

地区	60岁及以上人口			与配偶和子女同住		
	合计	男	女	小计	男	女
全省	**275222**	**133004**	**142218**	**76466**	**43012**	**33454**
长沙市	78083	37539	40544	23309	13101	10208
株洲市	26998	13028	13970	8367	4675	3692
湘潭市	18954	8889	10065	4562	2562	2000
衡阳市	29173	14319	14854	8718	4954	3764
邵阳市	18351	8846	9505	4601	2593	2008
岳阳市	22544	11121	11423	6065	3366	2699
常德市	19583	9548	10035	5659	3159	2500
张家界市	3880	1834	2046	1351	746	605
益阳市	12013	5858	6155	2224	1245	979
郴州市	13533	6525	7008	3365	1953	1412
永州市	7989	3922	4067	1990	1115	875
怀化市	9445	4572	4873	2450	1398	1052
娄底市	11199	5320	5879	2614	1468	1146
湘西州	3477	1683	1794	1191	677	514

C 8 10a 续表 1

单位：人

地 区	与配偶同住			与子女同住			独居(有保姆)		
	小计	男	女	小计	男	女	小计	男	女
全 省	**102942**	**56537**	**46405**	**50700**	**13979**	**36721**	**787**	**378**	**409**
长沙市	27239	14941	12298	15593	4167	11426	268	127	141
株洲市	9698	5338	4360	5203	1427	3776	63	30	33
湘潭市	7834	4235	3599	3340	816	2524	46	22	24
衡阳市	10416	5733	4683	5138	1500	3638	74	36	38
邵阳市	7168	3918	3250	3094	899	2195	43	13	30
岳阳市	9254	5053	4201	3683	1126	2557	43	19	24
常德市	7056	3899	3157	3444	956	2488	64	46	18
张家界市	1066	586	480	975	278	697	11	5	6
益阳市	5538	3046	2492	1775	507	1268	44	26	18
郴州市	5222	2915	2307	2504	633	1871	39	23	16
永州市	2784	1519	1265	1380	451	929	23	12	11
怀化市	3819	2121	1698	1766	468	1298	27	5	22
娄底市	4854	2688	2166	1976	507	1469	31	10	21
湘西州	994	545	449	829	244	585	11	4	7

C-8-10a 续表 2

单位：人

地 区	独居(无保姆)			养老机构			其 他		
	小计	男	女	小计	男	女	小计	男	女
全 省	**27317**	**10659**	**16658**	**1711**	**755**	**956**	**15299**	**7684**	**7615**
长沙市	6907	2680	4227	507	206	301	4260	2317	1943
株洲市	2475	929	1546	239	127	112	953	502	451
湘潭市	2099	761	1338	176	62	114	897	431	466
衡阳市	2960	1168	1792	97	53	44	1770	875	895
邵阳市	2156	817	1339	69	23	46	1220	583	637
岳阳市	2199	906	1293	107	50	57	1193	601	592
常德市	1886	783	1103	217	82	135	1257	623	634
张家界市	243	101	142	5	2	3	229	116	113
益阳市	1600	662	938	104	61	43	728	311	417
郴州市	1616	601	1015	105	47	58	682	353	329
永州市	787	349	438	19	9	10	1006	467	539
怀化市	894	365	529	23	11	12	466	204	262
娄底市	1247	432	815	40	20	20	437	195	242
湘西州	248	105	143	3	2	1	201	106	95

C-8-10b 各地区分性别、居住状况的60岁及以上老年人口(镇)

单位：人

地 区	60岁及以上人口			与配偶和子女同住		
	合计	男	女	小计	男	女
全 省	**355208**	**173332**	**181876**	**94901**	**53199**	**41702**
长沙市	26713	13165	13548	8117	4619	3498
株洲市	21473	10328	11145	6958	3855	3103
湘潭市	13265	6599	6666	3245	1855	1390
衡阳市	31767	15671	16096	8491	4842	3649
邵阳市	41274	20127	21147	10101	5723	4378
岳阳市	34740	17307	17433	7429	4206	3223
常德市	45661	22304	23357	13072	7228	5844
张家界市	8455	4021	4434	2732	1470	1262
益阳市	24365	12038	12327	4689	2613	2076
郴州市	26130	12617	13513	6203	3458	2745
永州市	31021	15145	15876	9756	5423	4333
怀化市	24582	11739	12843	6571	3704	2867
娄底市	11909	5733	6176	2566	1480	1086
湘西州	13853	6538	7315	4971	2723	2248

C-8-10b 续表 1

单位：人

地 区	与配偶同住			与子女同住			独居(有保姆)		
	小计	男	女	小计	男	女	小计	男	女
全 省	**129230**	**71148**	**58082**	**68981**	**19678**	**49303**	**768**	**350**	**418**
长沙市	8235	4592	3643	6457	1837	4620	38	22	16
株洲市	6948	3808	3140	4593	1273	3320	40	15	25
湘潭市	4981	2776	2205	2634	750	1884	24	13	11
衡阳市	11922	6643	5279	5778	1628	4150	53	29	24
邵阳市	16695	9198	7497	7272	2025	5247	79	33	46
岳阳市	13971	7636	6335	6078	1870	4208	101	52	49
常德市	16109	8807	7302	8890	2539	6351	121	53	68
张家界市	2746	1483	1263	1834	539	1295	12	4	8
益阳市	10791	5955	4836	4174	1222	2952	76	30	46
郴州市	10431	5697	4734	4209	1187	3022	58	25	33
永州市	9828	5359	4469	6099	1742	4357	45	21	24
怀化市	8446	4695	3751	5259	1425	3834	65	34	31
娄底市	4782	2667	2115	2170	593	1577	35	13	22
湘西州	3345	1832	1513	3534	1048	2486	21	6	15

C-8-10b 续表 2

单位：人

地 区	独居(无保姆)			养老机构			其 他		
	小计	男	女	小计	男	女	小计	男	女
全 省	**38743**	**17382**	**21361**	**2108**	**1365**	**743**	**20477**	**10210**	**10267**
长沙市	2544	1312	1232	138	103	35	1184	680	504
株洲市	1892	814	1078	133	78	55	909	485	424
湘潭市	1379	631	748	94	73	21	908	501	407
衡阳市	3518	1509	2009	100	68	32	1905	952	953
邵阳市	4748	1971	2777	166	116	50	2213	1061	1152
岳阳市	3734	1754	1980	399	236	163	3028	1553	1475
常德市	4908	2397	2511	277	151	126	2284	1129	1155
张家界市	733	326	407	48	39	9	350	160	190
益阳市	3174	1442	1732	154	94	60	1307	682	625
郴州市	3497	1364	2133	198	130	68	1534	756	778
永州市	3316	1593	1723	129	88	41	1848	919	929
怀化市	2769	1202	1567	105	75	30	1367	604	763
娄底市	1517	588	929	83	50	33	756	342	414
湘西州	1014	479	535	84	64	20	884	386	498

C-8-10c 各地区分性别、居住状况的60岁及以上老年人口(乡村)

单位：人

地 区	60岁及以上人口			与配偶和子女同住		
	合计	男	女	小计	男	女
全 省	**675487**	**334195**	**341292**	**152511**	**85956**	**66555**
长沙市	41225	20834	20391	10803	6142	4661
株洲市	29507	14335	15172	8744	4871	3873
湘潭市	27977	14010	13967	5366	3085	2281
衡阳市	72219	35676	36543	14069	8074	5995
邵阳市	77042	38094	38948	15971	9218	6753
岳阳市	48300	24108	24192	11411	6459	4952
常德市	70181	34720	35461	20821	11497	9324
张家界市	21026	10539	10487	5642	3122	2520
益阳市	47636	24184	23452	8971	5040	3931
郴州市	42814	20631	22183	7739	4413	3326
永州市	61296	30131	31165	13215	7372	5843
怀化市	62421	30719	31702	14529	8054	6475
娄底市	48550	23863	24687	7912	4627	3285
湘西州	25293	12351	12942	7318	3982	3336

C-8-10c 续表 1

单位：人

地 区	与配偶同住			与子女同住			独居(有保姆)		
	小计	男	女	小计	男	女	小计	男	女
全 省	**274835**	**150322**	**124513**	**123020**	**37427**	**85593**	**900**	**404**	**496**
长沙市	14464	8094	6370	9145	2772	6373	37	22	15
株洲市	10252	5561	4691	6223	1843	4380	39	19	20
湘潭市	12066	6753	5313	5002	1441	3561	27	13	14
衡阳市	31240	17205	14035	11808	3436	8372	137	50	87
邵阳市	33747	18494	15253	12987	3870	9117	99	55	44
岳阳市	19961	10913	9048	9175	2858	6317	42	13	29
常德市	24970	13484	11486	14257	4596	9661	45	22	23
张家界市	7827	4192	3635	3989	1342	2647	38	21	17
益阳市	21419	11854	9565	8430	2709	5721	75	35	40
郴州市	19183	10405	8778	6306	1762	4544	46	16	30
永州市	24743	13377	11366	10718	3304	7414	101	47	54
怀化市	25124	13595	11529	11333	3395	7938	72	29	43
娄底市	22236	12312	9924	7672	2152	5520	122	54	68
湘西州	7603	4083	3520	5975	1947	4028	20	8	12

C-8-10c 续表 2

单位：人

地 区	独居(无保姆)			养老机构			其 他		
	小计	男	女	小计	男	女	小计	男	女
全 省	**88149**	**41687**	**46462**	**3370**	**2495**	**875**	**32702**	**15904**	**16798**
长沙市	4822	2649	2173	426	306	120	1528	849	679
株洲市	2888	1365	1523	196	150	46	1165	526	639
湘潭市	3918	1851	2067	173	138	35	1425	729	696
衡阳市	10356	4682	5674	413	279	134	4196	1950	2246
邵阳市	10456	4637	5819	253	197	56	3529	1623	1906
岳阳市	5388	2618	2770	202	139	63	2121	1108	1013
常德市	7085	3563	3522	305	227	78	2698	1331	1367
张家界市	2428	1223	1205	146	118	28	956	521	435
益阳市	6208	3188	3020	165	127	38	2368	1231	1137
郴州市	7302	2990	4312	152	114	38	2086	931	1155
永州市	8631	4106	4525	416	290	126	3472	1635	1837
怀化市	7905	3912	3993	230	175	55	3228	1559	1669
娄底市	8091	3488	4603	182	143	39	2335	1087	1248
湘西州	2671	1415	1256	111	92	19	1595	824	771

C-8-11　全省分年龄、性别、居住状况的60岁及以上老年人口

单位：人

年龄	60岁及以上人口			与配偶和子女同住		
	合计	男	女	小计	男	女
总　计	**1305917**	**640531**	**665386**	**323878**	**182167**	**141711**
60-64岁	**342962**	**174756**	**168206**	**113131**	**61151**	**51980**
60	54659	27525	27134	18905	10093	8812
61	52301	26825	25476	17837	9575	8262
62	72257	37108	35149	24014	12997	11017
63	87121	44750	42371	28335	15617	12718
64	76624	38548	38076	24040	12869	11171
65-69岁	**368046**	**182636**	**185410**	**104244**	**56561**	**47683**
65	74911	37443	37468	23026	12416	10610
66	80215	39697	40518	23650	12742	10908
67	74414	36865	37549	20904	11249	9655
68	76480	37988	38492	20643	11282	9361
69	62026	30643	31383	16021	8872	7149
70-74岁	**260234**	**129465**	**130769**	**59381**	**34167**	**25214**
70	60477	29975	30502	14795	8360	6435
71	61174	30894	30280	14523	8357	6166
72	51811	25783	26028	11702	6803	4899
73	46305	23010	23295	9982	5852	4130
74	40467	19803	20664	8379	4795	3584
75-79岁	**153660**	**74781**	**78879**	**27342**	**16988**	**10354**
75	32938	15900	17038	6384	3808	2576
76	35275	17403	17872	6570	4074	2496
77	29623	14330	15293	5225	3278	1947
78	27164	13270	13894	4582	2903	1679
79	28660	13878	14782	4581	2925	1656
80-84岁	**109289**	**50107**	**59182**	**14298**	**9485**	**4813**
80	25136	11988	13148	3739	2413	1326
81	22225	10272	11953	3102	2038	1064
82	23544	10770	12774	3044	2045	999
83	20559	9261	11298	2485	1655	830
84	17825	7816	10009	1928	1334	594
85-89岁	**52174**	**21655**	**30519**	**4493**	**3084**	**1409**
85	13611	5774	7837	1325	893	432
86	12612	5325	7287	1183	809	374
87	11158	4584	6574	893	625	268
88	8137	3320	4817	651	444	207
89	6656	2652	4004	441	313	128
90-94岁	**16249**	**6119**	**10130**	**870**	**644**	**226**
90	5827	2311	3516	377	277	100
91	3542	1353	2189	191	137	54
92	3214	1173	2041	158	124	34
93	2200	786	1414	92	71	21
94	1466	496	970	52	35	17
95-99岁	**3023**	**935**	**2088**	**110**	**83**	**27**
95	1143	370	773	39	29	10
96	835	268	567	39	31	8
97	497	139	358	13	10	3
98	302	88	214	13	9	4
99	246	70	176	6	4	2
100岁及以上	**280**	**77**	**203**	**9**	**4**	**5**

C-8-11 续表 1

单位：人

年龄	与配偶同住			与子女同住			独居(有保姆)		
	小计	男	女	小计	男	女	小计	男	女
总计	**507007**	**278007**	**229000**	**242701**	**71084**	**171617**	**2455**	**1132**	**1323**
60-64岁	**141148**	**71967**	**69181**	**38778**	**12477**	**26301**	**299**	**178**	**121**
60	21745	10790	10955	5916	1908	4008	51	30	21
61	21146	10853	10293	5663	1837	3826	39	28	11
62	29432	15115	14317	8178	2678	5500	53	29	24
63	36257	18572	17685	10084	3303	6781	87	54	33
64	32568	16637	15931	8937	2751	6186	69	37	32
65-69岁	**160405**	**82644**	**77761**	**49318**	**15443**	**33875**	**330**	**166**	**164**
65	32060	16186	15874	9215	3010	6205	63	33	30
66	34721	17542	17179	10299	3279	7020	74	37	37
67	32586	16782	15804	10027	3142	6885	48	24	24
68	33910	17876	16034	10590	3220	7370	75	34	41
69	27128	14258	12870	9187	2792	6395	70	38	32
70-74岁	**109510**	**61497**	**48013**	**45864**	**13355**	**32509**	**350**	**168**	**182**
70	26444	14247	12197	9423	2815	6608	71	39	32
71	26145	14633	11512	10216	3066	7150	86	42	44
72	21851	12305	9546	9133	2646	6487	77	37	40
73	19089	10963	8126	8849	2515	6334	56	25	31
74	15981	9349	6632	8243	2313	5930	60	25	35
75-79岁	**55479**	**34044**	**21435**	**37382**	**10347**	**27035**	**361**	**161**	**200**
75	12782	7463	5319	7037	1919	5118	59	21	38
76	13125	8012	5113	8124	2233	5891	54	22	32
77	10672	6455	4217	7266	2006	5260	81	39	42
78	9397	5986	3411	7031	1980	5051	73	33	40
79	9503	6128	3375	7924	2209	5715	94	46	48
80-84岁	**29586**	**19872**	**9714**	**37038**	**10162**	**26876**	**488**	**209**	**279**
80	7782	5113	2669	7407	2036	5371	95	40	55
81	6352	4193	2159	7148	1974	5174	88	38	50
82	6211	4209	2002	8086	2214	5872	110	47	63
83	5095	3548	1547	7509	2058	5451	107	46	61
84	4146	2809	1337	6888	1880	5008	88	38	50
85-89岁	**9051**	**6561**	**2490**	**23587**	**6436**	**17151**	**390**	**155**	**235**
85	2716	1922	794	5761	1552	4209	87	32	55
86	2377	1718	659	5432	1492	3940	98	34	64
87	1859	1350	509	5171	1406	3765	88	39	49
88	1217	911	306	3869	1062	2807	60	24	36
89	882	660	222	3354	924	2430	57	26	31
90-94岁	**1637**	**1280**	**357**	**8787**	**2409**	**6378**	**195**	**85**	**110**
90	700	542	158	3014	861	2153	61	29	32
91	387	303	84	1925	543	1382	37	18	19
92	272	220	52	1788	468	1320	40	18	22
93	163	130	33	1223	327	896	30	10	20
94	115	85	30	837	210	627	27	10	17
95-99岁	**179**	**133**	**46**	**1763**	**417**	**1346**	**37**	**10**	**27**
95	71	48	23	653	172	481	17	3	14
96	44	35	9	489	119	370	11	5	6
97	32	27	5	306	61	245	2	1	1
98	19	14	5	174	36	138	3	1	2
99	13	9	4	141	29	112	4		4
100岁及以上	**12**	**9**	**3**	**184**	**38**	**146**	**5**		**5**

C-8-11 续表 2

单位：人

年龄	独居(无保姆)			养老机构			其他		
	小计	男	女	小计	男	女	小计	男	女
总计	**154209**	**69728**	**84481**	**7189**	**4615**	**2574**	**68478**	**33798**	**34680**
60-64岁	**28425**	**16877**	**11548**	**848**	**669**	**179**	**20333**	**11437**	**8896**
60	4336	2581	1755	99	77	22	3607	2046	1561
61	4290	2602	1688	106	78	28	3220	1852	1368
62	6107	3710	2397	189	145	44	4284	2434	1850
63	7107	4181	2926	241	194	47	5010	2829	2181
64	6585	3803	2782	213	175	38	4212	2276	1936
65-69岁	**34865**	**17864**	**17001**	**1158**	**908**	**250**	**17726**	**9050**	**8676**
65	6444	3565	2879	201	155	46	3902	2078	1824
66	7336	3918	3418	241	193	48	3894	1986	1908
67	7073	3637	3436	233	200	33	3543	1831	1712
68	7455	3638	3817	246	190	56	3561	1748	1813
69	6557	3106	3451	237	170	67	2826	1407	1419
70-74岁	**32013**	**13612**	**18401**	**1330**	**983**	**347**	**11786**	**5683**	**6103**
70	6711	3002	3709	256	197	59	2777	1315	1462
71	7161	3196	3965	302	238	64	2741	1362	1379
72	6485	2679	3806	265	189	76	2298	1124	1174
73	5976	2495	3481	261	184	77	2092	976	1116
74	5680	2240	3440	246	175	71	1878	906	972
75-79岁	**24444**	**9120**	**15324**	**1281**	**830**	**451**	**7371**	**3291**	**4080**
75	4898	1835	3063	217	148	69	1561	706	855
76	5434	2090	3344	294	185	109	1674	787	887
77	4751	1745	3006	249	168	81	1379	639	740
78	4469	1621	2848	222	153	69	1390	594	796
79	4892	1829	3063	299	176	123	1367	565	802
80-84岁	**20519**	**7286**	**13233**	**1227**	**646**	**581**	**6133**	**2447**	**3686**
80	4490	1652	2838	256	150	106	1367	584	783
81	4102	1437	2665	248	129	119	1185	463	722
82	4457	1582	2875	288	144	144	1348	529	819
83	3975	1404	2571	218	118	100	1170	432	738
84	3495	1211	2284	217	105	112	1063	439	624
85-89岁	**10344**	**3683**	**6661**	**901**	**411**	**490**	**3408**	**1325**	**2083**
85	2659	937	1722	241	117	124	822	321	501
86	2474	873	1601	220	90	130	828	309	519
87	2257	802	1455	194	87	107	696	275	421
88	1654	595	1059	134	69	65	552	215	337
89	1300	476	824	112	48	64	510	205	305
90-94岁	**3050**	**1102**	**1948**	**350**	**138**	**212**	**1360**	**461**	**899**
90	1137	412	725	103	39	64	435	151	284
91	650	244	406	75	29	46	277	79	198
92	582	203	379	64	21	43	310	119	191
93	414	149	265	69	32	37	209	67	142
94	267	94	173	39	17	22	129	45	84
95-99岁	**520**	**174**	**346**	**86**	**25**	**61**	**328**	**93**	**235**
95	213	76	137	30	9	21	120	33	87
96	127	41	86	31	11	20	94	26	68
97	84	27	57	10	1	9	50	12	38
98	51	16	35	8	2	6	34	10	24
99	45	14	31	7	2	5	30	12	18
100岁及以上	**29**	**10**	**19**	**8**	**5**	**3**	**33**	**11**	**22**

C-8-11a 全省分年龄、性别、居住状况的60岁及以上老年人口（城市）

单位：人

年 龄	60岁及以上人口			与配偶和子女同住		
	合计	男	女	小计	男	女
总 计	**275222**	**133004**	**142218**	**76466**	**43012**	**33454**
60-64岁	**82031**	**40822**	**41209**	**28780**	**15651**	**13129**
60	14537	7136	7401	5265	2833	2432
61	13245	6663	6582	4743	2567	2176
62	17229	8760	8469	6044	3338	2706
63	19701	9864	9837	6841	3767	3074
64	17319	8399	8920	5887	3146	2741
65-69岁	**78986**	**38253**	**40733**	**24788**	**13404**	**11384**
65	16823	8158	8665	5679	3039	2640
66	17553	8446	9107	5683	2996	2687
67	15889	7733	8156	4987	2719	2268
68	15861	7667	8194	4687	2551	2136
69	12860	6249	6611	3752	2099	1653
70-74岁	**50945**	**24860**	**26085**	**13061**	**7548**	**5513**
70	12483	6081	6402	3421	1967	1454
71	12089	5891	6198	3324	1857	1467
72	9991	4832	5159	2524	1478	1046
73	8888	4382	4506	2091	1249	842
74	7494	3674	3820	1701	997	704
75-79岁	**28952**	**13678**	**15274**	**5605**	**3505**	**2100**
75	6097	2932	3165	1308	778	530
76	6468	3066	3402	1303	799	504
77	5445	2498	2947	1060	653	407
78	5369	2547	2822	1007	649	358
79	5573	2635	2938	927	626	301
80-84岁	**21002**	**9634**	**11368**	**3033**	**2043**	**990**
80	5049	2320	2729	835	544	291
81	4429	1998	2431	676	449	227
82	4459	2015	2444	632	427	205
83	3756	1785	1971	522	361	161
84	3309	1516	1793	368	262	106
85-89岁	**9815**	**4336**	**5479**	**1002**	**704**	**298**
85	2602	1098	1504	291	186	105
86	2361	1024	1337	272	187	85
87	2148	955	1193	189	140	49
88	1479	694	785	135	106	29
89	1225	565	660	115	85	30
90-94岁	**2955**	**1241**	**1714**	**179**	**142**	**37**
90	1078	493	585	90	66	24
91	651	254	397	35	26	9
92	571	233	338	30	29	1
93	381	158	223	17	15	2
94	274	103	171	7	6	1
95-99岁	**499**	**174**	**325**	**18**	**15**	**3**
95	181	74	107	5	4	1
96	135	45	90	7	7	
97	89	28	61	4	4	
98	59	18	41	2		2
99	35	9	26			
100岁及以上	**37**	**6**	**31**			

C-8-11a 续表 1　　　　　　　　　　　　　　　　　　　　单位：人

年 龄	与配偶同住			与子女同住			独居(有保姆)		
	小计	男	女	小计	男	女	小计	男	女
总 计	**102942**	**56537**	**46405**	**50700**	**13979**	**36721**	**787**	**378**	**409**
60-64岁	**30700**	**15846**	**14854**	**10948**	**3164**	**7784**	**78**	**44**	**34**
60	5182	2618	2564	1864	521	1343	13	8	5
61	4959	2553	2406	1679	507	1172	7	5	2
62	6414	3381	3033	2317	682	1635	16	9	7
63	7490	3859	3631	2716	834	1882	21	11	10
64	6655	3435	3220	2372	620	1752	21	11	10
65-69岁	**31742**	**16408**	**15334**	**11798**	**3450**	**8348**	**76**	**36**	**40**
65	6532	3317	3215	2398	717	1681	15	7	8
66	6916	3577	3339	2581	744	1837	20	7	13
67	6405	3315	3090	2394	708	1686	6	3	3
68	6574	3411	3163	2419	728	1691	18	11	7
69	5315	2788	2527	2006	553	1453	17	8	9
70-74岁	**20506**	**11408**	**9098**	**9417**	**2611**	**6806**	**88**	**43**	**45**
70	5168	2743	2425	2085	581	1504	10	4	6
71	4816	2675	2141	2140	593	1547	21	13	8
72	3989	2190	1799	1882	527	1355	21	8	13
73	3552	2045	1507	1795	496	1299	12	6	6
74	2981	1755	1226	1515	414	1101	24	12	12
75-79岁	**10801**	**6462**	**4339**	**6823**	**1727**	**5096**	**107**	**59**	**48**
75	2390	1400	990	1307	349	958	18	7	11
76	2410	1411	999	1500	388	1112	23	13	10
77	2002	1176	826	1289	313	976	21	9	12
78	1972	1210	762	1313	328	985	14	9	5
79	2027	1265	762	1414	349	1065	31	21	10
80-84岁	**6521**	**4360**	**2161**	**6288**	**1588**	**4700**	**199**	**92**	**107**
80	1701	1083	618	1338	320	1018	41	16	25
81	1409	902	507	1268	320	948	31	12	19
82	1376	919	457	1354	336	1018	43	22	21
83	1125	809	316	1182	307	875	46	26	20
84	910	647	263	1146	305	841	38	16	22
85-89岁	**2212**	**1664**	**548**	**3782**	**979**	**2803**	**148**	**59**	**89**
85	632	445	187	922	217	705	30	13	17
86	553	408	145	868	226	642	38	13	25
87	472	362	110	879	222	657	38	17	21
88	326	259	67	597	173	424	24	9	15
89	229	190	39	516	141	375	18	7	11
90-94岁	**419**	**354**	**65**	**1371**	**390**	**981**	**76**	**40**	**36**
90	175	150	25	481	156	325	32	17	15
91	99	82	17	309	79	230	13	8	5
92	69	56	13	261	72	189	13	6	7
93	41	37	4	191	54	137	7	4	3
94	35	29	6	129	29	100	11	5	6
95-99岁	**40**	**34**	**6**	**250**	**66**	**184**	**14**	**5**	**9**
95	21	16	5	81	27	54	7	2	5
96	5	5		70	17	53	5	2	3
97	8	7	1	45	11	34			
98	4	4		32	7	25	2	1	1
99	2	2		22	4	18			
100岁及以上	**1**	**1**		**23**	**4**	**19**	**1**		**1**

C-8-11a 续表 2

单位：人

年 龄	独居(无保姆)			养老机构			其 他		
	小计	男	女	小计	男	女	小计	男	女
总 计	**27317**	**10659**	**16658**	**1711**	**755**	**956**	**15299**	**7684**	**7615**
60-64岁	**6074**	**3056**	**3018**	**125**	**70**	**55**	**5326**	**2991**	**2335**
60	1119	557	562	16	8	8	1078	591	487
61	967	496	471	18	9	9	872	526	346
62	1312	698	614	29	20	9	1097	632	465
63	1394	698	696	31	15	16	1208	680	528
64	1282	607	675	31	18	13	1071	562	509
65-69岁	**6268**	**2752**	**3516**	**180**	**115**	**65**	**4134**	**2088**	**2046**
65	1213	572	641	28	19	9	958	487	471
66	1387	618	769	35	24	11	931	480	451
67	1282	551	731	31	24	7	784	413	371
68	1279	543	736	45	30	15	839	393	446
69	1107	468	639	41	18	23	622	315	307
70-74岁	**5268**	**1951**	**3317**	**222**	**123**	**99**	**2383**	**1176**	**1207**
70	1176	470	706	35	19	16	588	297	291
71	1162	443	719	48	28	20	578	282	296
72	1088	381	707	47	27	20	440	221	219
73	968	355	613	51	27	24	419	204	215
74	874	302	572	41	22	19	358	172	186
75-79岁	**3988**	**1170**	**2818**	**264**	**129**	**135**	**1364**	**626**	**738**
75	743	243	500	33	17	16	298	138	160
76	848	264	584	61	31	30	323	160	163
77	780	206	574	47	25	22	246	116	130
78	755	214	541	45	21	24	263	116	147
79	862	243	619	78	35	43	234	96	138
80-84岁	**3432**	**985**	**2447**	**388**	**143**	**245**	**1141**	**423**	**718**
80	810	229	581	62	23	39	262	105	157
81	719	187	532	86	30	56	240	98	142
82	711	192	519	88	32	56	255	87	168
83	622	191	431	65	32	33	194	59	135
84	570	186	384	87	26	61	190	74	116
85-89岁	**1729**	**555**	**1174**	**331**	**111**	**220**	**611**	**264**	**347**
85	490	147	343	94	33	61	143	57	86
86	415	118	297	79	18	61	136	54	82
87	364	123	241	68	25	43	138	66	72
88	248	85	163	44	20	24	105	42	63
89	212	82	130	46	15	31	89	45	44
90-94岁	**476**	**162**	**314**	**164**	**54**	**110**	**270**	**99**	**171**
90	179	63	116	46	14	32	75	27	48
91	103	35	68	34	10	24	58	14	44
92	95	30	65	31	7	24	72	33	39
93	53	21	32	33	14	19	39	13	26
94	46	13	33	20	9	11	26	12	14
95-99岁	**79**	**28**	**51**	**34**	**9**	**25**	**64**	**17**	**47**
95	32	15	17	11	2	9	24	8	16
96	19	5	14	12	5	7	17	4	13
97	14	3	11	6	1	5	12	2	10
98	7	3	4	4	1	3	8	2	6
99	7	2	5	1		1	3	1	2
100岁及以上	**3**		**3**	**3**	**1**	**2**	**6**		**6**

C-8-11b 全省分年龄、性别、居住状况的60岁及以上老年人口(镇)

单位：人

年 龄	60岁及以上人口			与配偶和子女同住		
	合计	男	女	小计	男	女
总 计	**355208**	**173332**	**181876**	**94901**	**53199**	**41702**
60-64岁	**96735**	**48839**	**47896**	**33690**	**18083**	**15607**
60	15558	7764	7794	5565	2936	2629
61	14880	7531	7349	5350	2857	2493
62	20556	10514	10042	7273	3955	3318
63	24542	12462	12080	8498	4630	3868
64	21199	10568	10631	7004	3705	3299
65-69岁	**101448**	**50013**	**51435**	**31226**	**16940**	**14286**
65	20807	10197	10610	6907	3682	3225
66	22303	11046	11257	7158	3865	3293
67	20424	9974	10450	6222	3337	2885
68	21173	10499	10674	6215	3398	2817
69	16741	8297	8444	4724	2658	2066
70-74岁	**69908**	**34655**	**35253**	**17130**	**9841**	**7289**
70	16268	7999	8269	4312	2403	1909
71	16589	8405	8184	4197	2427	1770
72	13892	6873	7019	3341	1956	1385
73	12248	6070	6178	2855	1662	1193
74	10911	5308	5603	2425	1393	1032
75-79岁	**40605**	**19824**	**20781**	**7681**	**4845**	**2836**
75	8644	4160	4484	1772	1063	709
76	9371	4620	4751	1844	1157	687
77	7947	3924	4023	1491	959	532
78	7179	3518	3661	1298	842	456
79	7464	3602	3862	1276	824	452
80-84岁	**28213**	**12737**	**15476**	**3750**	**2492**	**1258**
80	6546	3109	3437	998	631	367
81	5687	2595	3092	799	535	264
82	6085	2709	3376	774	521	253
83	5287	2363	2924	669	455	214
84	4608	1961	2647	510	350	160
85-89岁	**13302**	**5458**	**7844**	**1151**	**796**	**355**
85	3443	1442	2001	342	239	103
86	3234	1336	1898	293	200	93
87	2881	1190	1691	255	169	86
88	2076	828	1248	157	111	46
89	1668	662	1006	104	77	27
90-94岁	**4147**	**1558**	**2589**	**240**	**178**	**62**
90	1443	544	899	95	73	22
91	918	366	552	60	40	20
92	815	287	528	44	33	11
93	623	228	395	26	20	6
94	348	133	215	15	12	3
95-99岁	**770**	**226**	**544**	**31**	**23**	**8**
95	314	102	212	14	11	3
96	218	63	155	10	7	3
97	106	29	77	3	1	2
98	70	15	55			
99	62	17	45	4	4	
100岁及以上	**80**	**22**	**58**	**2**	**1**	**1**

C-8-11b 续表 1 单位：人

年 龄	与配偶同住			与子女同住			独居(有保姆)		
	小计	男	女	小计	男	女	小计	男	女
总 计	**129230**	**71148**	**58082**	**68981**	**19678**	**49303**	**768**	**350**	**418**
60-64岁	**37859**	**19503**	**18356**	**11513**	**3532**	**7981**	**96**	**53**	**43**
60	6070	3049	3021	1750	527	1223	18	10	8
61	5710	2976	2734	1697	506	1191	11	5	6
62	7911	4093	3818	2462	798	1664	12	5	7
63	9651	4988	4663	2949	894	2055	30	20	10
64	8517	4397	4120	2655	807	1848	25	13	12
65-69岁	**41015**	**21212**	**19803**	**14653**	**4498**	**10155**	**104**	**50**	**54**
65	8259	4164	4095	2819	865	1954	23	11	12
66	8976	4593	4383	3075	968	2107	22	15	7
67	8360	4286	4074	2917	872	2045	15	6	9
68	8698	4647	4051	3171	954	2217	24	6	18
69	6722	3522	3200	2671	839	1832	20	12	8
70-74岁	**27336**	**15434**	**11902**	**13106**	**3701**	**9405**	**107**	**56**	**51**
70	6490	3548	2942	2754	790	1964	28	15	13
71	6628	3748	2880	2935	890	2045	23	10	13
72	5524	3097	2427	2609	709	1900	26	15	11
73	4709	2725	1984	2449	664	1785	20	9	11
74	3985	2316	1669	2359	648	1711	10	7	3
75-79岁	**13551**	**8440**	**5111**	**10506**	**2898**	**7608**	**115**	**53**	**62**
75	3099	1835	1264	2008	553	1455	16	4	12
76	3234	2002	1232	2281	622	1659	12	6	6
77	2658	1640	1018	2043	576	1467	26	16	10
78	2264	1469	795	2005	556	1449	27	12	15
79	2296	1494	802	2169	591	1578	34	15	19
80-84岁	**6985**	**4714**	**2271**	**10132**	**2689**	**7443**	**137**	**59**	**78**
80	1872	1239	633	2049	585	1464	28	13	15
81	1518	1007	511	1953	518	1435	19	10	9
82	1426	985	441	2243	577	1666	35	15	20
83	1180	821	359	2021	546	1475	31	10	21
84	989	662	327	1866	463	1403	24	11	13
85-89岁	**2090**	**1536**	**554**	**6254**	**1650**	**4604**	**139**	**53**	**86**
85	598	420	178	1544	405	1139	32	10	22
86	581	439	142	1447	368	1079	34	11	23
87	437	318	119	1358	384	974	30	14	16
88	282	211	71	1038	255	783	23	7	16
89	192	148	44	867	238	629	20	11	9
90-94岁	**362**	**282**	**80**	**2306**	**601**	**1705**	**58**	**23**	**35**
90	140	107	33	784	202	582	15	5	10
91	91	71	20	505	147	358	11	7	4
92	58	45	13	476	112	364	11	4	7
93	46	40	6	337	84	253	16	5	11
94	27	19	8	204	56	148	5	2	3
95-99岁	**28**	**24**	**4**	**461**	**100**	**361**	**10**	**3**	**7**
95	9	8	1	192	49	143	5		5
96	7	7		121	25	96	3	2	1
97	6	6		65	10	55	1	1	
98	5	3	2	46	7	39			
99	1		1	37	9	28	1		1
100岁及以上	**4**	**3**	**1**	**50**	**9**	**41**	**2**		**2**

C-8-11b 续表 2　　　　单位：人

年　龄	独居(无保姆)			养老机构			其　他		
	小计	男	女	小计	男	女	小计	男	女
总　计	**38743**	**17382**	**21361**	**2108**	**1365**	**743**	**20477**	**10210**	**10267**
60-64岁	**7330**	**4240**	**3090**	**253**	**200**	**53**	**5994**	**3228**	**2766**
60	1087	646	441	29	23	6	1039	573	466
61	1107	636	471	31	24	7	974	527	447
62	1586	943	643	55	41	14	1257	679	578
63	1838	1069	769	61	47	14	1515	814	701
64	1712	946	766	77	65	12	1209	635	574
65-69岁	**8692**	**4333**	**4359**	**364**	**273**	**91**	**5394**	**2707**	**2687**
65	1582	816	766	60	43	17	1157	616	541
66	1817	953	864	77	60	17	1178	592	586
67	1739	863	876	64	53	11	1107	557	550
68	1915	911	1004	80	60	20	1070	523	547
69	1639	790	849	83	57	26	882	419	463
70-74岁	**8223**	**3499**	**4724**	**388**	**278**	**110**	**3618**	**1846**	**1772**
70	1715	768	947	81	61	20	888	414	474
71	1868	825	1043	82	62	20	856	443	413
72	1619	671	948	71	54	17	702	371	331
73	1513	639	874	77	50	27	625	321	304
74	1508	596	912	77	51	26	547	297	250
75-79岁	**6117**	**2278**	**3839**	**380**	**236**	**144**	**2255**	**1074**	**1181**
75	1238	451	787	68	45	23	443	209	234
76	1397	531	866	85	50	35	518	252	266
77	1189	450	739	80	50	30	460	233	227
78	1105	406	699	66	45	21	414	188	226
79	1188	440	748	81	46	35	420	192	228
80-84岁	**5064**	**1813**	**3251**	**338**	**189**	**149**	**1807**	**781**	**1026**
80	1114	418	696	82	46	36	403	177	226
81	988	344	644	60	34	26	350	147	203
82	1127	398	729	73	41	32	407	172	235
83	999	364	635	57	30	27	330	137	193
84	836	289	547	66	38	28	317	148	169
85-89岁	**2460**	**879**	**1581**	**262**	**137**	**125**	**946**	**407**	**539**
85	635	226	409	72	41	31	220	101	119
86	582	201	381	65	28	37	232	89	143
87	554	199	355	54	26	28	193	80	113
88	375	146	229	45	26	19	156	72	84
89	314	107	207	26	16	10	145	65	80
90-94岁	**716**	**290**	**426**	**91**	**40**	**51**	**374**	**144**	**230**
90	252	94	158	32	13	19	125	50	75
91	159	69	90	16	5	11	76	27	49
92	141	58	83	12	8	4	73	27	46
93	109	45	64	23	11	12	66	23	43
94	55	24	31	8	3	5	34	17	17
95-99岁	**131**	**46**	**85**	**29**	**10**	**19**	**80**	**20**	**60**
95	53	19	34	10	4	6	31	11	20
96	39	14	25	13	4	9	25	4	21
97	19	8	11	1		1	11	3	8
98	11	3	8	2	1	1	6	1	5
99	9	2	7	3	1	2	7	1	6
100岁及以上	**10**	**4**	**6**	**3**	**2**	**1**	**9**	**3**	**6**

C-8-11c 全省分年龄、性别、居住状况的60岁及以上老年人口(乡村)

单位：人

年龄	60岁及以上人口			与配偶和子女同住		
	合计	男	女	小计	男	女
合计	**675487**	**334195**	**341292**	**152511**	**85956**	**66555**
60-64岁	**164196**	**85095**	**79101**	**50661**	**27417**	**23244**
60	24564	12625	11939	8075	4324	3751
61	24176	12631	11545	7744	4151	3593
62	34472	17834	16638	10697	5704	4993
63	42878	22424	20454	12996	7220	5776
64	38106	19581	18525	11149	6018	5131
65-69岁	**187612**	**94370**	**93242**	**48230**	**26217**	**22013**
65	37281	19088	18193	10440	5695	4745
66	40359	20205	20154	10809	5881	4928
67	38101	19158	18943	9695	5193	4502
68	39446	19822	19624	9741	5333	4408
69	32425	16097	16328	7545	4115	3430
70-74岁	**139381**	**69950**	**69431**	**29190**	**16778**	**12412**
70	31726	15895	15831	7062	3990	3072
71	32496	16598	15898	7002	4073	2929
72	27928	14078	13850	5837	3369	2468
73	25169	12558	12611	5036	2941	2095
74	22062	10821	11241	4253	2405	1848
75-79岁	**84103**	**41279**	**42824**	**14056**	**8638**	**5418**
75	18197	8808	9389	3304	1967	1337
76	19436	9717	9719	3423	2118	1305
77	16231	7908	8323	2674	1666	1008
78	14616	7205	7411	2277	1412	865
79	15623	7641	7982	2378	1475	903
80-84岁	**60074**	**27736**	**32338**	**7515**	**4950**	**2565**
80	13541	6559	6982	1906	1238	668
81	12109	5679	6430	1627	1054	573
82	13000	6046	6954	1638	1097	541
83	11516	5113	6403	1294	839	455
84	9908	4339	5569	1050	722	328
85-89岁	**29057**	**11861**	**17196**	**2340**	**1584**	**756**
85	7566	3234	4332	692	468	224
86	7017	2965	4052	618	422	196
87	6129	2439	3690	449	316	133
88	4582	1798	2784	359	227	132
89	3763	1425	2338	222	151	71
90-94岁	**9147**	**3320**	**5827**	**451**	**324**	**127**
90	3306	1274	2032	192	138	54
91	1973	733	1240	96	71	25
92	1828	653	1175	84	62	22
93	1196	400	796	49	36	13
94	844	260	584	30	17	13
95-99岁	**1754**	**535**	**1219**	**61**	**45**	**16**
95	648	194	454	20	14	6
96	482	160	322	22	17	5
97	302	82	220	6	5	1
98	173	55	118	11	9	2
99	149	44	105	2		2
100岁及以上	**163**	**49**	**114**	**7**	**3**	**4**

C-8-11c 续表 1

单位：人

年龄	与配偶同住			与子女同住			独居(有保姆)		
	小计	男	女	小计	男	女	小计	男	女
合计	**274835**	**150322**	**124513**	**123020**	**37427**	**85593**	**900**	**404**	**496**
60-64岁	**72589**	**36618**	**35971**	**16317**	**5781**	**10536**	**125**	**81**	**44**
60	10493	5123	5370	2302	860	1442	20	12	8
61	10477	5324	5153	2287	824	1463	21	18	3
62	15107	7641	7466	3399	1198	2201	25	15	10
63	19116	9725	9391	4419	1575	2844	36	23	13
64	17396	8805	8591	3910	1324	2586	23	13	10
65-69岁	**87648**	**45024**	**42624**	**22867**	**7495**	**15372**	**150**	**80**	**70**
65	17269	8705	8564	3998	1428	2570	25	15	10
66	18829	9372	9457	4643	1567	3076	32	15	17
67	17821	9181	8640	4716	1562	3154	27	15	12
68	18638	9818	8820	5000	1538	3462	33	17	16
69	15091	7948	7143	4510	1400	3110	33	18	15
70-74岁	**61668**	**34655**	**27013**	**23341**	**7043**	**16298**	**155**	**69**	**86**
70	14786	7956	6830	4584	1444	3140	33	20	13
71	14701	8210	6491	5141	1583	3558	42	19	23
72	12338	7018	5320	4642	1410	3232	30	14	16
73	10828	6193	4635	4605	1355	3250	24	10	14
74	9015	5278	3737	4369	1251	3118	26	6	20
75-79岁	**31127**	**19142**	**11985**	**20053**	**5722**	**14331**	**139**	**49**	**90**
75	7293	4228	3065	3722	1017	2705	25	10	15
76	7481	4599	2882	4343	1223	3120	19	3	16
77	6012	3639	2373	3934	1117	2817	34	14	20
78	5161	3307	1854	3713	1096	2617	32	12	20
79	5180	3369	1811	4341	1269	3072	29	10	19
80-84岁	**16080**	**10798**	**5282**	**20618**	**5885**	**14733**	**152**	**58**	**94**
80	4209	2791	1418	4020	1131	2889	26	11	15
81	3425	2284	1141	3927	1136	2791	38	16	22
82	3409	2305	1104	4489	1301	3188	32	10	22
83	2790	1918	872	4306	1205	3101	30	10	20
84	2247	1500	747	3876	1112	2764	26	11	15
85-89岁	**4749**	**3361**	**1388**	**13551**	**3807**	**9744**	**103**	**43**	**60**
85	1486	1057	429	3295	930	2365	25	9	16
86	1243	871	372	3117	898	2219	26	10	16
87	950	670	280	2934	800	2134	20	8	12
88	609	441	168	2234	634	1600	13	8	5
89	461	322	139	1971	545	1426	19	8	11
90-94岁	**856**	**644**	**212**	**5110**	**1418**	**3692**	**61**	**22**	**39**
90	385	285	100	1749	503	1246	14	7	7
91	197	150	47	1111	317	794	13	3	10
92	145	119	26	1051	284	767	16	8	8
93	76	53	23	695	189	506	7	1	6
94	53	37	16	504	125	379	11	3	8
95-99岁	**111**	**75**	**36**	**1052**	**251**	**801**	**13**	**2**	**11**
95	41	24	17	380	96	284	5	1	4
96	32	23	9	298	77	221	3	1	2
97	18	14	4	196	40	156	1		1
98	10	7	3	96	22	74	1		1
99	10	7	3	82	16	66	3		3
100岁及以上	**7**	**5**	**2**	**111**	**25**	**86**	**2**		**2**

C-8-11c 续表 2

单位：人

年 龄	独居(无保姆)			养老机构			其 他		
	小计	男	女	小计	男	女	小计	男	女
合 计	**88149**	**41687**	**46462**	**3370**	**2495**	**875**	**32702**	**15904**	**16798**
60-64岁	**15021**	**9581**	**5440**	**470**	**399**	**71**	**9013**	**5218**	**3795**
60	2130	1378	752	54	46	8	1490	882	608
61	2216	1470	746	57	45	12	1374	799	575
62	3209	2069	1140	105	84	21	1930	1123	807
63	3875	2414	1461	149	132	17	2287	1335	952
64	3591	2250	1341	105	92	13	1932	1079	853
65-69岁	**19905**	**10779**	**9126**	**614**	**520**	**94**	**8198**	**4255**	**3943**
65	3649	2177	1472	113	93	20	1787	975	812
66	4132	2347	1785	129	109	20	1785	914	871
67	4052	2223	1829	138	123	15	1652	861	791
68	4261	2184	2077	121	100	21	1652	832	820
69	3811	1848	1963	113	95	18	1322	673	649
70-74岁	**18522**	**8162**	**10360**	**720**	**582**	**138**	**5785**	**2661**	**3124**
70	3820	1764	2056	140	117	23	1301	604	697
71	4131	1928	2203	172	148	24	1307	637	670
72	3778	1627	2151	147	108	39	1156	532	624
73	3495	1501	1994	133	107	26	1048	451	597
74	3298	1342	1956	128	102	26	973	437	536
75-79岁	**14339**	**5672**	**8667**	**637**	**465**	**172**	**3752**	**1591**	**2161**
75	2917	1141	1776	116	86	30	820	359	461
76	3189	1295	1894	148	104	44	833	375	458
77	2782	1089	1693	122	93	29	673	290	383
78	2609	1001	1608	111	87	24	713	290	423
79	2842	1146	1696	140	95	45	713	277	436
80-84岁	**12023**	**4488**	**7535**	**501**	**314**	**187**	**3185**	**1243**	**1942**
80	2566	1005	1561	112	81	31	702	302	400
81	2395	906	1489	102	65	37	595	218	377
82	2619	992	1627	127	71	56	686	270	416
83	2354	849	1505	96	56	40	646	236	410
84	2089	736	1353	64	41	23	556	217	339
85-89岁	**6155**	**2249**	**3906**	**308**	**163**	**145**	**1851**	**654**	**1197**
85	1534	564	970	75	43	32	459	163	296
86	1477	554	923	76	44	32	460	166	294
87	1339	480	859	72	36	36	365	129	236
88	1031	364	667	45	23	22	291	101	190
89	774	287	487	40	17	23	276	95	181
90-94岁	**1858**	**650**	**1208**	**95**	**44**	**51**	**716**	**218**	**498**
90	706	255	451	25	12	13	235	74	161
91	388	140	248	25	14	11	143	38	105
92	346	115	231	21	6	15	165	59	106
93	252	83	169	13	7	6	104	31	73
94	166	57	109	11	5	6	69	16	53
95-99岁	**310**	**100**	**210**	**23**	**6**	**17**	**184**	**56**	**128**
95	128	42	86	9	3	6	65	14	51
96	69	22	47	6	2	4	52	18	34
97	51	16	35	3		3	27	7	20
98	33	10	23	2		2	20	7	13
99	29	10	19	3	1	2	20	10	10
100岁及以上	**16**	**6**	**10**	**2**	**2**		**18**	**8**	**10**

C-8-12　全省分性别、婚姻状况、居住状况的60岁及以上老年人口

单位：人

居住状况	60岁及以上人口			未婚		
	合计	男	女	小计	男	女
总　计	**1305917**	**640531**	**665386**	**24669**	**22210**	**2459**
与配偶和子女同住	323878	182167	141711			
与配偶同住	507007	278007	229000			
与子女同住	242701	71084	171617	350	277	73
独居(有保姆)	2455	1132	1323	137	102	35
独居(无保姆)	154209	69728	84481	14568	13643	925
养老机构	7189	4615	2574	3183	2901	282
其　他	68478	33798	34680	6431	5287	1144

C-8-12　续表

单位：人

居住状况	有配偶			离婚			丧偶		
	小计	男	女	小计	男	女	小计	男	女
总　计	**954835**	**524273**	**430562**	**15981**	**9724**	**6257**	**310432**	**84324**	**226108**
与配偶和子女同住	323878	182167	141711						
与配偶同住	507007	278007	229000						
与子女同住	55422	23793	31629	5914	3178	2736	181015	43836	137179
独居(有保姆)	451	276	175	93	58	35	1774	696	1078
独居(无保姆)	31881	19790	12091	7434	4877	2557	100326	31418	68908
养老机构	1202	638	564	150	112	38	2654	964	1690
其　他	34994	19602	15392	2390	1499	891	24663	7410	17253

C-8-12a 全省分性别、婚姻状况、居住状况的60岁及以上老年人口(城市)

单位：人

居住状况	60岁及以上人口			未婚		
	合计	男	女	小计	男	女
总 计	**275222**	**133004**	**142218**	**2436**	**1728**	**708**
与配偶和子女同住	76466	43012	33454			
与配偶同住	102942	56537	46405			
与子女同住	50700	13979	36721	52	22	30
独居(有保姆)	787	378	409	60	35	25
独居(无保姆)	27317	10659	16658	1028	801	227
养老机构	1711	755	956	264	211	53
其 他	15299	7684	7615	1032	659	373

C-8-12a 续表

单位：人

居住状况	有配偶			离婚			丧偶		
	小计	男	女	小计	男	女	小计	男	女
总 计	**213351**	**115501**	**97850**	**6916**	**3479**	**3437**	**52519**	**12296**	**40223**
与配偶和子女同住	76466	43012	33454						
与配偶同住	102942	56537	46405						
与子女同住	17090	6588	10502	2420	947	1473	31138	6422	24716
独居(有保姆)	132	69	63	37	23	14	558	251	307
独居(无保姆)	7067	3924	3143	3247	1800	1447	15975	4134	11841
养老机构	474	231	243	50	32	18	923	281	642
其 他	9180	5140	4040	1162	677	485	3925	1208	2717

C-8-12b 全省分性别、婚姻状况、居住状况的60岁及以上老年人口(镇)

单位：人

居住状况	60岁及以上人口			未婚		
	合计	男	女	小计	男	女
总 计	**355208**	**173332**	**181876**	**5484**	**4632**	**852**
与配偶和子女同住	94901	53199	41702			
与配偶同住	129230	71148	58082			
与子女同住	68981	19678	49303	85	63	22
独居(有保姆)	768	350	418	13	10	3
独居(无保姆)	38743	17382	21361	2741	2491	250
养老机构	2108	1365	743	921	808	113
其 他	20477	10210	10267	1724	1260	464

C-8-12b 续表

单位：人

居住状况	有配偶			离婚			丧偶		
	小计	男	女	小计	男	女	小计	男	女
总 计	**263013**	**144317**	**118696**	**3995**	**2320**	**1675**	**82716**	**22063**	**60653**
与配偶和子女同住	94901	53199	41702						
与配偶同住	129230	71148	58082						
与子女同住	17086	7065	10021	1534	783	751	50276	11767	38509
独居(有保姆)	155	102	53	29	18	11	571	220	351
独居(无保姆)	9625	6071	3554	1822	1155	667	24555	7665	16890
养老机构	376	207	169	36	31	5	775	319	456
其 他	11640	6525	5115	574	333	241	6539	2092	4447

C-8-12c 全省分性别、婚姻状况、居住状况的60岁及以上老年人口(乡村)

单位：人

居住状况	60岁及以上人口			未婚		
	合计	男	女	小计	男	女
总 计	**675487**	**334195**	**341292**	**16749**	**15850**	**899**
与配偶和子女同住	152511	85956	66555			
与配偶同住	274835	150322	124513			
与子女同住	123020	37427	85593	213	192	21
独居(有保姆)	900	404	496	64	57	7
独居(无保姆)	88149	41687	46462	10799	10351	448
养老机构	3370	2495	875	1998	1882	116
其 他	32702	15904	16798	3675	3368	307

C-8-12c 续表

单位：人

居住状况	有配偶			离婚			丧偶		
	小计	男	女	小计	男	女	小计	男	女
总 计	**478471**	**264455**	**214016**	**5070**	**3925**	**1145**	**175197**	**49965**	**125232**
与配偶和子女同住	152511	85956	66555						
与配偶同住	274835	150322	124513						
与子女同住	21246	10140	11106	1960	1448	512	99601	25647	73954
独居(有保姆)	164	105	59	27	17	10	645	225	420
独居(无保姆)	15189	9795	5394	2365	1922	443	59796	19619	40177
养老机构	352	200	152	64	49	15	956	364	592
其 他	14174	7937	6237	654	489	165	14199	4110	10089

第二部分　长表数据资料

第九卷　住房

C-9-1 各地区按建筑层数、承重类型分的家庭户户数

单位：户

地区	合计	建筑层数				承重类型				
		平房	多层(7层及以下)	高层(8-33层)	超高层(34层及以上)	钢及钢筋混凝土结构	混合结构	砖木结构	竹草土坯结构	其他结构
全省	**2162386**	**438807**	**1451980**	**262011**	**9588**	**941986**	**953214**	**239447**	**4576**	**23163**
长沙市	297191	21910	159405	106999	8877	170729	118096	7578	372	416
株洲市	125332	8746	94375	22120	91	49718	67522	7087	755	250
湘潭市	90262	9458	69005	11644	155	36622	49427	3976	53	184
衡阳市	212182	31167	157217	23728	70	79371	115019	17216	296	280
邵阳市	220733	46766	162099	11827	41	101940	81727	33069	521	3476
岳阳市	171116	35572	123684	11824	36	74037	82016	14582	237	244
常德市	188493	50642	122462	15374	15	68083	98587	20941	194	688
张家界市	52767	14469	34262	4036		19562	22854	8975	74	1302
益阳市	130858	31322	91227	8267	42	50319	63632	15521	184	1202
郴州市	156984	40322	103840	12714	108	83134	57604	14869	960	417
永州市	161853	53279	99195	9378	1	87384	60674	12694	282	819
怀化市	161322	55530	95925	9847	20	50242	48070	54174	187	8649
娄底市	125466	15740	101033	8590	103	39643	70032	14656	176	959
湘西州	67827	23884	38251	5663	29	31202	17954	14109	285	4277

注：本表数据为居住在家庭住宅的家庭户，下表同。

C-9-1a 各地区按建筑层数、承重类型分的家庭户户数(城市)

单位：户

地区	合计	建筑层数				承重类型				
		平房	多层(7层及以下)	高层(8-33层)	超高层(34层及以上)	钢及钢筋混凝土结构	混合结构	砖木结构	竹草土坯结构	其他结构
全省	**589972**	**24385**	**363287**	**194270**	**8030**	**368003**	**207166**	**13712**	**135**	**956**
长沙市	190080	4943	83879	93589	7669	138418	49487	1955	46	174
株洲市	53333	1587	32231	19438	77	29817	22099	1362	28	27
湘潭市	32191	1289	24347	6542	13	20471	11081	577	2	60
衡阳市	54685	2319	37014	15325	27	29487	23878	1268	8	44
邵阳市	38089	2727	27575	7778	9	21933	13836	2056	14	250
岳阳市	47676	3002	36075	8563	36	29007	16899	1647	7	116
常德市	34881	2078	22857	9943	3	19645	14181	951	3	101
张家界市	9953	549	6456	2948		5668	3715	504	1	65
益阳市	22365	1035	17663	3642	25	11858	9682	810	7	8
郴州市	30545	928	21785	7728	104	17961	12052	515	2	15
永州市	18356	1367	13091	3898		11356	6653	335	4	8
怀化市	21354	1293	14093	5953	15	12244	8079	967	2	62
娄底市	27485	864	20697	5899	25	12904	13979	578	8	16
湘西州	8979	404	5524	3024	27	7234	1545	187	3	10

C-9-1b 各地区按建筑层数、承重类型分的家庭户户数(镇)

单位：户

地 区	合计	建筑层数				承重类型				
		平房户	多层(7层及以下)	高层(8-33层)	超高层(34层及以上)	钢及钢筋混凝土结构	混合结构	砖木结构	竹草土坯结构	其他结构
全 省	**621937**	**93620**	**460882**	**65883**	**1552**	**301782**	**271879**	**44783**	**731**	**2762**
长沙市	52528	5327	32671	13322	1208	23068	27315	1939	107	99
株洲市	32699	2346	27783	2556	14	11063	19553	1980	62	41
湘潭市	23022	1870	16014	4996	142	9676	12418	831	14	83
衡阳市	56913	4463	44255	8154	41	24925	29010	2873	33	72
邵阳市	70131	11426	54706	3967	32	37495	24394	7731	114	397
岳阳市	54590	10096	41326	3168		25415	25969	3060	89	57
常德市	68234	14506	48334	5382	12	28078	34618	5376	30	132
张家界市	14571	2115	11397	1059		6755	6652	1053	4	107
益阳市	42218	6971	30662	4568	17	20040	18541	3483	39	115
郴州市	54403	9793	39743	4863	4	33809	17222	3153	115	104
永州市	55679	10991	39371	5316	1	35404	18308	1810	22	135
怀化市	48522	7702	37464	3354	2	22964	17356	7322	22	858
娄底市	23191	1583	18924	2606	78	9216	12286	1606	29	54
湘西州	25236	4431	18232	2572	1	13874	8237	2566	51	508

C-9-1c 各地区按建筑层数、承重类型分的家庭户户数(乡村)

单位：户

地 区	合计	建筑层数				承重类型				
		平房	多层(7层及以下)	高层(8-33层)	超高层(34层及以上)	钢及钢筋混凝土结构	混合结构	砖木结构	竹草土坯结构	其他结构
全 省	**950477**	**320802**	**627811**	**1858**	**6**	**272201**	**474169**	**180952**	**3710**	**19445**
长沙市	54583	11640	42855	88		9243	41294	3684	219	143
株洲市	39300	4813	34361	126		8838	25870	3745	665	182
湘潭市	35049	6299	28644	106		6475	25928	2568	37	41
衡阳市	100584	24385	75948	249	2	24959	62131	13075	255	164
邵阳市	112513	32613	79818	82		42512	43497	23282	393	2829
岳阳市	68850	22474	46283	93		19615	39148	9875	141	71
常德市	85378	34058	51271	49		20360	49788	14614	161	455
张家界市	28243	11805	16409	29		7139	12487	7418	69	1130
益阳市	66275	23316	42902	57		18421	35409	11228	138	1079
郴州市	72036	29601	42312	123		31364	28330	11201	843	298
永州市	87818	40921	46733	164		40624	35713	10549	256	676
怀化市	91446	46535	44368	540	3	15034	22635	45885	163	7729
娄底市	74790	13293	61412	85		17523	43767	12472	139	889
湘西州	33612	19049	14495	67	1	10094	8172	11356	231	3759

C-9-2　各地区按住房建成时间分的家庭户住房状况

单位：户、间、平方米

地　区	合　计			1949年以前		
	户数	间数	面积	户数	间数	面积
全　省	**2162386**	**8258652**	**280623494**	**4725**	**13731**	**415201**
长沙市	297191	976455	34183791	146	407	11778
株洲市	125332	553831	19727613	63	243	7731
湘潭市	90262	332578	11039739	54	151	5256
衡阳市	212182	809819	27921286	256	640	20315
邵阳市	220733	946953	32311208	636	1797	56671
岳阳市	171116	634024	21741686	112	331	11700
常德市	188493	654385	24830657	115	322	12292
张家界市	52767	219170	7093760	158	506	15399
益阳市	130858	459394	15835958	132	414	12922
郴州市	156984	583428	18562610	643	1661	45681
永州市	161853	698144	22522651	722	2108	60272
怀化市	161322	589067	19051983	869	2686	77936
娄底市	125466	532890	17316144	288	858	23761
湘西州	67827	268514	8484408	531	1607	53487

C-9-2　续表 1

单位：户、间、平方米

地　区	1949-1959年			1960-1969年		
	户数	间数	面积	户数	间数	面积
全　省	**7106**	**21093**	**648964**	**20080**	**59737**	**1811524**
长沙市	430	1078	34644	1040	2616	81771
株洲市	265	588	18062	472	1455	45821
湘潭市	130	308	10086	519	1324	38584
衡阳市	539	1457	44627	1365	3607	112331
邵阳市	913	2837	90627	2656	8559	265940
岳阳市	117	353	12236	672	2003	62825
常德市	300	885	32298	802	2198	76941
张家界市	255	797	25198	543	1756	54122
益阳市	347	1100	34945	1041	3167	102749
郴州市	521	1341	37798	1943	4927	135745
永州市	534	1710	50037	1262	3769	111397
怀化市	1525	4703	138142	4914	15413	456773
娄底市	340	1062	29755	1029	3392	93051
湘西州	890	2874	90509	1822	5551	173474

C-9-2 续表 2

单位：户、间、平方米

地　区	1970-1979年			1980-1989年			1990-1999年		
	户数	间数	面积	户数	间数	面积	户数	间数	面积
全　省	**62384**	**187204**	**5771796**	**205658**	**676266**	**21752512**	**498387**	**1893257**	**63388340**
长沙市	4315	11295	354653	18240	54820	1735058	60864	230116	7568163
株洲市	2240	6922	219688	11343	43494	1450986	34193	156140	5463387
湘潭市	2050	5482	171437	8807	27818	901173	33564	134883	4241578
衡阳市	4792	12831	408932	20821	68056	2269312	61954	240244	8113159
邵阳市	7676	24308	773708	25118	87417	2877109	43200	168398	5740064
岳阳市	3455	9867	325713	13919	43347	1468419	46865	163782	5672270
常德市	3203	8862	315464	16490	49454	1824053	44679	150167	5710156
张家界市	1259	4166	130934	3752	13215	419776	9395	38781	1256907
益阳市	3747	10961	352874	13916	42727	1426201	35779	125097	4289078
郴州市	5566	15038	426873	18133	56983	1652779	32353	119872	3729822
永州市	4196	13449	398733	13709	49288	1491015	34816	141062	4423167
怀化市	12514	40080	1194549	22964	75526	2278933	26519	92328	2914588
娄底市	3539	11657	329832	11632	41812	1272694	24969	98100	3179856
湘西州	3832	12286	368406	6814	22309	685004	9237	34287	1086145

C-9-2 续表 3

单位：户、间、平方米

地　区	2000-2009年			2010-2014年			2015年以后		
	户数	间数	面积	户数	间数	面积	户数	间数	面积
全　省	**659070**	**2597289**	**90251303**	**430266**	**1712635**	**59247604**	**274710**	**1097440**	**37336250**
长沙市	101970	334702	12119575	69010	211654	7670292	41176	129767	4607857
株洲市	39108	187099	6761862	22845	97850	3575084	14803	60040	2184992
湘潭市	24639	93625	3224909	13070	42864	1540643	7429	26123	906073
衡阳市	66445	264079	9246112	36705	143187	5061333	19305	75718	2645165
邵阳市	58656	260249	9023893	45284	220971	7606791	36594	172417	5876405
岳阳市	57352	224104	7685547	33468	131695	4506594	15156	58542	1996382
常德市	64525	234168	8988911	35914	130737	4947268	22465	77592	2923274
张家界市	16358	71680	2311630	11929	50699	1668424	9118	37570	1211370
益阳市	40175	145141	5118177	23097	82204	2871319	12624	48583	1627693
郴州市	46943	181119	5913466	32617	129491	4263518	18265	72996	2356928
永州市	50577	225635	7340259	34197	161636	5353376	21840	99487	3294395
怀化市	36773	137055	4656563	31064	124461	4179133	24180	96815	3155366
娄底市	37271	161489	5382324	26326	120309	3965271	20072	94211	3039600
湘西州	18278	77144	2478075	14740	64877	2038558	11683	47579	1510750

C-9-2a 各地区按住房建成时间分的家庭户住房状况(城市)

单位：户、间、平方米

地 区	合 计			1949年以前		
	户数	间数	面积	户数	间数	面积
全 省	**589972**	**1769328**	**65308290**	**435**	**1153**	**35447**
长沙市	190080	533067	19630316	105	270	7278
株洲市	53333	167950	6270422	37	137	4071
湘潭市	32191	93773	3473410	27	61	2297
衡阳市	54685	166749	6102786	24	57	1689
邵阳市	38089	115579	4277721	103	233	7590
岳阳市	47676	159115	5857184	24	70	3264
常德市	34881	110082	4267530	4	8	276
张家界市	9953	35149	1302956	2	4	140
益阳市	22365	63843	2502529	10	24	806
郴州市	30545	88794	3053948	35	106	2856
永州市	18356	57477	2141056	12	31	907
怀化市	21354	63507	2372297	30	89	2177
娄底市	27485	86218	3034643	17	54	1756
湘西州	8979	28025	1021492	5	9	340

C-9-2a 续表 1

单位：户、间、平方米

地 区	1949-1959年			1960-1969年		
	户数	间数	面积	户数	间数	面积
全 省	**1198**	**2799**	**86306**	**3073**	**7272**	**215176**
长沙市	349	767	22309	759	1613	47427
株洲市	218	391	11397	306	736	22807
湘潭市	53	95	3398	315	692	19882
衡阳市	285	776	24538	419	967	26036
邵阳市	57	131	4516	285	681	20371
岳阳市	25	62	2137	280	802	22824
常德市	8	18	566	159	313	10176
张家界市	7	20	696	9	24	940
益阳市	32	81	2569	113	276	8983
郴州市	24	62	1876	120	310	8273
永州市	51	155	5095	135	383	13262
怀化市	56	145	4409	65	189	6039
娄底市	24	64	1890	82	209	5938
湘西州	9	32	910	26	77	2218

C-9-2a 续表 2

单位：户、间、平方米

地 区	1970-1979年			1980-1989年			1990-1999年		
	户数	间数	面积	户数	间数	面积	户数	间数	面积
全 省	**13642**	**31950**	**986587**	**50796**	**134997**	**4367762**	**126446**	**381056**	**13451410**
长沙市	3173	7026	210608	12697	32042	987768	27771	80969	2810150
株洲市	1351	3115	96461	5514	15499	498248	12360	39799	1402627
湘潭市	1266	2789	89054	4682	11831	399394	8843	25993	922796
衡阳市	1803	3956	123882	5818	14696	493438	14453	42180	1500748
邵阳市	1121	2556	80633	4497	11775	392774	9463	26899	938227
岳阳市	1284	3433	108130	3601	11157	367239	15059	48455	1717003
常德市	560	1185	40722	2984	8028	292027	8719	27555	1056207
张家界市	47	139	4538	460	1598	52220	2144	7987	289460
益阳市	888	2089	65105	2231	5759	197152	5597	16376	638422
郴州市	486	1188	34495	2585	6522	189296	5756	15992	514928
永州市	508	1416	45100	1255	3670	121520	4439	13569	487086
怀化市	518	1312	36574	1513	3883	118143	3820	10919	374059
娄底市	532	1411	41106	2171	6302	186742	6517	19761	649283
湘西州	105	335	10179	788	2235	71801	1505	4602	150414

C-9-2a 续表 3

单位：户、间、平方米

地 区	2000-2009年			2010-2014年			2015年以后		
	户数	间数	面积	户数	间数	面积	户数	间数	面积
全 省	**191225**	**594559**	**22954670**	**129853**	**392817**	**14902527**	**73304**	**222725**	**8308405**
长沙市	66062	185741	7188724	49499	138746	5212915	29665	85893	3143137
株洲市	15318	52633	2062412	10823	33398	1312507	7406	22242	859892
湘潭市	9173	28834	1146254	5561	16180	615512	2271	7298	274823
衡阳市	16193	53431	2032988	10983	35631	1335034	4707	15055	564433
邵阳市	10860	34423	1333586	6590	21929	847028	5113	16952	652996
岳阳市	15123	53316	2027996	8589	29428	1127209	3691	12392	481382
常德市	10717	35939	1456241	6784	21637	840433	4946	15399	570882
张家界市	3614	13468	504528	2472	8011	303410	1198	3898	147024
益阳市	6671	19863	819077	5052	14366	577045	1771	5009	193370
郴州市	10267	30906	1108551	7611	22694	809785	3661	11014	383888
永州市	7251	23102	888387	3472	11091	426209	1233	4060	153490
怀化市	7485	22551	886846	4600	14760	574287	3267	9659	369763
娄底市	9665	31159	1150906	5816	18735	687463	2661	8523	309559
湘西州	2826	9193	348174	2001	6211	233690	1714	5331	203766

C-9-2b　各地区按住房建成时间分的家庭户住房状况(镇)

单位：户、间、平方米

地　区	合　计			1949年以前		
	户数	间数	面积	户数	间数	面积
全　省	**621937**	**2342114**	**82464577**	**984**	**2770**	**87794**
长沙市	52528	193240	6591603	16	51	1602
株洲市	32699	161496	5972573	11	32	1360
湘潭市	23022	82521	2850837	17	52	1779
衡阳市	56913	211757	7484780	59	167	5610
邵阳市	70131	293331	10433412	144	403	13268
岳阳市	54590	193394	6703254	21	58	2073
常德市	68234	230952	9175079	68	184	7282
张家界市	14571	60002	1961023	14	45	1480
益阳市	42218	140770	5072987	37	104	3731
郴州市	54403	191110	6422239	166	400	12128
永州市	55679	230663	7981984	162	464	14286
怀化市	48522	163698	5580700	170	513	13347
娄底市	23191	89780	2960227	45	111	3292
湘西州	25236	99400	3273879	54	186	6556

C-9-2b　续表 1

单位：户、间、平方米

地　区	1949-1959年			1960-1969年		
	户数	间数	面积	户数	间数	面积
全　省	**1334**	**3914**	**126244**	**4064**	**11611**	**365477**
长沙市	19	65	3206	98	287	10572
株洲市	21	76	2770	59	227	8342
湘潭市	60	166	5015	106	315	8914
衡阳市	68	200	4822	247	775	24826
邵阳市	208	610	19618	588	1801	59679
岳阳市	47	163	5735	177	518	17419
常德市	121	348	13531	265	741	27609
张家界市	24	72	2455	56	174	5600
益阳市	92	265	9725	335	959	33748
郴州市	155	381	11970	775	1768	47659
永州市	127	412	12397	258	726	23501
怀化市	203	557	16022	649	1957	56390
娄底市	49	137	3984	165	475	13087
湘西州	140	462	14994	286	888	28131

C-9-2b 续表 2

单位：户、间、平方米

地 区	1970-1979年			1980-1989年			1990-1999年		
	户数	间数	面积	户数	间数	面积	户数	间数	面积
全 省	**13308**	**39439**	**1257365**	**51155**	**168929**	**5654212**	**139408**	**528148**	**18270453**
长沙市	403	1366	45081	2297	8956	301709	12293	52140	1696652
株洲市	377	1396	44372	2609	11802	427197	8650	44078	1624734
湘潭市	241	714	21644	1537	5337	170482	7010	28261	910486
衡阳市	837	2559	80099	4201	14637	488852	15114	58222	1984410
邵阳市	2020	6255	205715	6946	24305	828680	13335	52404	1851695
岳阳市	1117	3123	104262	5197	14650	496737	13657	46259	1617115
常德市	1235	3409	124482	5991	17708	680300	16638	55233	2195304
张家界市	201	660	21481	963	3432	110742	2763	11672	381711
益阳市	1019	2826	98564	3578	10608	367644	10483	35171	1228236
郴州市	1556	3875	113820	5512	16940	512204	11440	39671	1296595
永州市	954	3025	96973	4014	14396	469243	11930	48193	1629089
怀化市	2041	5982	176376	4893	14623	443335	7884	25500	834605
娄底市	689	2067	53833	1780	5970	181308	4226	16069	515492
湘西州	618	2182	70663	1637	5565	175779	3985	15275	504329

C-9-2b 续表 3

单位：户、间、平方米

地 区	2000-2009年			2010-2014年			2015年以后		
	户数	间数	面积	户数	间数	面积	户数	间数	面积
全 省	**197653**	**765891**	**27470988**	**135261**	**515093**	**18419309**	**78770**	**306319**	**10812735**
长沙市	17930	65452	2272538	12637	41498	1455749	6835	23425	804494
株洲市	10572	55096	2049152	6546	30855	1154720	3854	17934	659926
湘潭市	6128	22579	806863	4864	15021	562407	3059	10076	363247
衡阳市	19205	72317	2618406	11501	41915	1520284	5681	20965	757471
邵阳市	19936	84666	3069576	15780	71748	2580840	11174	51139	1804341
岳阳市	18128	68064	2357995	11345	42445	1476455	4901	18114	625463
常德市	23373	82134	3310491	12795	44773	1768240	7748	26422	1047840
张家界市	4815	20935	671576	3152	12726	430805	2583	10286	335173
益阳市	13880	47826	1765201	8368	27667	1012999	4426	15344	553139
郴州市	17619	63795	2207887	11672	43366	1500293	5508	20914	719683
永州市	17508	75440	2642306	12541	53146	1866995	8185	34861	1227194
怀化市	13382	45888	1639387	12169	42684	1507426	7131	25994	893812
娄底市	6872	27739	930376	5625	21895	746509	3740	15317	512346
湘西州	8305	33960	1129234	6266	25354	835587	3945	15528	508606

C-9-2c　各地区按住房建成时间分的家庭户住房状况(乡村)

单位：户、间、平方米

地　区	合　计			1949年以前		
	户数	间数	面积	户数	间数	面积
全　省	**950477**	**4147210**	**132850627**	**3306**	**9808**	**291960**
长沙市	54583	250148	7961872	25	86	2898
株洲市	39300	224385	7484618	15	74	2300
湘潭市	35049	156284	4715492	10	38	1180
衡阳市	100584	431313	14333720	173	416	13016
邵阳市	112513	538043	17600075	389	1161	35813
岳阳市	68850	281515	9181248	67	203	6363
常德市	85378	313351	11388048	43	130	4734
张家界市	28243	124019	3829781	142	457	13779
益阳市	66275	254781	8260442	85	286	8385
郴州市	72036	303524	9086423	442	1155	30697
永州市	87818	410004	12399611	548	1613	45079
怀化市	91446	361862	11098986	669	2084	62412
娄底市	74790	356892	11321274	226	693	18713
湘西州	33612	141089	4189037	472	1412	46591

C-9-2c　续表 1

单位：户、间、平方米

地　区	1949-1959年			1960-1969年		
	户数	间数	面积	户数	间数	面积
全　省	**4574**	**14380**	**436414**	**12943**	**40854**	**1230871**
长沙市	62	246	9129	183	716	23772
株洲市	26	121	3895	107	492	14672
湘潭市	17	47	1673	98	317	9788
衡阳市	186	481	15267	699	1865	61469
邵阳市	648	2096	66493	1783	6077	185890
岳阳市	45	128	4364	215	683	22582
常德市	171	519	18201	378	1144	39156
张家界市	224	705	22047	478	1558	47582
益阳市	223	754	22651	593	1932	60018
郴州市	342	898	23952	1048	2849	79813
永州市	356	1143	32545	869	2660	74634
怀化市	1266	4001	117711	4200	13267	394344
娄底市	267	861	23881	782	2708	74026
湘西州	741	2380	74605	1510	4586	143125

C-9-2c 续表 2

单位：户、间、平方米

地 区	1970-1979年			1980-1989年			1990-1999年		
	户数	间数	面积	户数	间数	面积	户数	间数	面积
全 省	**35434**	**115815**	**3527844**	**103707**	**372340**	**11730538**	**232533**	**984053**	**31666477**
长沙市	739	2903	98964	3246	13822	445581	20800	97007	3061361
株洲市	512	2411	78855	3220	16193	525541	13183	72263	2436026
湘潭市	543	1979	60739	2588	10650	331297	17711	80629	2408296
衡阳市	2152	6316	204951	10802	38723	1287022	32387	139842	4628001
邵阳市	4535	15497	487360	13675	51337	1655655	20402	89095	2950142
岳阳市	1054	3311	113321	5121	17540	604443	18149	69068	2338152
常德市	1408	4268	150260	7515	23718	851726	19322	67379	2458645
张家界市	1011	3367	104915	2329	8185	256814	4488	19122	585736
益阳市	1840	6046	189205	8107	26360	861405	19699	73550	2422420
郴州市	3524	9975	278558	10036	33521	951279	15157	64209	1918299
永州市	2734	9008	256660	8440	31222	900252	18447	79300	2306992
怀化市	9955	32786	981599	16558	57020	1717455	14815	55909	1705924
娄底市	2318	8179	234893	7681	29540	904644	14226	62270	2015081
湘西州	3109	9769	287564	4389	14509	437424	3747	14410	431402

C-9-2c 续表 3

单位：户、间、平方米

地 区	2000-2009年			2010-2014年			2015年以后		
	户数	间数	面积	户数	间数	面积	户数	间数	面积
全 省	**270192**	**1236839**	**39825645**	**165152**	**804725**	**25925768**	**122636**	**568396**	**18215110**
长沙市	17978	83509	2658313	6874	31410	1001628	4676	20449	660226
株洲市	13218	79370	2650298	5476	33597	1107857	3543	19864	665174
湘潭市	9338	42212	1271792	2645	11663	362724	2099	8749	268003
衡阳市	31047	138331	4594718	14221	65641	2206015	8917	39698	1323261
邵阳市	27860	141160	4620731	22914	127294	4178923	20307	104326	3419068
岳阳市	24101	102724	3299556	13534	59822	1902930	6564	28036	889537
常德市	30435	116095	4222179	16335	64327	2338595	9771	35771	1304552
张家界市	7929	37277	1135526	6305	29962	934209	5337	23386	729173
益阳市	19624	77452	2533899	9677	40171	1281275	6427	28230	881184
郴州市	19057	86418	2597028	13334	63431	1953440	9096	41068	1253357
永州市	25818	127093	3809566	18184	97399	3060172	12422	60566	1913711
怀化市	15906	68616	2130330	14295	67017	2097420	13782	61162	1891791
娄底市	20734	102591	3301042	14885	79679	2531299	13671	70371	2217695
湘西州	7147	33991	1000667	6473	33312	969281	6024	26720	798378

C-9-3　各地区按住房设施状况分的家庭户户数

单位：户

地　区	合　计	住房所在建筑有无电梯		主要炊事燃料				
		有	无	燃气	电	煤炭	柴草	其 他
全　省	**2162386**	**292663**	**1869723**	**1613603**	**178237**	**110806**	**222498**	**37242**
长沙市	297191	121091	176100	266815	10558	9584	5222	5012
株洲市	125332	23952	101380	91129	3803	21959	5960	2481
湘潭市	90262	13235	77027	77114	2807	473	8312	1556
衡阳市	212182	21232	190950	157556	13226	21651	15314	4435
邵阳市	220733	14378	206355	125377	47501	9958	34265	3632
岳阳市	171116	14722	156394	157225	6051	2022	3944	1874
常德市	188493	18443	170050	156394	2118	2359	24842	2780
张家界市	52767	4908	47859	34363	2020	423	14990	971
益阳市	130858	10199	120659	108454	4544	2744	11886	3230
郴州市	156984	13758	143226	117176	19058	10761	7291	2698
永州市	161853	11340	150513	122767	18148	3590	13913	3435
怀化市	161322	10117	151205	82432	26020	1337	49321	2212
娄底市	125466	9649	115817	82804	14034	23030	4229	1369
湘西州	67827	5639	62188	33997	8349	915	23009	1557

C-9-3　续表 1

单位：户

地　区	住房内有无管道自来水		住房内有无厨房			住房内有无厕所	
	有	无	独立使用	与其他户合用	无	水冲式卫生厕所	水冲式非卫生厕所
全　省	**1761417**	**400969**	**2097229**	**23740**	**41417**	**1784462**	**113005**
长沙市	235582	61609	293079	1590	2522	291298	3380
株洲市	96456	28876	123941	799	592	116075	5115
湘潭市	55040	35222	89342	550	370	78214	7705
衡阳市	128089	84093	198968	2913	10301	153088	15741
邵阳市	200392	20341	208766	3993	7974	156779	13315
岳阳市	139448	31668	169530	695	891	158181	7997
常德市	179145	9348	187010	709	774	171439	9143
张家界市	47575	5192	51385	811	571	40549	2957
益阳市	108933	21925	128656	1497	705	109858	11959
郴州市	142818	14166	151620	1745	3619	137187	4377
永州市	123004	38849	155450	2176	4227	133344	8032
怀化市	135772	25550	156551	2318	2453	102613	12140
娄底市	106417	19049	117689	2966	4811	88766	9026
湘西州	62746	5081	65242	978	1607	47071	2118

C-9-3 续表 2

单位：户

地　区	住房内有无厕所			住房内有无洗澡设施			
	卫生旱厕	普通旱厕	无	统　一供热水	家庭自装热水器	其 他	无
全　省	**98339**	**136442**	**30138**	**25814**	**1912665**	**143259**	**80648**
长沙市	874	717	922	6048	281166	6654	3323
株洲市	2013	1688	441	1903	113561	8244	1624
湘潭市	2062	1955	326	1102	84462	3110	1588
衡阳市	13859	21093	8401	2541	182271	13888	13482
邵阳市	17184	29124	4331	1997	180356	24675	13705
岳阳市	2443	2118	377	2119	163108	3685	2204
常德市	4805	2837	269	2355	177471	6581	2086
张家界市	3547	5388	326	519	43750	6301	2197
益阳市	4054	4760	227	1528	122707	4328	2295
郴州市	5104	5654	4662	1423	137675	11415	6471
永州市	8402	8063	4012	1352	137939	14020	8542
怀化市	19343	25096	2130	1352	127048	23458	9464
娄底市	8853	15955	2866	1075	108707	9876	5808
湘西州	5796	11994	848	500	52444	7024	7859

C-9-3a　各地区按住房设施状况分的家庭户户数(城市)

单位：户

地　区	合　计	住房所在建筑有无电梯		主要炊事燃料				
		有	无	燃气	电	煤炭	柴草	其 他
全　省	**589972**	**205351**	**384621**	**545117**	**25054**	**7597**	**1935**	**10269**
长沙市	190080	104563	85517	179959	5927	719	292	3183
株洲市	53333	19762	33571	49944	585	1974	134	696
湘潭市	32191	7075	25116	31211	423	31	44	482
衡阳市	54685	11535	43150	49950	2464	1336	234	701
邵阳市	38089	8106	29983	32115	4297	692	121	864
岳阳市	47676	9459	38217	46083	708	104	111	670
常德市	34881	10795	24086	33881	298	51	186	465
张家界市	9953	3338	6615	9423	189	18	78	245
益阳市	22365	4289	18076	20723	661	188	279	514
郴州市	30545	7788	22757	27066	2161	405	56	857
永州市	18356	4155	14201	15183	2181	224	133	635
怀化市	21354	5852	15502	19588	1255	53	200	258
娄底市	27485	5677	21808	22503	2908	1708	9	357
湘西州	8979	2957	6022	7488	997	94	58	342

C-9-3a 续表 1

单位：户

地 区	住房内有无管道自来水		住房内有无厨房			住房内有无厕所	
	有	无	独立使用	与其他户合用	无	水冲式卫生厕所	水冲式非卫生厕所
全 省	**562303**	**27669**	**582748**	**2508**	**4716**	**570627**	**10188**
长沙市	181224	8856	187473	935	1672	187899	1067
株洲市	50343	2990	52959	152	222	51750	1100
湘潭市	30597	1594	31878	124	189	30869	989
衡阳市	49651	5034	53947	280	458	51373	2004
邵阳市	36697	1392	36978	283	828	35194	938
岳阳市	45368	2308	47449	76	151	46326	919
常德市	34513	368	34625	91	165	34510	147
张家界市	9881	72	9840	47	66	9649	184
益阳市	20845	1520	22199	107	59	21027	956
郴州市	29751	794	30268	50	227	29820	207
永州市	17148	1208	18137	136	83	17443	467
怀化市	20397	957	21027	78	249	19934	696
娄底市	26983	502	27114	97	274	26132	426
湘西州	8905	74	8854	52	73	8701	88

C-9-3a 续表 2

单位：户

地 区	住房内有无厕所			住房内有无洗澡设施			
	卫生旱厕	普通旱厕	无	统 一供热水	家庭自装热水器	其 他	无
全 省	**2696**	**3241**	**3220**	**12576**	**565761**	**6849**	**4786**
长沙市	195	216	703	5122	182621	1262	1075
株洲市	149	135	199	1177	50790	964	402
湘潭市	63	70	200	525	31328	183	155
衡阳市	425	414	469	882	52736	542	525
邵阳市	530	794	633	526	35723	1036	804
岳阳市	202	114	115	1195	45954	291	236
常德市	71	73	80	696	33776	229	180
张家界市	41	59	20	226	9516	147	64
益阳市	159	157	66	572	21413	233	147
郴州市	119	168	231	522	29070	612	341
永州市	187	137	122	197	17687	328	144
怀化市	282	276	166	487	20241	367	259
娄底市	218	506	203	374	26219	545	347
湘西州	55	122	13	75	8687	110	107

C-9-3b　各地区按住房设施状况分的家庭户户数(镇)

单位：户

地　区	合　计	住房所在建筑有无电梯		主要炊事燃料				
		有	无	燃气	电	煤炭	柴草	其 他
全　省	**621937**	**74574**	**547363**	**508186**	**50126**	**26698**	**26030**	**10897**
长沙市	52528	15836	36692	44322	2324	3801	1302	779
株洲市	32699	3455	29244	22469	1316	7378	893	643
湘潭市	23022	5664	17358	20820	583	171	1083	365
衡阳市	56913	8053	48860	47336	2648	3476	1888	1565
邵阳市	70131	4712	65419	46211	14724	2511	5525	1160
岳阳市	54590	4340	50250	50852	1918	477	885	458
常德市	68234	6627	61607	61940	559	943	3542	1250
张家界市	14571	1238	13333	12272	401	151	1600	147
益阳市	42218	4983	37235	38234	1091	570	1502	821
郴州市	54403	4846	49557	44136	6111	2625	710	821
永州市	55679	6140	49539	48586	4421	982	822	868
怀化市	48522	3466	45056	35222	8108	437	3863	892
娄底市	23191	2810	20381	16866	2771	2831	156	567
湘西州	25236	2404	22832	18920	3151	345	2259	561

C-9-3b　续表 1

单位：户

地　区	住房内有无管道自来水		住房内有无厨房			住房内有无厕所	
	有	无	独立使用	与其他户合用	无	水冲式卫生厕所	水冲式非卫生厕所
全　省	**540432**	**81505**	**609075**	**5154**	**7708**	**555786**	**25161**
长沙市	37178	15350	51634	339	555	50981	1008
株洲市	23806	8893	32271	235	193	30613	1144
湘潭市	16498	6524	22817	149	56	20544	1842
衡阳市	43653	13260	54916	549	1448	47249	3212
邵阳市	64585	5546	66930	1107	2094	55002	3528
岳阳市	44936	9654	54107	224	259	51257	2264
常德市	66108	2126	67766	241	227	64311	2402
张家界市	14028	543	14342	169	60	12938	455
益阳市	37000	5218	41663	407	148	37516	2966
郴州市	51452	2951	53276	404	723	50654	1131
永州市	49511	6168	54676	421	582	51503	1752
怀化市	45735	2787	47687	314	521	41653	1742
娄底市	21535	1656	22226	389	576	19509	1151
湘西州	24407	829	24764	206	266	22056	564

C-9-3b 续表 2

单位：户

地 区	住房内有无厕所			住房内有无洗澡设施			
	卫生旱厕	普通旱厕	无	统 一 供热水	家庭自装 热水器	其 他	无
全 省	**16149**	**19412**	**5429**	**7777**	**577440**	**24712**	**12008**
长沙市	277	158	104	688	49379	1717	744
株洲市	388	425	129	329	29916	2064	390
湘潭市	348	226	62	436	21785	519	282
衡阳市	2338	3006	1108	1143	51547	2351	1872
邵阳市	3954	6445	1202	599	61465	5278	2789
岳阳市	538	403	128	567	52539	976	508
常德市	804	648	69	1112	65339	1349	434
张家界市	522	619	37	155	13375	856	185
益阳市	794	874	68	638	40379	775	426
郴州市	921	844	853	529	50561	2282	1031
永州市	1110	803	511	657	52038	2027	957
怀化市	2279	2277	571	449	44750	2428	895
娄底市	830	1222	479	217	21442	942	590
湘西州	1046	1462	108	258	22925	1148	905

C-9-3c　各地区按住房设施状况分的家庭户户数(乡村)

单位：户

地 区	合 计	住房所在建筑有无电梯		主要炊事燃料				
		有	无	燃气	电	煤炭	柴草	其 他
全 省	**950477**	**12738**	**937739**	**560300**	**103057**	**76511**	**194533**	**16076**
长沙市	54583	692	53891	42534	2307	5064	3628	1050
株洲市	39300	735	38565	18716	1902	12607	4933	1142
湘潭市	35049	496	34553	25083	1801	271	7185	709
衡阳市	100584	1644	98940	60270	8114	16839	13192	2169
邵阳市	112513	1560	110953	47051	28480	6755	28619	1608
岳阳市	68850	923	67927	60290	3425	1441	2948	746
常德市	85378	1021	84357	60573	1261	1365	21114	1065
张家界市	28243	332	27911	12668	1430	254	13312	579
益阳市	66275	927	65348	49497	2792	1986	10105	1895
郴州市	72036	1124	70912	45974	10786	7731	6525	1020
永州市	87818	1045	86773	58998	11546	2384	12958	1932
怀化市	91446	799	90647	27622	16657	847	45258	1062
娄底市	74790	1162	73628	43435	8355	18491	4064	445
湘西州	33612	278	33334	7589	4201	476	20692	654

C-9-3c 续表 1

单位：户

地 区	住房内有无管道自来水		住房内有无厨房			住房内有无厕所	
	有	无	独立使用	与其他户合用	无	水冲式卫生厕所	水冲式非卫生厕所
全 省	**658682**	**291795**	**905406**	**16078**	**28993**	**658049**	**77656**
长沙市	17180	37403	53972	316	295	52418	1305
株洲市	22307	16993	38711	412	177	33712	2871
湘潭市	7945	27104	34647	277	125	26801	4874
衡阳市	34785	65799	90105	2084	8395	54466	10525
邵阳市	99110	13403	104858	2603	5052	66583	8849
岳阳市	49144	19706	67974	395	481	60598	4814
常德市	78524	6854	84619	377	382	72618	6594
张家界市	23666	4577	27203	595	445	17962	2318
益阳市	51088	15187	64794	983	498	51315	8037
郴州市	61615	10421	68076	1291	2669	56713	3039
永州市	56345	31473	82637	1619	3562	64398	5813
怀化市	69640	21806	87837	1926	1683	41026	9702
娄底市	57899	16891	68349	2480	3961	43125	7449
湘西州	29434	4178	31624	720	1268	16314	1466

C-9-3c 续表 2

单位：户

地 区	住房内有无厕所			住房内有无洗澡设施			
	卫生旱厕	普通旱厕	无	统 一供热水	家庭自装热水器	其 他	无
全 省	**79494**	**113789**	**21489**	**5461**	**769464**	**111698**	**63854**
长沙市	402	343	115	238	49166	3675	1504
株洲市	1476	1128	113	397	32855	5216	832
湘潭市	1651	1659	64	141	31349	2408	1151
衡阳市	11096	17673	6824	516	77988	10995	11085
邵阳市	12700	21885	2496	872	83168	18361	10112
岳阳市	1703	1601	134	357	64615	2418	1460
常德市	3930	2116	120	547	78356	5003	1472
张家界市	2984	4710	269	138	20859	5298	1948
益阳市	3101	3729	93	318	60915	3320	1722
郴州市	4064	4642	3578	372	58044	8521	5099
永州市	7105	7123	3379	498	68214	11665	7441
怀化市	16782	22543	1393	416	62057	20663	8310
娄底市	7805	14227	2184	484	61046	8389	4871
湘西州	4695	10410	727	167	20832	5766	6847

C-9-4　各地区按住房来源分的家庭户户数

单位：户

地　区	合　计	租赁廉租住房/公租房	租　赁其他住房	购买新建商品房	购　买二手房	购买原公有住房	购买经济适用房/两限房	自建住房	继承或赠　予	其　他
全　省	**2162386**	**33528**	**111603**	**389756**	**58369**	**81596**	**39194**	**1367514**	**24774**	**56052**
长沙市	297191	5359	41983	96294	13868	14532	8851	101879	2042	12383
株洲市	125332	1997	6234	28082	4752	6003	2875	72945	723	1721
湘潭市	90262	1900	2846	21660	3137	5504	2027	50829	516	1843
衡阳市	212182	2787	5830	44622	3969	8135	4950	133254	2510	6125
邵阳市	220733	1918	9021	20831	2481	6363	1498	168808	3679	6134
岳阳市	171116	2248	5228	22892	6677	9294	3964	115139	1478	4196
常德市	188493	2487	4852	28537	6356	5154	1878	135554	649	3026
张家界市	52767	933	2966	5974	850	802	531	39356	363	992
益阳市	130858	2833	3571	15858	3378	4434	2001	95015	939	2829
郴州市	156984	3326	7844	28527	3094	5858	4401	97073	3171	3690
永州市	161853	1924	3903	24255	2493	4043	2024	117534	2264	3413
怀化市	161322	2791	7558	27631	3632	4949	1805	104524	3835	4597
娄底市	125466	1740	6519	15465	2745	3846	1827	88641	1594	3089
湘西州	67827	1285	3248	9128	937	2679	562	46963	1011	2014

C-9-4a　各地区按住房来源分的家庭户户数(城市)

单位：户

地　区	合　计	租赁廉租住房/公租房	租　赁其他住房	购买新建商品房	购　买二手房	购买原公有住房	购买经济适用房/两限房	自建住房	继承或赠　予	其　他
全　省	**589972**	**18213**	**71491**	**244054**	**36912**	**56479**	**25848**	**106291**	**4775**	**25909**
长沙市	190080	4667	35917	82611	11761	14015	8219	19856	1632	11402
株洲市	53333	1375	5271	23364	3992	5542	2470	10112	219	988
湘潭市	32191	1378	1845	13623	2420	4674	1185	5691	233	1142
衡阳市	54685	1521	3151	24941	2329	5818	3648	9775	580	2922
邵阳市	38089	855	3805	12743	1395	4194	746	11753	565	2033
岳阳市	47676	1057	3290	14292	3509	6146	2047	15287	473	1575
常德市	34881	1277	2350	15507	3135	2590	901	7720	142	1259
张家界市	9953	344	1831	3575	428	431	232	2882	26	204
益阳市	22365	1493	1401	6687	1373	2719	1224	6389	137	942
郴州市	30545	1743	4045	12789	1580	2964	2433	3692	276	1023
永州市	18356	286	888	9453	875	1796	943	3287	95	733
怀化市	21354	869	2544	10620	1583	1814	620	2397	148	759
娄底市	27485	1147	3894	10495	2145	2546	999	5456	185	618
湘西州	8979	201	1259	3354	387	1230	181	1994	64	309

C-9-4b 各地区按住房来源分的家庭户户数(镇)

单位：户

地 区	合 计	租赁廉租住房/公租房	租 赁其他住房	购买新建商品房	购 买二手房	购买原公有住房	购买经济适用房/两限房	自建住房	继承或赠 予	其 他
全 省	**621937**	**14221**	**36530**	**140026**	**18811**	**23882**	**12035**	**352934**	**5973**	**17525**
长沙市	52528	595	5637	13510	1943	433	582	29043	178	607
株洲市	32699	593	887	4554	651	442	349	24645	148	430
湘潭市	23022	513	929	7885	657	805	827	10819	134	453
衡阳市	56913	1034	2401	18601	1428	2141	1197	27534	592	1985
邵阳市	70131	990	4979	7748	877	2090	656	49815	983	1993
岳阳市	54590	1134	1859	8249	2850	3025	1735	33227	556	1955
常德市	68234	1159	2416	12712	2896	2440	959	44219	271	1162
张家界市	14571	575	1004	2307	352	353	276	9302	53	349
益阳市	42218	1288	2028	8957	1705	1573	701	24492	295	1179
郴州市	54403	1422	3473	15042	1293	2812	1704	25973	892	1792
永州市	55679	1535	2832	14109	1478	2160	994	30412	638	1521
怀化市	48522	1780	3722	15972	1679	2997	1011	18964	705	1692
娄底市	23191	566	2433	4763	514	1185	687	11436	283	1324
湘西州	25236	1037	1930	5617	488	1426	357	13053	245	1083

C-9-4c 各地区按住房来源分的家庭户户数(乡村)

单位：户

地 区	合 计	租赁廉租住房/公租房	租 赁其他住房	购买新建商品房	购 买二手房	购买原公有住房	购买经济适用房/两限房	自建住房	继承或赠 予	其 他
全 省	**950477**	**1094**	**3582**	**5676**	**2646**	**1235**	**1311**	**908289**	**14026**	**12618**
长沙市	54583	97	429	173	164	84	50	52980	232	374
株洲市	39300	29	76	164	109	19	56	38188	356	303
湘潭市	35049	9	72	152	60	25	15	34319	149	248
衡阳市	100584	232	278	1080	212	176	105	95945	1338	1218
邵阳市	112513	73	237	340	209	79	96	107240	2131	2108
岳阳市	68850	57	79	351	318	123	182	66625	449	666
常德市	85378	51	86	318	325	124	18	83615	236	605
张家界市	28243	14	131	92	70	18	23	27172	284	439
益阳市	66275	52	142	214	300	142	76	64134	507	708
郴州市	72036	161	326	696	221	82	264	67408	2003	875
永州市	87818	103	183	693	140	87	87	83835	1531	1159
怀化市	91446	142	1292	1039	370	138	174	83163	2982	2146
娄底市	74790	27	192	207	86	115	141	71749	1126	1147
湘西州	33612	47	59	157	62	23	24	31916	702	622

C-9-5　各地区按月租房费用分的家庭户户数

单位：户

地　区	合　计	200元以下	200-499元	500-999元	1000-1999元
全　省	**145131**	**28552**	**38398**	**36081**	**30701**
长沙市	47342	2459	3313	11522	21955
株洲市	8231	1908	1940	2312	1738
湘潭市	4746	1722	1043	1283	604
衡阳市	8617	2781	2912	2034	592
邵阳市	10939	2208	5090	2560	547
岳阳市	7476	1963	2081	2166	971
常德市	7339	1741	2439	1811	1061
张家界市	3899	874	1418	1087	395
益阳市	6404	2243	2514	1104	392
郴州市	11170	2689	4889	2855	595
永州市	5827	1547	2077	1404	450
怀化市	10349	3016	3520	2634	845
娄底市	8259	2228	3384	2151	363
湘西州	4533	1173	1778	1158	193

C-9-5　续表

单位：户

地　区	2000-2999元	3000-3999元	4000-5999元	6000-7999元	8000-9999元	10000元及以上
全　省	**7763**	**1773**	**1011**	**422**	**164**	**266**
长沙市	6250	1199	399	114	57	74
株洲市	247	41	20	9	6	10
湘潭市	59	16	11	4		4
衡阳市	160	32	74	14	7	11
邵阳市	160	118	142	68	16	30
岳阳市	136	46	63	20	19	11
常德市	176	42	33	12	10	14
张家界市	61	16	10	16	7	15
益阳市	81	30	23	9	2	6
郴州市	96	23	14	6		3
永州市	102	82	66	47	6	46
怀化市	145	43	70	44	17	15
娄底市	61	29	19	6	5	13
湘西州	29	56	67	53	12	14

C-9-5a　各地区按月租房费用分的家庭户户数(城市)

单位：户

地　区	合　计	200元以下	200-499元	500-999元	1000-1999元
全　省	**89704**	**13495**	**19436**	**22807**	**25232**
长沙市	40584	2212	2584	8995	19345
株洲市	6646	1306	1400	2057	1608
湘潭市	3223	1282	743	851	305
衡阳市	4672	1452	1588	1197	303
邵阳市	4660	928	2178	1163	208
岳阳市	4347	878	1073	1465	790
常德市	3627	724	1130	858	763
张家界市	2175	312	692	774	316
益阳市	2894	985	1310	463	106
郴州市	5788	1006	2654	1599	451
永州市	1174	266	382	374	139
怀化市	3413	676	1001	1134	527
娄底市	5041	1258	2209	1275	232
湘西州	1460	210	492	602	139

C-9-5a　续表

单位：户

地　区	2000-2999元	3000-3999元	4000-5999元	6000-7999元	8000-9999元	10000元及以上
全　省	**6592**	**1297**	**506**	**163**	**71**	**105**
长沙市	5795	1125	332	86	46	64
株洲市	216	30	16	5	4	4
湘潭市	21	11	4	3		3
衡阳市	79	11	27	9	4	2
邵阳市	44	17	71	41	6	4
岳阳市	103	23	9	1	1	4
常德市	111	23	11	2	4	1
张家界市	46	9	4	10	3	9
益阳市	17	8	4			1
郴州市	55	14	6	2		1
永州市	8	2	1			2
怀化市	54	9	6		2	4
娄底市	36	15	10	2		4
湘西州	7		5	2	1	2

C-9-5b　各地区按月租房费用分的家庭户户数(镇)

单位：户

地　区	合　计	200元以下	200-499元	500-999元	1000-1999元
全　省	**50751**	**13653**	**17353**	**12211**	**5063**
长沙市	6232	182	606	2345	2507
株洲市	1480	573	516	240	102
湘潭市	1442	424	279	409	284
衡阳市	3435	1093	1170	764	263
邵阳市	5969	1182	2819	1328	308
岳阳市	2993	1010	975	684	174
常德市	3575	952	1277	930	283
张家界市	1579	521	660	294	70
益阳市	3316	1192	1136	611	264
郴州市	4895	1470	2096	1156	117
永州市	4367	1173	1596	983	292
怀化市	5502	2067	1877	1085	233
娄底市	2999	898	1099	842	114
湘西州	2967	916	1247	540	52

C-9-5b　续表

单位：户

地　区	2000-2999元	3000-3999元	4000-5999元	6000-7999元	8000-9999元	10000元及以上
全　省	**1092**	**435**	**471**	**242**	**91**	**140**
长沙市	433	61	54	25	10	9
株洲市	25	11	4	3	2	4
湘潭市	35	2	7	1		1
衡阳市	72	19	41	3	3	7
邵阳市	109	98	68	23	9	25
岳阳市	32	22	54	19	18	5
常德市	64	19	22	10	6	12
张家界市	13	6	3	6	4	2
益阳市	59	21	19	7	2	5
郴州市	35	8	8	4		1
永州市	90	77	63	44	6	43
怀化市	85	26	63	43	15	8
娄底市	18	10	4	3	5	6
湘西州	22	55	61	51	11	12

C-9-5c 各地区按月租房费用分的家庭户户数(乡村)

单位：户

地 区	合 计	200元以下	200-499元	500-999元	1000-1999元
全 省	**4676**	**1404**	**1609**	**1063**	**406**
长沙市	526	65	123	182	103
株洲市	105	29	24	15	28
湘潭市	81	16	21	23	15
衡阳市	510	236	154	73	26
邵阳市	310	98	93	69	31
岳阳市	136	75	33	17	7
常德市	137	65	32	23	15
张家界市	145	41	66	19	9
益阳市	194	66	68	30	22
郴州市	487	213	139	100	27
永州市	286	108	99	47	19
怀化市	1434	273	642	415	85
娄底市	219	72	76	34	17
湘西州	106	47	39	16	2

C-9-5c 续表

单位：户

地 区	2000-2999元	3000-3999元	4000-5999元	6000-7999元	8000-9999元	10000元及以上
全 省	**79**	**41**	**34**	**17**	**2**	**21**
长沙市	22	13	13	3	1	1
株洲市	6			1		2
湘潭市	3	3				
衡阳市	9	2	6	2		2
邵阳市	7	3	3	4	1	1
岳阳市	1	1				2
常德市	1					1
张家界市	2	1	3			4
益阳市	5	1		2		
郴州市	6	1				1
永州市	4	3	2	3		1
怀化市	6	8	1	1		3
娄底市	7	4	5	1		3
湘西州		1	1			

C-9-6　各地区按住房来源分的同时拥有厨房和厕所的家庭户户数

单位：户

地　区	合 计	租赁廉租住房/公租房	租　赁其他住房	购买新建商品房	购　买二手房	购买原公有住房	购买经济适用房/两限房	自建住房	继承或赠　予	其 他
全　省	**2104090**	**32444**	**107581**	**389414**	**58030**	**80150**	**39122**	**1322325**	**21630**	**53394**
长沙市	294160	5143	40286	96185	13847	14437	8839	101356	1973	12094
株洲市	124491	1928	6048	28070	4744	5950	2865	72531	697	1658
湘潭市	89644	1800	2743	21648	3131	5414	2024	50635	500	1749
衡阳市	197663	2663	5577	44555	3904	7813	4931	120570	1905	5745
邵阳市	210557	1801	8712	20816	2439	6169	1495	160402	3084	5639
岳阳市	170057	2222	5085	22868	6665	9273	3961	114418	1432	4133
常德市	187576	2443	4714	28514	6331	5123	1876	135027	630	2918
张家界市	51997	921	2900	5972	846	798	531	38734	329	966
益阳市	130029	2783	3523	15853	3373	4417	1998	94450	894	2738
郴州市	150312	3232	7604	28509	3039	5669	4397	91898	2512	3452
永州市	155282	1895	3788	24235	2467	3982	2020	111912	1848	3135
怀化市	157432	2637	7132	27609	3599	4841	1802	101714	3665	4433
娄底市	119077	1707	6341	15456	2710	3593	1825	83409	1252	2784
湘西州	65813	1269	3128	9124	935	2671	558	45269	909	1950

C-9-6a　各地区按住房来源分的同时拥有厨房和厕所的家庭户户数(城市)

单位：户

地　区	合 计	租赁廉租住房/公租房	租　赁其他住房	购买新建商品房	购　买二手房	购买原公有住房	购买经济适用房/两限房	自建住房	继承或赠　予	其 他
全　省	**583368**	**17545**	**68939**	**243806**	**36818**	**55889**	**25800**	**104880**	**4573**	**25118**
长沙市	188006	4494	34531	82507	11744	13935	8207	19791	1596	11201
株洲市	52981	1311	5117	23354	3989	5496	2461	10098	216	939
湘潭市	31849	1302	1759	13616	2414	4608	1183	5665	222	1080
衡阳市	53922	1451	2994	24905	2317	5683	3632	9544	545	2851
邵阳市	36965	754	3665	12731	1384	4085	745	11224	512	1865
岳阳市	47467	1041	3210	14269	3503	6133	2045	15247	470	1549
常德市	34678	1249	2273	15489	3125	2577	900	7702	134	1229
张家界市	9875	339	1796	3573	428	429	232	2857	25	196
益阳市	22261	1484	1385	6685	1373	2710	1221	6354	134	915
郴州市	30166	1696	3933	12773	1574	2933	2433	3595	261	968
永州市	18192	278	851	9448	872	1776	943	3227	88	709
怀化市	21009	823	2408	10612	1577	1788	618	2313	140	730
娄底市	27096	1129	3804	10490	2131	2506	999	5288	168	581
湘西州	8901	194	1213	3354	387	1230	181	1975	62	305

C-9-6b 各地区按住房来源分的同时拥有厨房和厕所的家庭户户数(镇)

单位：户

地 区	合 计	租赁廉租住房/公租房	租 赁其他住房	购买新建商品房	购 买二手房	购买原公有住房	购买经济适用房/两限房	自建住房	继承或赠 予	其 他
全 省	**611098**	**13848**	**35292**	**139962**	**18667**	**23176**	**12024**	**346095**	**5398**	**16636**
长沙市	51911	554	5351	13505	1941	423	582	28858	159	538
株洲市	32443	588	858	4552	647	435	349	24454	140	420
湘潭市	22914	489	913	7882	657	781	826	10800	132	434
衡阳市	54948	997	2329	18580	1403	2054	1196	26022	501	1866
邵阳市	67380	976	4827	7745	860	2011	655	47618	817	1871
岳阳市	54285	1124	1799	8248	2847	3018	1735	33027	548	1939
常德市	67974	1146	2355	12707	2885	2423	958	44128	265	1107
张家界市	14481	569	983	2307	350	353	276	9250	50	343
益阳市	42031	1247	1999	8955	1701	1567	701	24435	287	1139
郴州市	53085	1380	3374	15041	1268	2660	1702	25173	777	1710
永州市	54782	1518	2766	14105	1461	2127	992	29831	576	1406
怀化市	47646	1679	3519	15959	1661	2921	1011	18583	672	1641
娄底市	22290	552	2360	4761	499	983	686	11039	250	1160
湘西州	24928	1029	1859	5615	487	1420	355	12877	224	1062

C-9-6c 各地区按住房来源分的同时拥有厨房和厕所的家庭户户数(乡村)

单位：户

地 区	合 计	租赁廉租住房/公租房	租 赁其他住房	购买新建商品房	购 买二手房	购买原公有住房	购买经济适用房/两限房	自建住房	继承或赠 予	其 他
全 省	**909624**	**1051**	**3350**	**5646**	**2545**	**1085**	**1298**	**871350**	**11659**	**11640**
长沙市	54243	95	404	173	162	79	50	52707	218	355
株洲市	39067	29	73	164	108	19	55	37979	341	299
湘潭市	34881	9	71	150	60	25	15	34170	146	235
衡阳市	88793	215	254	1070	184	76	103	85004	859	1028
邵阳市	106212	71	220	340	195	73	95	101560	1755	1903
岳阳市	68305	57	76	351	315	122	181	66144	414	645
常德市	84924	48	86	318	321	123	18	83197	231	582
张家界市	27641	13	121	92	68	16	23	26627	254	427
益阳市	65737	52	139	213	299	140	76	63661	473	684
郴州市	67061	156	297	695	197	76	262	63130	1474	774
永州市	82308	99	171	682	134	79	85	78854	1184	1020
怀化市	88777	135	1205	1038	361	132	173	80818	2853	2062
娄底市	69691	26	177	205	80	104	140	67082	834	1043
湘西州	31984	46	56	155	61	21	22	30417	623	583

C-9-7 全省按户主的受教育程度、住房来源分的家庭户户数

单位：户

受教育程度	合 计	租赁廉租住房/公租房	租 赁 其他住房	购买新建商品房	购 买 二手房	购买原公有住房	购买经济适用房/两限房	自建住房	继承或赠 予	其 他
总 计	**2025974**	**32964**	**109692**	**382126**	**56986**	**79010**	**38190**	**1250207**	**22568**	**54231**
未上过学	33154	434	599	1199	296	616	277	27352	772	1609
学前教育	3613	28	68	189	45	71	32	2979	54	147
小 学	468037	4742	10444	24413	5866	10418	4627	390049	4930	12548
初 中	892050	14015	41700	105692	19726	26531	13773	638569	10739	21305
高 中	373726	8457	30293	108569	16515	23658	11289	159651	4106	11188
大学专科	147281	3002	15846	74841	7858	10670	4975	24266	1308	4515
大学本科	97182	1981	9559	60209	5814	6426	2900	7054	585	2654
硕士研究生	9294	240	992	6089	716	482	251	251	47	226
博士研究生	1637	65	191	925	150	138	66	36	27	39

C-9-7a 全省按户主的受教育程度、住房来源分的家庭户户数(城市)

单位：户

受教育程度	合 计	租赁廉租住房/公租房	租 赁 其他住房	购买新建商品房	购 买 二手房	购买原公有住房	购买经济适用房/两限房	自建住房	继承或赠 予	其 他
总 计	**576339**	**17938**	**70408**	**239576**	**36177**	**54622**	**25196**	**102414**	**4612**	**25396**
未上过学	3162	199	239	639	118	350	151	1169	63	234
学前教育	459	15	36	124	23	41	19	152	5	44
小 学	58743	2349	5014	12383	2583	6698	2682	22581	587	3866
初 中	183899	7240	23220	55440	10843	17639	8288	49827	1724	9678
高 中	159126	4961	20286	67815	11027	16990	7812	22055	1298	6882
大学专科	90645	1771	12508	51089	5918	7472	3616	4833	587	2851
大学本科	70786	1149	8027	45917	4853	4862	2332	1710	306	1630
硕士研究生	8070	192	900	5340	671	445	234	79	33	176
博士研究生	1449	62	178	829	141	125	62	8	9	35

C-9-7b 全省按户主的受教育程度、住房来源分的家庭户户数(镇)

单位：户

受教育程度	合 计	租赁廉租住房/公租房	租 赁其他住房	购买新建商品房	购 买二手房	购买原公有住房	购买经济适用房/两限房	自建住房	继承或赠 予	其 他
总 计	**594287**	**14004**	**35977**	**137708**	**18383**	**23235**	**11810**	**330562**	**5584**	**17024**
未上过学	7622	219	311	519	113	227	109	5536	151	437
学前教育	844	13	29	62	14	29	11	646	11	29
小 学	119915	2211	4779	11206	2574	3447	1648	89199	1074	3777
初 中	271637	6291	16639	47603	7629	8313	4870	170674	2560	7058
高 中	123558	3280	9437	39826	5174	6475	3277	51478	1232	3379
大学专科	45771	1148	3203	23482	1878	3140	1321	9832	370	1397
大学本科	23658	792	1477	14176	947	1554	553	3103	160	896
硕士研究生	1115	47	90	739	45	37	17	84	9	47
博士研究生	**167**	**3**	**12**	**95**	**9**	**13**	**4**	**10**	**17**	**4**

C-9-7c 全省按户主的受教育程度、住房来源分的家庭户户数(乡村)

单位：户

受教育程度	合 计	租赁廉租住房/公租房	租 赁其他住房	购买新建商品房	购 买二手房	购买原公有住房	购买经济适用房/两限房	自建住房	继承或赠 予	其 他
总 计	**855348**	**1022**	**3307**	**4842**	**2426**	**1153**	**1184**	**817231**	**12372**	**11811**
未上过学	22370	16	49	41	65	39	17	20647	558	938
学前教育	2310		3	3	8	1	2	2181	38	74
小 学	289379	182	651	824	709	273	297	278269	3269	4905
初 中	436514	484	1841	2649	1254	579	615	418068	6455	4569
高 中	91042	216	570	928	314	193	200	86118	1576	927
大学专科	10865	83	135	270	62	58	38	9601	351	267
大学本科	2738	40	55	116	14	10	15	2241	119	128
硕士研究生	109	1	2	10				88	5	3
博士研究生	21		1	1				18	1	

C-9-8　全省按户主的受教育程度、月租房费用分的家庭户户数

单位：户

受教育程度	合　计	200元以下	200-499元	500-999元	1000-1999元
总　计	**142656**	**28073**	**37818**	**35521**	**30163**
未上过学	1033	481	326	144	52
学前教育	96	27	35	24	8
小　学	15186	4998	5276	2961	1429
初　中	55715	13164	18225	14085	7650
高　中	38750	6531	9808	10897	8769
大学专科	18848	1707	2727	4884	6994
大学本科	11540	1039	1262	2295	4690
硕士研究生	1232	101	128	187	498
博士研究生	256	25	31	44	73

C-9-8　续表

单位：户

受教育程度	2000-2999元	3000-3999元	4000-5999元	6000-7999元	8000-9999元	10000元及以上
总　计	**7550**	**1709**	**982**	**414**	**161**	**265**
未上过学	19	4	2	3		2
学前教育		1		1		
小　学	256	108	98	34	10	16
初　中	1429	450	373	168	68	103
高　中	1774	424	271	129	51	96
大学专科	1994	314	122	49	20	37
大学本科	1770	341	96	26	12	9
硕士研究生	245	54	15	2		2
博士研究生	63	13	5	2		

C-9-8a 全省按户主的受教育程度、月租房费用分的家庭户户数(城市)

单位：户

受教育程度	合 计	200元以下	200-499元	500-999元	1000-1999元
总 计	**88346**	**13290**	**19229**	**22533**	**24811**
未上过学	438	187	122	72	40
学前教育	51	11	12	19	8
小 学	7363	2142	2268	1643	1030
初 中	30460	6155	8947	8070	5823
高 中	25247	3503	5427	7196	7152
大学专科	14279	791	1595	3593	6039
大学本科	9176	404	733	1746	4192
硕士研究生	1092	73	100	154	457
博士研究生	240	24	25	40	70

C-9-8a 续表

单位：户

受教育程度	2000-2999元	3000-3999元	4000-5999元	6000-7999元	8000-9999元	10000元及以上
总 计	**6410**	**1249**	**491**	**159**	**69**	**105**
未上过学	12	2	1			2
学前教育		1				
小 学	177	44	36	15	3	5
初 中	978	240	137	51	27	32
高 中	1456	281	133	47	19	33
大学专科	1825	293	81	25	12	25
大学本科	1665	322	83	17	8	6
硕士研究生	236	53	15	2		2
博士研究生	61	13	5	2		

C-9-8b　全省按户主的受教育程度、月租房费用分的家庭户户数(镇)

单位：户

受教育程度	合　计	200元以下	200-499元	500-999元	1000-1999元
总　计	**49981**	**13447**	**17095**	**12021**	**4988**
未上过学	530	261	184	63	11
学前教育	42	14	23	4	
小　学	6990	2532	2728	1166	352
初　中	22930	6356	8441	5469	1621
高　中	12717	2811	4104	3522	1542
大学专科	4351	848	1076	1229	933
大学本科	2269	598	505	532	486
硕士研究生	137	26	28	33	40
博士研究生	15	1	6	3	3

C-9-8b　续表

单位：户

受教育程度	2000-2999元	3000-3999元	4000-5999元	6000-7999元	8000-9999元	10000元及以上
总　计	**1072**	**425**	**462**	**241**	**90**	**140**
未上过学	5	2	1	3		
学前教育				1		
小　学	69	57	55	17	7	7
初　中	419	194	221	110	40	59
高　中	301	132	135	77	32	61
大学专科	164	21	38	24	7	11
大学本科	103	18	12	9	4	2
硕士研究生	9	1				
博士研究生	2					

C-9-8c　全省按户主的受教育程度、月租房费用分的家庭户户数(乡村)

单位：户

受教育程度	合　计	200元以下	200-499元	500-999元	1000-1999元
总　计	**4329**	**1336**	**1494**	**967**	**364**
未上过学	65	33	20	9	1
学前教育	3	2		1	
小　学	833	324	280	152	47
初　中	2325	653	837	546	206
高　中	786	217	277	179	75
大学专科	218	68	56	62	22
大学本科	95	37	24	17	12
硕士研究生	3	2			1
博士研究生	1			1	

C-9-8c　续表

单位：户

受教育程度	2000-2999元	3000-3999元	4000-5999元	6000-7999元	8000-9999元	10000元及以上
总　计	**68**	**35**	**29**	**14**	**2**	**20**
未上过学	2					
学前教育						
小　学	10	7	7	2		4
初　中	32	16	15	7	1	12
高　中	17	11	3	5		2
大学专科	5		3		1	1
大学本科	2	1	1			1
硕士研究生						
博士研究生						

C-9-9　全省按户主的职业、住房来源分的家庭户户数

单位：户

职业大类	合　计	租赁廉租住房/公租房	租　赁其他住房	购买新建商品房	购　买二手房
总　计	**1280843**	**17159**	**81734**	**258100**	**36391**
党的机关、国家机关、群众团体和社会组织、企事业单位负责人	33223	393	2664	15038	1600
专业技术人员	93406	2282	8952	45027	5058
办事人员和有关人员	81583	1905	4623	39253	3931
社会生产服务和生活服务人员	388052	8168	46893	107110	17402
农、林、牧、渔业生产及辅助人员	319150	430	1175	5088	1259
生产制造及有关人员	359036	3873	16965	44564	6958
不便分类的其他从业人员	6393	108	462	2020	183

C-9-9　续表

单位：户

职业大类	购买原公有住房	购买经济适用房/两限房	自建住房	继承或赠　予	其　他
总　计	**29112**	**19822**	**797624**	**13885**	**27016**
党的机关、国家机关、群众团体和社会组织、企事业单位负责人	1050	782	10707	261	728
专业技术人员	5275	2543	20465	747	3057
办事人员和有关人员	5993	2635	20049	772	2422
社会生产服务和生活服务人员	10671	8271	174371	4594	10572
农、林、牧、渔业生产及辅助人员	592	754	303640	2994	3218
生产制造及有关人员	5324	4668	265533	4410	6741
不便分类的其他从业人员	207	169	2859	107	278

C-9-9a 全省按户主的职业、住房来源分的家庭户户数(城市)

单位：户

职业大类	合　计	租赁廉租住房/公租房	租　赁其他住房	购买新建商品房	购　买二手房
总　计	**348843**	**8824**	**54521**	**160267**	**23618**
党的机关、国家机关、群众团体和社会组织、企事业单位负责人	16752	200	1777	10312	1148
专业技术人员	52314	1175	6982	30552	3839
办事人员和有关人员	43904	1023	3500	25626	2891
社会生产服务和生活服务人员	158836	4640	32356	68207	11691
农、林、牧、渔业生产及辅助人员	11117	79	319	1562	187
生产制造及有关人员	63266	1650	9262	22595	3745
不便分类的其他从业人员	2654	57	325	1413	117

C-9-9a 续表

单位：户

职业大类	购买原公有住房	购买经济适用房/两限房	自建住房	继承或赠　予	其　他
总　计	**18444**	**12210**	**56343**	**2366**	**12250**
党的机关、国家机关、群众团体和社会组织、企事业单位负责人	669	541	1562	74	469
专业技术人员	3478	1770	2774	244	1500
办事人员和有关人员	3857	1801	3455	300	1451
社会生产服务和生活服务人员	7108	5322	22010	1222	6280
农、林、牧、渔业生产及辅助人员	133	157	8361	78	241
生产制造及有关人员	3103	2519	17811	430	2151
不便分类的其他从业人员	96	100	370	18	158

C-9-9b　全省按户主的职业、住房来源分的家庭户户数(镇)

单位：户

职业大类	合　计	租赁廉租住房/公租房	租　赁其他住房	购买新建商品房	购　买二手房
总　计	**376375**	**7686**	**24774**	**94469**	**11203**
党的机关、国家机关、群众团体和社会组织、企事业单位负责人	10584	175	818	4599	426
专业技术人员	29562	1040	1862	14274	1162
办事人员和有关人员	27225	834	1040	13457	999
社会生产服务和生活服务人员	128237	3291	13405	37603	5311
农、林、牧、渔业生产及辅助人员	69189	252	654	3125	551
生产制造及有关人员	109590	2045	6866	20818	2693
不便分类的其他从业人员	1988	49	129	593	61

C-9-9b　续表

单位：户

职业大类	购买原公有住房	购买经济适用房/两限房	自建住房	继承或赠予	其　他
总　计	**10061**	**6805**	**208824**	**3331**	**9222**
党的机关、国家机关、群众团体和社会组织、企事业单位负责人	367	229	3699	71	200
专业技术人员	1746	743	7228	232	1275
办事人员和有关人员	2103	799	6980	228	785
社会生产服务和生活服务人员	3366	2709	58213	1283	3056
农、林、牧、渔业生产及辅助人员	299	382	62412	486	1028
生产制造及有关人员	2072	1880	69449	986	2781
不便分类的其他从业人员	108	63	843	45	97

C-9-9c 全省按户主的职业、住房来源分的家庭户户数(乡村)

单位：户

职业大类	合　计	租赁廉租住房/公租房	租　赁其他住房	购买新建商品房	购　买二手房
总　计	**555625**	**649**	**2439**	**3364**	**1570**
党的机关、国家机关、群众团体和社会组织、企事业单位负责人	5887	18	69	127	26
专业技术人员	11530	67	108	201	57
办事人员和有关人员	10454	48	83	170	41
社会生产服务和生活服务人员	100979	237	1132	1300	400
农、林、牧、渔业生产及辅助人员	238844	99	202	401	521
生产制造及有关人员	186180	178	837	1151	520
不便分类的其他从业人员	1751	2	8	14	5

C-9-9c 续表

单位：户

职业大类	购买原公有住房	购买经济适用房/两限房	自建住房	继承或赠　予	其　他
总　计	**607**	**807**	**532457**	**8188**	**5544**
党的机关、国家机关、群众团体和社会组织、企事业单位负责人	14	12	5446	116	59
专业技术人员	51	30	10463	271	282
办事人员和有关人员	33	35	9614	244	186
社会生产服务和生活服务人员	197	240	94148	2089	1236
农、林、牧、渔业生产及辅助人员	160	215	232867	2430	1949
生产制造及有关人员	149	269	178273	2994	1809
不便分类的其他从业人员	3	6	1646	44	23

C-9-10　全省按户主的职业、月租房费用分的家庭户户数

单位：户

职业大类	合　计	200元以下	200-499元	500-999元	1000-1999元
总　计	**98893**	**13860**	**25330**	**26641**	**24258**
党的机关、国家机关、群众团体和社会组织、企事业单位负责人	3057	241	583	830	853
专业技术人员	11234	1476	1924	2690	3708
办事人员和有关人员	6528	1275	1288	1352	1805
社会生产服务和生活服务人员	55061	6511	13105	15271	14991
农、林、牧、渔业生产及辅助人员	1605	494	652	291	111
生产制造及有关人员	20838	3788	7594	6078	2641
不便分类的其他从业人员	570	75	184	129	149

C-9-10　续表

单位：户

职业大类	2000-2999元	3000-3999元	4000-5999元	6000-7999元	8000-9999元	10000元及以上
总　计	**5991**	**1360**	**752**	**324**	**134**	**243**
党的机关、国家机关、群众团体和社会组织、企事业单位负责人	321	118	56	20	11	24
专业技术人员	1137	201	57	28	3	10
办事人员和有关人员	600	127	52	14	7	8
社会生产服务和生活服务人员	3450	788	460	206	95	184
农、林、牧、渔业生产及辅助人员	29	12	6	7	1	2
生产制造及有关人员	428	109	119	49	17	15
不便分类的其他从业人员	26	5	2			

C-9-10a 全省按户主的职业、月租房费用分的家庭户户数(城市)

单位：户

职业大类	合　计	200元以下	200-499元	500-999元	1000-1999元
总　计	**63345**	**5848**	**13330**	**17364**	**20039**
党的机关、国家机关、群众团体和社会组织、企事业单位负责人	1977	99	321	521	618
专业技术人员	8157	573	1063	1891	3313
办事人员和有关人员	4523	545	757	912	1566
社会生产服务和生活服务人员	36996	3108	7210	10389	12438
农、林、牧、渔业生产及辅助人员	398	75	156	97	55
生产制造及有关人员	10912	1408	3741	3456	1919
不便分类的其他从业人员	382	40	82	98	130

C-9-10a 续表

单位：户

职业大类	2000-2999元	3000-3999元	4000-5999元	6000-7999元	8000-9999元	10000元及以上
总　计	**5077**	**1000**	**399**	**129**	**61**	**98**
党的机关、国家机关、群众团体和社会组织、企事业单位负责人	264	93	34	9	6	12
专业技术人员	1066	187	42	13	3	6
办事人员和有关人员	563	121	42	9	4	4
社会生产服务和生活服务人员	2857	549	241	91	44	69
农、林、牧、渔业生产及辅助人员	13	1		1		
生产制造及有关人员	288	45	38	6	4	7
不便分类的其他从业人员	26	4	2			

C-9-10b　全省按户主的职业、月租房费用分的家庭户户数(镇)

单位：户

职业大类	合　计	200元以下	200-499元	500-999元	1000-1999元
总　计	**32460**	**7214**	**10898**	**8525**	**3921**
党的机关、国家机关、群众团体和社会组织、企事业单位负责人	993	128	245	286	217
专业技术人员	2902	831	818	756	383
办事人员和有关人员	1874	676	499	407	228
社会生产服务和生活服务人员	16696	3135	5400	4517	2391
农、林、牧、渔业生产及辅助人员	906	264	418	145	42
生产制造及有关人员	8911	2148	3419	2386	642
不便分类的其他从业人员	178	32	99	28	18

C-9-10b　续表

单位：户

职业大类	2000-2999元	3000-3999元	4000-5999元	6000-7999元	8000-9999元	10000元及以上
总　计	**858**	**331**	**332**	**183**	**71**	**127**
党的机关、国家机关、群众团体和社会组织、企事业单位负责人	52	23	19	9	5	9
专业技术人员	69	13	15	14		3
办事人员和有关人员	36	6	10	5	3	4
社会生产服务和生活服务人员	568	220	205	106	50	104
农、林、牧、渔业生产及辅助人员	14	9	5	6	1	2
生产制造及有关人员	119	59	78	43	12	5
不便分类的其他从业人员		1				

C-9-10c 全省按户主的职业、月租房费用分的家庭户户数(乡村)

单位：户

职业大类	合　计	200元以下	200-499元	500-999元	1000-1999元
总　计	**3088**	**798**	**1102**	**752**	**298**
党的机关、国家机关、群众团体和社会组织、企事业单位负责人	87	14	17	23	18
专业技术人员	175	72	43	43	12
办事人员和有关人员	131	54	32	33	11
社会生产服务和生活服务人员	1369	268	495	365	162
农、林、牧、渔业生产及辅助人员	301	155	78	49	14
生产制造及有关人员	1015	232	434	236	80
不便分类的其他从业人员	10	3	3	3	1

C-9-10c 续表

单位：户

职业大类	2000-2999元	3000-3999元	4000-5999元	6000-7999元	8000-9999元	10000元及以上
总　计	**56**	**29**	**21**	**12**	**2**	**18**
党的机关、国家机关、群众团体和社会组织、企事业单位负责人	5	2	3	2		3
专业技术人员	2	1		1		1
办事人员和有关人员	1					
社会生产服务和生活服务人员	25	19	14	9	1	11
农、林、牧、渔业生产及辅助人员	2	2	1			
生产制造及有关人员	21	5	3		1	3
不便分类的其他从业人员						

C-9-11　全省按户主的职业分的家庭户住房状况

职业大类	户　数（户）	人　数（人）	平均每户住房间数（间/户）	人均住房建筑面积（平方米/人）	人均住房间　数（间/人）
总　计	**1280843**	**4133609**	**3.91**	**41.36**	**1.21**
党的机关、国家机关、群众团体和社会组织、企事业单位负责人	33223	106418	3.62	42.03	1.13
专业技术人员	93406	265162	3.25	42.15	1.14
办事人员和有关人员	81583	240614	3.38	42.60	1.14
社会生产服务和生活服务人员	388052	1199544	3.55	40.30	1.15
农、林、牧、渔业生产及辅助人员	319150	1067191	4.37	42.36	1.31
生产制造及有关人员	359036	1235239	4.21	41.07	1.22
不便分类的其他从业人员	6393	19441	3.42	39.60	1.12

C-9-11a　全省按户主的职业分的家庭户住房状况（城市）

职业大类	户　数（户）	人　数（人）	平均每户住房间数（间/户）	人均住房建筑面积（平方米/人）	人均住房间　数（间/人）
总　计	**348843**	**1019112**	**3.02**	**38.63**	**1.03**
党的机关、国家机关、群众团体和社会组织、企事业单位负责人	16752	51622	3.17	40.31	1.03
专业技术人员	52314	144400	2.91	40.12	1.05
办事人员和有关人员	43904	124817	3.04	41.26	1.07
社会生产服务和生活服务人员	158836	451661	2.88	37.41	1.01
农、林、牧、渔业生产及辅助人员	11117	38224	4.04	43.19	1.18
生产制造及有关人员	63266	200765	3.22	37.33	1.01
不便分类的其他从业人员	2654	7623	3.03	39.23	1.05

C-9-11b 全省按户主的职业分的家庭户住房状况(镇)

职业大类	户 数(户)	人 数(人)	平均每户住房间数(间/户)	人均住房建筑面积(平方米/人)	人均住房间 数(间/人)
总 计	**376375**	**1226873**	**3.85**	**41.73**	**1.18**
党的机关、国家机关、群众团体和社会组织、企事业单位负责人	10584	34248	3.71	43.41	1.15
专业技术人员	29562	84321	3.36	43.93	1.18
办事人员和有关人员	27225	81576	3.47	43.63	1.16
社会生产服务和生活服务人员	128237	405365	3.65	41.40	1.15
农、林、牧、渔业生产及辅助人员	69189	236295	4.31	42.39	1.26
生产制造及有关人员	109590	378828	4.03	40.66	1.17
不便分类的其他从业人员	1988	6240	3.44	38.70	1.10

C-9-11c 全省按户主的职业分的家庭户住房状况(乡村)

职业大类	户 数(户)	人 数(人)	平均每户住房间数(间/户)	人均住房建筑面积(平方米/人)	人均住房间 数(间/人)
总 计	**555625**	**1887624**	**4.50**	**42.59**	**1.33**
党的机关、国家机关、群众团体和社会组织、企事业单位负责人	5887	20548	4.74	44.06	1.36
专业技术人员	11530	36441	4.48	46.05	1.42
办事人员和有关人员	10454	34221	4.56	45.06	1.39
社会生产服务和生活服务人员	100979	342518	4.47	42.79	1.32
农、林、牧、渔业生产及辅助人员	238844	792672	4.40	42.31	1.33
生产制造及有关人员	186180	655646	4.64	42.46	1.32
不便分类的其他从业人员	1751	5578	3.99	41.10	1.25

C 9-12　全省按户主的职业、人均住房建筑面积分的家庭户户数

单位：户

职业大类	合　计	人均住房建筑面积(平方米)			
		8及以下	9-12	13-16	17-19
总　计	**1280843**	**3959**	**14541**	**36851**	**27278**
党的机关、国家机关、群众团体和社会组织、企事业单位负责人	33223	67	280	765	741
专业技术人员	93406	177	762	2079	2105
办事人员和有关人员	81583	139	670	1713	1653
社会生产服务和生活服务人员	388052	1675	5858	13056	9345
农、林、牧、渔业生产及辅助人员	319150	597	2404	7993	5684
生产制造及有关人员	359036	1279	4481	11073	7617
不便分类的其他从业人员	6393	25	86	172	133

C-9-12　续表

单位：户

职业大类	人均住房建筑面积(平方米)					
	20-29	30-39	40-49	50-59	60-69	70及以上
总　计	**248652**	**265508**	**213020**	**108626**	**123419**	**238989**
党的机关、国家机关、群众团体和社会组织、企事业单位负责人	6246	7398	5819	2559	2975	6373
专业技术人员	16768	19170	17573	7578	8494	18700
办事人员和有关人员	14152	16765	15971	6982	7579	15959
社会生产服务和生活服务人员	79539	81537	61989	30094	34178	70781
农、林、牧、渔业生产及辅助人员	57624	62438	52874	30726	35540	63270
生产制造及有关人员	73018	76850	57687	30236	34052	62743
不便分类的其他从业人员	1305	1350	1107	451	601	1163

C-9-12a 全省按户主的职业、人均住房建筑面积分的家庭户户数(城市)

单位：户

职业大类	合　计	人均住房建筑面积(平方米)			
		8及以下	9-12	13-16	17-19
总　计	**348843**	**1598**	**5497**	**12263**	**10468**
党的机关、国家机关、群众团体和社会组织、企事业单位负责人	16752	32	134	383	447
专业技术人员	52314	103	447	1287	1475
办事人员和有关人员	43904	83	348	960	1046
社会生产服务和生活服务人员	158836	935	3078	6608	5088
农、林、牧、渔业生产及辅助人员	11117	34	110	263	193
生产制造及有关人员	63266	400	1341	2704	2165
不便分类的其他从业人员	2654	11	39	58	54

C-9-12a 续表

单位：户

职业大类	人均住房建筑面积(平方米)					
	20-29	30-39	40-49	50-59	60-69	70及以上
总　计	**74087**	**74671**	**60028**	**25305**	**27269**	**57657**
党的机关、国家机关、群众团体和社会组织、企事业单位负责人	3353	3880	3047	1172	1325	2979
专业技术人员	10328	10850	10136	4010	4172	9506
办事人员和有关人员	8103	9129	8953	3650	3643	7989
社会生产服务和生活服务人员	35409	33968	25555	10951	11718	25526
农、林、牧、渔业生产及辅助人员	1917	2182	1827	1053	1272	2266
生产制造及有关人员	14427	14100	10031	4302	4880	8916
不便分类的其他从业人员	550	562	479	167	259	475

C-9-12b　全省按户主的职业、人均住房建筑面积分的家庭户户数(镇)

单位：户

职业大类	合　计	人均住房建筑面积(平方米)			
		8及以下	9-12	13-16	17-19
总　计	**376375**	**1173**	**4309**	**10138**	**7536**
党的机关、国家机关、群众团体和社会组织、企事业单位负责人	10584	21	89	231	191
专业技术人员	29562	55	209	552	484
办事人员和有关人员	27225	40	226	510	453
社会生产服务和生活服务人员	128237	485	1770	3663	2728
农、林、牧、渔业生产及辅助人员	69189	141	519	1716	1236
生产制造及有关人员	109590	421	1469	3407	2392
不便分类的其他从业人员	1988	10	27	59	52

C-9-12b　续表

单位：户

职业大类	人均住房建筑面积(平方米)					
	20-29	30-39	40-49	50-59	60-69	70及以上
总　计	**71727**	**79208**	**62004**	**31251**	**37087**	**71942**
党的机关、国家机关、群众团体和社会组织、企事业单位负责人	1877	2312	1823	850	1027	2163
专业技术人员	4621	6053	5651	2502	3011	6424
办事人员和有关人员	4301	5642	5358	2367	2813	5515
社会生产服务和生活服务人员	25096	26934	20337	10021	12139	25064
农、林、牧、渔业生产及辅助人员	12631	13752	11252	6531	7684	13727
生产制造及有关人员	22782	24082	17250	8857	10230	18700
不便分类的其他从业人员	419	433	333	123	183	349

C-9-12c 全省按户主的职业、人均住房建筑面积分的家庭户户数(乡村)

单位：户

职业大类	合　计	人均住房建筑面积(平方米)			
		8及以下	9-12	13-16	17-19
总　计	**555625**	**1188**	**4735**	**14450**	**9274**
党的机关、国家机关、群众团体和社会组织、企事业单位负责人	5887	14	57	151	103
专业技术人员	11530	19	106	240	146
办事人员和有关人员	10454	16	96	243	154
社会生产服务和生活服务人员	100979	255	1010	2785	1529
农、林、牧、渔业生产及辅助人员	238844	422	1775	6014	4255
生产制造及有关人员	186180	458	1671	4962	3060
不便分类的其他从业人员	1751	4	20	55	27

C-9-12c 续表

单位：户

职业大类	人均住房建筑面积(平方米)					
	20-29	30-39	40-49	50-59	60-69	70及以上
总　计	**102838**	**111629**	**90988**	**52070**	**59063**	**109390**
党的机关、国家机关、群众团体和社会组织、企事业单位负责人	1016	1206	949	537	623	1231
专业技术人员	1819	2267	1786	1066	1311	2770
办事人员和有关人员	1748	1994	1660	965	1123	2455
社会生产服务和生活服务人员	19034	20635	16097	9122	10321	20191
农、林、牧、渔业生产及辅助人员	43076	46504	39795	23142	26584	47277
生产制造及有关人员	35809	38668	30406	17077	18942	35127
不便分类的其他从业人员	336	355	295	161	159	339

C-9-13　各地区按拥有全部家用汽车总价分的家庭户户数

单位：户

地　区	合　计	不　满 10万元	10万元以上，不满20万元	20万元以上，不满30万元	30万元以上，不满50万元	50万元以上，不满100万元	100万元及以上	没有汽车
全　省	**2162386**	**249306**	**397729**	**87744**	**35254**	**12747**	**3534**	**1376072**
长沙市	297191	43789	84968	25996	12857	5279	1462	122840
株洲市	125332	16081	28773	6137	2586	968	242	70545
湘潭市	90262	12626	21381	3792	1425	525	173	50340
衡阳市	212182	17943	34640	6885	1925	593	193	150003
邵阳市	220733	24640	31099	6345	2686	926	282	154755
岳阳市	171116	24096	38770	6860	2152	780	164	98294
常德市	188493	19809	38594	7446	2660	876	212	118896
张家界市	52767	5192	9104	1829	714	252	63	35613
益阳市	130858	19177	20778	3725	1250	449	145	85334
郴州市	156984	15778	21042	4572	1755	520	160	113157
永州市	161853	17582	24482	4669	1872	508	120	112620
怀化市	161322	13370	17880	3761	1385	359	110	124457
娄底市	125466	12841	18913	4023	1427	537	158	87567
湘西州	67827	6382	7305	1704	560	175	50	51651

C-9-13a　各地区按拥有全部家用汽车总价分的家庭户户数(城市)

单位：户

地　区	合　计	不　满 10万元	10万元以上，不满20万元	20万元以上，不满30万元	30万元以上，不满50万元	50万元以上，不满100万元	100万元及以上	没有汽车
全　省	**589972**	**67096**	**145743**	**42008**	**18528**	**7316**	**2015**	**307266**
长沙市	190080	20873	55260	20202	10512	4372	1225	77636
株洲市	53333	6747	13775	3583	1614	633	154	26827
湘潭市	32191	3741	8351	1787	706	246	90	17270
衡阳市	54685	4462	10951	2275	564	148	48	36237
邵阳市	38089	4594	7370	1752	631	248	61	23433
岳阳市	47676	6088	12213	2796	768	340	70	25401
常德市	34881	3647	9446	2665	1093	373	103	17554
张家界市	9953	1050	2429	645	263	102	22	5442
益阳市	22365	3758	4201	768	302	102	31	13203
郴州市	30545	3641	6066	1673	766	286	76	18037
永州市	18356	2644	3836	686	187	37	8	10958
怀化市	21354	2059	4078	1244	460	152	40	13321
娄底市	27485	3016	6035	1534	515	202	68	16115
湘西州	8979	776	1732	398	147	75	19	5832

C-9-13b 各地区按拥有全部家用汽车总价分的家庭户户数(镇)

单位：户

地 区	合 计	不 满 10万元	10万元以上，不满20万元	20万元以上，不满30万元	30万元以上，不满50万元	50万元以上，不满100万元	100万元及以上	没有汽车
全 省	**621937**	**73362**	**119571**	**25140**	**8898**	**3009**	**790**	**391167**
长沙市	52528	10341	16134	3580	1483	597	145	20248
株洲市	32699	4043	7299	1432	572	204	48	19101
湘潭市	23022	3606	6105	1215	448	177	42	11429
衡阳市	56913	5404	11076	2623	699	214	63	36834
邵阳市	70131	8067	10580	2305	892	287	123	47877
岳阳市	54590	7474	12430	2125	694	241	53	31573
常德市	68234	7091	14113	2782	954	317	61	42916
张家界市	14571	1512	2795	590	243	74	15	9342
益阳市	42218	5694	7531	1588	489	214	63	26639
郴州市	54403	5488	8149	1722	566	121	48	38309
永州市	55679	6183	10446	2084	821	278	54	35813
怀化市	48522	3772	6131	1454	521	104	31	36509
娄底市	23191	2490	3954	888	291	121	28	15419
湘西州	25236	2197	2828	752	225	60	16	19158

C-9-13c 各地区按拥有全部家用汽车总价分的家庭户户数(乡村)

单位：户

地 区	合 计	不 满 10万元	10万元以上，不满20万元	20万元以上，不满30万元	30万元以上，不满50万元	50万元以上，不满100万元	100万元及以上	没有汽车
全 省	**950477**	**108848**	**132415**	**20596**	**7828**	**2422**	**729**	**677639**
长沙市	54583	12575	13574	2214	862	310	92	24956
株洲市	39300	5291	7699	1122	400	131	40	24617
湘潭市	35049	5279	6925	790	271	102	41	21641
衡阳市	100584	8077	12613	1987	662	231	82	76932
邵阳市	112513	11979	13149	2288	1163	391	98	83445
岳阳市	68850	10534	14127	1939	690	199	41	41320
常德市	85378	9071	15035	1999	613	186	48	58426
张家界市	28243	2630	3880	594	208	76	26	20829
益阳市	66275	9725	9046	1369	459	133	51	45492
郴州市	72036	6649	6827	1177	423	113	36	56811
永州市	87818	8755	10200	1899	864	193	58	65849
怀化市	91446	7539	7671	1063	404	103	39	74627
娄底市	74790	7335	8924	1601	621	214	62	56033
湘西州	33612	3409	2745	554	188	40	15	26661

第三部分 附录

附录 1　湖南省第七次全国人口普查公报

湖南省第七次全国人口普查公报[1]（第一号）

——全省人口情况

湖南省统计局

湖南省第七次全国人口普查领导小组办公室

2021年5月19日

根据《中华人民共和国统计法》、《全国人口普查条例》和国务院的决定，我国以2020年11月1日零时为标准时点进行了第七次全国人口普查[2]。我省人口普查在省委、省政府的坚强领导下，在全体普查对象的支持配合下，通过各级普查机构和广大普查工作人员的艰苦努力，圆满完成了普查现场登记和普查主要数据的汇总工作。现将全省主要数据公布如下：

一、常住人口

全省常住人口[3]为66444864人，与2010年第六次全国人口普查的65700762人相比，增加744102人，增长1.13%，年平均增长率为0.11%。

二、户别人口

全省共有家庭户[4]22878336户，集体户1013684户，家庭户人口为61121055人，集体户人口为5323809人。平均每个家庭户的人口为2.67人，比2010年第六次全国人口普查减少0.65人。

三、民族人口

全省常住人口中，汉族人口为59759648人，占89.94%；各少数民族人口为6685216人，占10.06%。与2010年第六次全国人口普查相比，汉族人口增加610295人，增长1.03%；各少数民族人口增加133807人，增长2.04%。

注释：

[1] 本公报数据为初步汇总数据。

[2] 普查登记的对象是指普查标准时点在中华人民共和国境内的自然人以及在中华人民共和国境外但未定居的中国公民，不包括在中华人民共和国境内短期停留的境外人员。

[3] 常住人口包括，居住在本乡镇街道且户口在本乡镇街道或户口待定的人；居住在本乡镇街道且离开户口所在的乡镇街道半年以上的人；户口在本乡镇街道且外出不满半年或在境外工作学习的人。

[4] 家庭户是指以家庭成员关系为主、居住一处共同生活的人组成的户。

湖南省第七次全国人口普查公报[1]（第二号）

——市州人口情况

湖南省统计局

湖南省第七次全国人口普查领导小组办公室

2021年5月19日

根据第七次全国人口普查结果，现将2020年11月1日零时湖南省14个市州的常住人口情况公布如下：

14个市州中，人口超过1000万人的市州为长沙；在500万人至1000万人之间的市州有5个，分别为衡阳、邵阳、永州、常德、岳阳；在300万人至500万人之间的市州有5个，分别为郴州、怀化、株洲、益阳、娄底；在100万人至300万人的市州有3个，分别为湘潭、湘西自治州、张家界。其中，人口居前五位的市州合计33825603人，占全省常住人口比重[2]为50.91%。

分区域[3]看，长株潭地区人口为16676833人，占25.10%；湘南地区人口为16602201人，占24.99%；大湘西地区人口为18983242人，占28.57%；洞庭湖地区为14182588人，占21.34%。

表2-1 各市州常住人口

单位：人、%

地　区	人口数	比　重	
		2020年	2010年
全　省	**66444864**	**100.00**	**100.00**
长沙市	10047914	15.12	10.72
株洲市	3902738	5.87	5.87
湘潭市	2726181	4.10	4.19
衡阳市	6645243	10.00	10.88
邵阳市	6563520	9.88	10.76
岳阳市	5051922	7.60	8.33
常德市	5279102	7.95	8.70
张家界市	1517027	2.28	2.25
益阳市	3851564	5.80	6.56
郴州市	4667134	7.02	6.98
永州市	5289824	7.96	7.91
怀化市	4587594	6.90	7.22
娄底市	3826996	5.76	5.76
湘西州	2488105	3.74	3.88

注释：

[1] 本公报数据为初步汇总数据。部分数据因四舍五入的原因，存在总计与分项合计不等的情况。

[2] 指各市州的常住人口占全省常住人口的比重。

[3] 长株潭地区包括长沙市、株洲市和湘潭市；湘南地区包括衡阳市、郴州市和永州市；大湘西地区包括湘西自治州、怀化市、张家界市、邵阳市和娄底市；洞庭湖地区包括岳阳市、常德市和益阳市。

湖南省第七次全国人口普查公报[1]（第三号）

——人口性别构成情况

湖南省统计局

湖南省第七次全国人口普查领导小组办公室

2021年5月19日

根据第七次全国人口普查结果，现将2020年11月1日零时湖南省14个市州的常住人口性别构成情况公布如下：

一、全省人口性别构成

全省常住人口中，男性人口为33995673人，占51.16%；女性人口为32449191人，占48.84%。总人口性别比（以女性为100，男性对女性的比例）为104.77，比2010年第六次全国人口普查下降1.03。

二、市州人口性别构成

14个市州中，常住人口性别比在104以下的有6个，在104至106之间的有3个，在106以上的有5个。

表3-1 各市州人口性别构成

单位：%

地　区	占总人口比重		性别比
	男	女	
全　省	**51.16**	**48.84**	**104.77**
长沙市	50.61	49.39	102.49
株洲市	50.69	49.31	102.81
湘潭市	50.74	49.26	103.02
衡阳市	51.57	48.43	106.50
邵阳市	51.68	48.32	106.97
岳阳市	51.20	48.80	104.92
常德市	50.13	49.87	100.52
张家界市	50.86	49.14	103.48
益阳市	50.73	49.27	102.98
郴州市	51.73	48.27	107.16
永州市	52.05	47.95	108.54
怀化市	51.48	48.52	106.11
娄底市	51.23	48.77	105.04
湘西州	51.45	48.55	105.97

注释：

[1]本公报数据为初步汇总数据。

湖南省第七次全国人口普查公报[1]（第四号）

——人口年龄构成情况

湖南省统计局

湖南省第七次全国人口普查领导小组办公室

2021年5月19日

根据第七次全国人口普查结果，现将2020年11月1日零时湖南省14个市州的常住人口年龄构成情况公布如下：

一、全省人口年龄构成

全省常住人口中，0–14岁人口为12969522人，占19.52%；15–59岁人口为40264061人，占60.60%；60岁及以上人口为13211281人，占19.88%；65岁及以上人口为9842067人，占14.81%。与2010年第六次全国人口普查相比，0–14岁人口的比重上升1.90个百分点，15–59岁人口的比重下降7.24个百分点，60岁及以上人口的比重上升5.34个百分点，65岁及以上人口的比重上升5.04个百分点。

表4–1 全省人口年龄构成

单位：人、%

年　　龄	人　口　数	比　重
总　计	**66444864**	**100.00**
0–14岁	12969522	19.52
15–59岁	40264061	60.60
60岁及以上	13211281	19.88
其中：65岁及以上	9842067	14.81

二、市州人口年龄构成

分市州看，15–59岁人口比重在65%以上的有1个，在60%–65%之间的有5个，在50%–60%之间的有8个。

8个市州65岁及以上老年人口比重超过15%，其中，3个市65岁及以上老年人口比重超过17%。

表4-2 各市州人口年龄构成

单位：%

地　区	占总人口比重			
	0-14岁	15-59岁	60岁及以上	其中：65岁及以上
全　省	**19.52**	**60.60**	**19.88**	**14.81**
长沙市	16.64	68.03	15.33	11.11
株洲市	18.28	61.80	19.92	14.53
湘潭市	15.54	62.53	21.93	16.89
衡阳市	21.00	58.80	20.19	14.74
邵阳市	22.53	56.72	20.75	15.60
岳阳市	18.46	61.27	20.27	15.00
常德市	14.87	60.10	25.02	19.16
张家界市	17.96	60.28	21.76	17.09
益阳市	17.71	59.65	22.65	17.18
郴州市	23.14	59.12	17.74	12.32
永州市	22.95	57.41	19.63	14.39
怀化市	20.24	58.67	21.08	15.88
娄底市	22.51	58.18	19.31	14.79
湘西州	21.28	59.73	18.99	15.04

注释：

[1] 本公报数据为初步汇总数据。部分数据因四舍五入的原因，存在总计与分项合计不等的情况。

湖南省第七次全国人口普查公报[1]（第五号）

——人口受教育情况

湖南省统计局

湖南省第七次全国人口普查领导小组办公室

2021年5月19日

根据第七次全国人口普查结果，现将2020年11月1日零时湖南省14个市州的常住人口受教育基本情况公布如下：

一、受教育程度人口

全省常住人口中，拥有大学（指大专及以上）文化程度的人口为8132245人；拥有高中（含中专）文化程度的人口为11810958人；拥有初中文化程度的人口为23678162人；拥有小学文化程度的人口为16753085人（以上各种受教育程度的人包括各类学校的毕业生、肄业生和在校生）。与2010年第六次全国人口普查相比，每10万人中拥有大学文化程度的由7598人上升为12239人；拥有高中文化程度的由15424人上升为17776人；拥有初中文化程度的由39538人下降为35636人；拥有小学文化程度的由26790人下降为25214人。

表5-1　各市州每10万人口中拥有的各类受教育程度人数

单位：人/10万人

地　区	大　学（大专及以上）	高　中（含中专）	初　中	小　学
全　省	**12239**	**17776**	**35636**	**25214**
长沙市	27453	19602	26995	18005
株洲市	15053	17970	34190	24855
湘潭市	17084	19221	35205	21512
衡阳市	8919	16182	38982	26574
邵阳市	7560	17604	39263	25807
岳阳市	9691	25642	33347	22458
常德市	10542	18361	34564	28734
张家界市	10137	14748	35677	29718
益阳市	8597	16484	36611	29500
郴州市	8771	15964	39943	25839
永州市	6888	16214	39749	26855
怀化市	7980	13772	39492	28188
娄底市	9043	18959	36010	26161
湘西州	8633	12135	35643	30882

二、平均受教育年限[2]

与2010年第六次全国人口普查相比，全省常住人口中，15岁及以上人口的平均受教育年限由9.16年上升至9.88年。

14个市州中，平均受教育年限在10年以上的有4个，在8年至10年之间的有10个。

表5-2 各市州15岁及以上人口平均受教育年限

单位：年

地　区	2020年	2010年
全　省	**9.88**	**9.16**
长沙市	11.52	10.48
株洲市	10.21	9.35
湘潭市	10.48	9.79
衡阳市	9.46	8.94
邵阳市	9.47	8.83
岳阳市	10.06	9.58
常德市	9.50	8.94
张家界市	9.27	8.56
益阳市	9.31	8.97
郴州市	9.58	8.94
永州市	9.28	8.83
怀化市	9.16	8.56
娄底市	9.70	9.16
湘西州	8.88	8.27

三、文盲人口

全省常住人口中，文盲人口（15岁及以上不识字的人）为1137340人，与2010年第六次全国人口普查相比，文盲人口减少616999人，文盲率[3]由2.67%下降为1.71%，下降0.96个百分点。

注释：

[1] 本公报数据为初步汇总数据。

[2] 平均受教育年限是将各种受教育程度折算成受教育年限计算平均数得出的，具体的折算标准是：小学=6年，初中=9年，高中=12年，大专及以上=16年。

[3] 文盲率是指常住人口中15岁及以上不识字人口所占比例。

湖南省第七次全国人口普查公报[1]（第六号）

——城乡人口情况

湖南省统计局

湖南省第七次全国人口普查领导小组办公室

2021年5月19日

根据第七次全国人口普查结果，现将2020年11月1日零时湖南省14个市州的常住人口城乡[2]分布情况公布如下：

全省常住人口中，居住在城镇的人口为39046176人，占58.76%；居住在乡村的人口为27398688人，占41.24%。与2010年第六次全国人口普查相比，城镇人口增加10593113人，乡村人口减少9849011人，城镇人口比重提高15.46个百分点。

表6-1 各市州城乡常住人口

单位：人、%

地　区	人口数	其中		城镇化率
		城镇	乡村	
全　省	**66444864**	**39046176**	**27398688**	**58.76**
长沙市	10047914	8300000	1747914	82.60
株洲市	3902738	2781072	1121666	71.26
湘潭市	2726181	1754969	971212	64.37
衡阳市	6645243	3606453	3038790	54.27
邵阳市	6563520	3423660	3139860	52.16
岳阳市	5051922	3064474	1987448	60.66
常德市	5279102	2968067	2311035	56.22
张家界市	1517027	783520	733507	51.65
益阳市	3851564	1942517	1909047	50.43
郴州市	4667134	2715350	1951784	58.18
永州市	5289824	2483050	2806774	46.94
怀化市	4587594	2164261	2423333	47.18
娄底市	3826996	1796776	2030220	46.95
湘西州	2488105	1262007	1226098	50.72

注释：

[1] 本公报数据为初步汇总数据。

[2] 城镇、乡村是按国家统计局《统计上划分城乡的规定》划分的。

第三部分 附录

附录2 国务院关于开展第七次全国人口普查的通知

国务院关于开展第七次全国人口普查的通知

国发〔2019〕24号

各省、自治区、直辖市人民政府，国务院各部委、各直属机构：

根据《中华人民共和国统计法》和《全国人口普查条例》规定，国务院决定于2020年开展第七次全国人口普查。现将有关事项通知如下：

一、总体要求

（一）指导思想。以习近平新时代中国特色社会主义思想为指导，全面贯彻党的十九大和十九届二中、三中、四中全会精神，认真落实党中央、国务院关于统计改革发展的决策部署，坚持实事求是、改革创新，科学设计、精心组织，周密部署、依法实施，确保第七次全国人口普查数据真实准确，全面客观反映我国人口发展状况。

（二）普查目的。第七次全国人口普查是在中国特色社会主义进入新时代开展的重大国情国力调查，将全面查清我国人口数量、结构、分布、城乡住房等方面情况，为完善人口发展战略和政策体系，促进人口长期均衡发展，科学制定国民经济和社会发展规划，推动经济高质量发展，开启全面建设社会主义现代化国家新征程，向第二个百年奋斗目标进军，提供科学准确的统计信息支持。

二、普查对象、内容和时间

普查对象是普查标准时点在中华人民共和国境内的自然人以及在中华人民共和国境外但未定居的中国公民，不包括在中华人民共和国境内短期停留的境外人员。

普查主要调查人口和住户的基本情况，内容包括：姓名、公民身份号码、性别、年龄、民族、受教育程度、行业、职业、迁移流动、婚姻生育、死亡、住房情况等。

普查标准时点是2020年11月1日零时。

三、组织实施

第七次全国人口普查涉及范围广、参与部门多、技术要求高、工作难度大，各地区、各部门要按照“全国统一领导、部门分工协作、地方分级负责、各方共同参与”的原则，认真做好普查的宣传动员和组织实施工作。

为加强组织领导，国务院决定成立第七次全国人口普查领导小组，负责普查组织实施中重大问题的研究和决策。普查领导小组办公室设在国家统计局，具体负责普查的组织实施。各成员单位要按照职能分工，各负其责、通力协作、密切配合，共同做好普查工作。对普查工作中遇到的困难和问题，要及时采取措施予以解决。

地方各级人民政府要设立相应的普查领导小组及其办公室，认真做好本地区普查工作。要充分发挥街道办事处和乡镇政府、居民委员会和村民委员会的作用，广泛引导、动员和组织社会力量积极参与并认真配合做好普查工作。

地方普查机构可根据工作需要，招聘或者从有关单位借调符合条件的普查指导员和普查员。为稳定普查工作队伍，确保普查工作顺利进行，应及时支付招聘人员的劳动报酬，保证借调人员在原单位的工资、福利及其他待遇不变，并保留其原有工作岗位。

四、经费保障

第七次全国人口普查所需经费，由中央和地方各级人民政府共同负担，并列入相应年度的财政预算，按时拨付、确保到位。

五、工作要求

（一）坚持依法普查。各地区、各部门要按照《中华人民共和国统计法》、《中华人民共和国统计法实施条例》、《全国人口普查条例》等法律法规要求，认真做好普查各项工作。普查取得的数据，严格限定用于普查目的，不得作为任何部门和单位对各级行政管理工作实施考核、奖惩的依据。普查中获得的能够识别或者推断单个普查对象身份的资料，不得作为对普查对象实施处罚等具体行政行为的依据。

（二）确保数据质量。建立健全普查数据质量追溯和问责机制，各级人民政府统计机构要加大对普查工作中违纪违法行为的查处和通报曝光力度，坚决杜绝人为干扰普查工作的现象，确保普查工作顺利进行和普查数据真实准确。对普查中发现应当给予党纪政务处分或组织处理的统计违纪违法责任人，由统计机构按规定提出处分处理建议并及时移送任免机关、纪检监察机关或组织（人事）部门。

（三）提升信息化水平。采取电子化方式开展普查登记，探索使用智能手机采集数据。广泛应用部门行政记录，推进大数据在普查中的应用，提高普查数据采集处理效能。全流程加强对公民个人信息的保护，各级普查机构及其工作人员必须严格履行保密义务，严禁向任何机构、单位、个人泄露或出售公民个人信息。

（四）加强宣传工作。各级普查机构要会同宣传部门认真做好普查宣传的策划和组织工作。采用多种手段，广泛深入宣传第七次全国人口普查的重要意义和要求，引导广大普查对象依法配合普查，如实申报普查项目，为普查工作顺利实施创造良好舆论环境。

附件：国务院第七次全国人口普查领导小组组成人员名单(略)

国务院
2019年10月31日
(此件公开发布)

第三部分 附录

附录3 全国人口普查条例

中华人民共和国国务院令

第576号

《全国人口普查条例》已经2010年5月12日国务院第111次常务会议通过，现予公布，自2010年6月1日起施行。

总理　温家宝

二〇一〇年五月二十四日

全国人口普查条例

第一章　总　　则

第一条　为了科学、有效地组织实施全国人口普查，保障人口普查数据的真实性、准确性、完整性和及时性，根据《中华人民共和国统计法》，制定本条例。

第二条　人口普查的目的是全面掌握全国人口的基本情况，为研究制定人口政策和经济社会发展规划提供依据，为社会公众提供人口统计信息服务。

第三条　人口普查工作按照全国统一领导、部门分工协作、地方分级负责、各方共同参与的原则组织实施。

国务院统一领导全国人口普查工作，研究决定人口普查中的重大问题。地方各级人民政府按照国务院的统一规定和要求，领导本行政区域的人口普查工作。

在人口普查工作期间，各级人民政府设立由统计机构和有关部门组成的人口普查机构（以下简称普查机构），负责人口普查的组织实施工作。

村民委员会、居民委员会应当协助所在地人民政府动员和组织社会力量，做好本区域的人口普查工作。

国家机关、社会团体、企业事业单位应当按照《中华人民共和国统计法》和本条例的规定，参与并配合人口普查工作。

第四条　人口普查对象应当按照《中华人民共和国统计法》和本条例的规定，真实、准确、完整、及时地提供人口普查所需的资料。

人口普查对象提供的资料，应当依法予以保密。

第五条　普查机构和普查机构工作人员、普查指导员、普查员（以下统称普查人员）依法独立行使调查、报告、监督的职权，任何单位和个人不得干涉。

地方各级人民政府、各部门、各单位及其负责人，不得自行修改普查机构和普查人员依法搜集、整理的人口普查资料，不得以任何方式要求普查机构和普查人员及其他单位和个人伪造、篡改人口普查资料，不得对依法履行职责或者拒绝、抵制人口普查违法行为的普查人员打击报复。

第六条　各级人民政府应当利用报刊、广播、电视、互联网和户外广告等媒介，开展人口普查的宣传动员工作。

第七条 人口普查所需经费，由国务院和地方各级人民政府共同负担，并列入相应年度的财政预算，按时拨付，确保足额到位。

人口普查经费应当统一管理、专款专用，从严控制支出。

第八条 人口普查每10年进行一次，尾数逢0的年份为普查年度，标准时点为普查年度的11月1日零时。

第九条 国家统计局会同国务院有关部门制定全国人口普查方案（以下简称普查方案），报国务院批准。

人口普查应当按照普查方案的规定执行。

第十条 对认真执行本条例，忠于职守、坚持原则，做出显著成绩的单位和个人，按照国家有关规定给予表彰和奖励。

第二章 人口普查的对象、内容和方法

第十一条 人口普查对象是指普查标准时点在中华人民共和国境内的自然人以及在中华人民共和国境外但未定居的中国公民，不包括在中华人民共和国境内短期停留的境外人员。

第十二条 人口普查主要调查人口和住户的基本情况，内容包括姓名、性别、年龄、民族、国籍、受教育程度、行业、职业、迁移流动、社会保障、婚姻、生育、死亡、住房情况等。

第十三条 人口普查采用全面调查的方法，以户为单位进行登记。

第十四条 人口普查采用国家统计分类标准。

第三章 人口普查的组织实施

第十五条 人口普查登记前，公安机关应当按照普查方案的规定完成户口整顿工作，并将有关资料提交本级人口普查机构。

第十六条 人口普查登记前应当划分普查区，普查区以村民委员会、居民委员会所辖区域为基础划分，每个普查区划分为若干普查小区。

第十七条 每个普查小区应当至少有一名普查员，负责入户登记等普查工作。每个普查区应当至少有一名普查指导员，负责安排、指导、督促和检查普查员的工作，也可以直接进行入户登记。

第十八条 普查指导员和普查员应当具有初中以上文化水平，身体健康，责任心强。

第十九条 普查指导员和普查员可以从国家机关、社会团体、企业事业单位借调，也可以从村民委员会、居民委员会或者社会招聘。借调和招聘工作由县级人民政府负责。

国家鼓励符合条件的公民作为志愿者参与人口普查工作。

第二十条 借调的普查指导员和普查员的工资由原单位支付，其福利待遇保持不变，并保留其原有工作岗位。

招聘的普查指导员和普查员的劳动报酬，在人口普查经费中予以安排，由聘用单位支付。

第二十一条 普查机构应当对普查指导员和普查员进行业务培训，并对考核合格的人员颁发全国统一的普查指导员证或者普查员证。

普查指导员和普查员执行人口普查任务时，应当出示普查指导员证或者普查员证。

第二十二条 人口普查登记前，普查指导员、普查员应当绘制普查小区图，编制普查小区户主姓名底册。

第二十三条 普查指导员、普查员入户登记时，应当向人口普查对象说明人口普查的目的、法律依据以及人口普查对象的权利和义务。

第二十四条 人口普查对象应当按时提供人口普查所需的资料，如实回答相关问题，不得隐瞒有关情况，不得提供虚假信息，不得拒绝或者阻碍人口普查工作。

第二十五条 人口普查对象应当在普查表上签字或者盖章确认，并对其内容的真实性负责。

第二十六条 普查人员应当坚持实事求是，恪守职业道德，拒绝、抵制人口普查工作中的违法行为。

普查机构和普查人员不得伪造、篡改普查资料，不得以任何方式要求任何单位和个人提供虚假的普查资料。

第二十七条 人口普查实行质量控制岗位责任制，普查机构应当对人口普查实施中的每个环节实行质量控制和检查，对人口普查数据进行审核、复查和验收。

第二十八条 国家统计局统一组织人口普查数据的事后质量抽查工作。

第四章 人口普查资料的管理和公布

第二十九条 地方各级普查机构应当按照普查方案的规定进行数据处理，并按时上报人口普查资料。

第三十条 人口普查汇总资料，除依法应当保密的外，应当予以公布。

全国和各省、自治区、直辖市主要人口普查数据，由国家统计局以公报形式公布。

地方人民政府统计机构公布本行政区域主要人口普查数据，应当报经上一级人民政府统计机构核准。

第三十一条 各级人民政府统计机构应当做好人口普查资料的管理、开发和应用，为社会公众提供查询、咨询等服务。

第三十二条 人口普查中获得的原始普查资料，按照国家有关规定保存、销毁。

第三十三条 人口普查中获得的能够识别或者推断单个普查对象身份的资料，任何单位和个人不得对外提供、泄露，不得作为对人口普查对象作出具体行政行为的依据，不得用于人口普查以外的目的。

人口普查数据不得作为对地方人民政府进行政绩考核和责任追究的依据。

第五章 法律责任

第三十四条 地方人民政府、政府统计机构或者有关部门、单位的负责人有下列行为之一的，由任免机关或者监察机关依法给予处分，并由县级以上人民政府统计机构予以通报；构成犯罪的，依法追究刑事责任：

（一）自行修改人口普查资料、编造虚假人口普查数据的；

（二）要求有关单位和个人伪造、篡改人口普查资料的；

（三）不按照国家有关规定保存、销毁人口普查资料的；

（四）违法公布人口普查资料的；

（五）对依法履行职责或者拒绝、抵制人口普查违法行为的普查人员打击报复的；

（六）对本地方、本部门、本单位发生的严重人口普查违法行为失察的。

第三十五条 普查机构在组织实施人口普查活动中有下列违法行为之一的，由本级人民政府或者上级人民政府统计机构责令改正，予以通报；对直接负责的主管人员和其他直接责任人员，由任免机关或者监察机关依法给予处分：

（一）不执行普查方案的；

（二）伪造、篡改人口普查资料的；

（三）要求人口普查对象提供不真实的人口普查资料的；

（四）未按照普查方案的规定报送人口普查资料的；

（五）违反国家有关规定，造成人口普查资料毁损、灭失的；

（六）泄露或者向他人提供能够识别或者推断单个普查对象身份的资料的。

普查人员有前款所列行为之一的，责令其停止执行人口普查任务，予以通报，依法给予处分。

第三十六条 人口普查对象拒绝提供人口普查所需的资料，或者提供不真实、不完整的人口普查资料的，由县级以上人民政府统计机构责令改正，予以批评教育。

人口普查对象阻碍普查机构和普查人员依法开展人口普查工作，构成违反治安管理行为的，由公安机关依法给予处罚。

第三十七条 县级以上人民政府统计机构应当设立举报电话和信箱，接受社会各界对人口普查违法行为的检举和监督。

第六章 附 则

第三十八条 中国人民解放军现役军人、人民武装警察等人员的普查内容和方法，由国家统计局会同国务院有关部门、军队有关部门规定。

交通极为不便地区的人口普查登记的时间和方法，由国家统计局会同国务院有关部门规定。

第三十九条 香港特别行政区、澳门特别行政区的人口数，按照香港特别行政区政府、澳门特别行政区政府公布的资料计算。

台湾地区的人口数，按照台湾地区有关主管部门公布的资料计算。

第四十条 为及时掌握人口发展变化情况，在两次人口普查之间进行全国1%人口抽样调查。全国1%人口抽样调查参照本条例执行。

第四十一条 本条例自2010年6月1日起施行。

第三部分 附录

附录4 第七次全国人口普查方案

第七次全国人口普查方案

国家统计局
国务院第七次全国人口普查领导小组办公室

第一部分　总说明

根据《中华人民共和国统计法》《中华人民共和国统计法实施条例》《全国人口普查条例》和《国务院关于开展第七次全国人口普查的通知》，制定本方案。

一、普查目的

全面查清我国人口数量、结构、分布、城乡住房等方面情况，为完善人口发展战略和政策体系，促进人口长期均衡发展，科学制定国民经济和社会发展规划，推动经济高质量发展，开启全面建设社会主义现代化国家新征程，向第二个百年奋斗目标进军，提供科学准确的统计信息支持。

二、普查时点

普查的标准时点是2020年11月1日零时。

三、普查对象

普查对象是指普查标准时点在中华人民共和国境内的自然人以及在中华人民共和国境外但未定居的中国公民，不包括在中华人民共和国境内短期停留的境外人员。

四、普查内容和普查表

普查登记的主要内容包括：姓名、公民身份号码、性别、年龄、民族、受教育程度、行业、职业、迁移流动、婚姻生育、死亡、住房情况等。

根据不同的普查对象和普查内容，具体分为四种普查表。

（一）第七次全国人口普查短表

普查短表包括反映人口基本状况的项目，由全部住户（不包括港澳台居民和外籍人员）填报。

（二）第七次全国人口普查长表

普查长表包括所有短表项目和人口的经济活动、婚姻生育和住房等情况的项目，在全部住户中抽取10%的户（不包括港澳台居民和外籍人员）填报。

（三）第七次全国人口普查港澳台居民和外籍人员普查表

港澳台居民和外籍人员普查表包括反映人口基本状况的项目以及入境目的、居住时间、身份或国籍、就业情况等项目，由在境内居住的港澳台居民和外籍人员填报。

（四）第七次全国人口普查死亡人口调查表

死亡人口调查表包括死亡人口的基本信息，由2019年11月1日至2020年10月31日期间有死亡人口的户填报。

五、普查方法

普查采用全面调查的方法，以户为单位进行登记。

普查采用按现住地登记的原则，每个人必须在现住地进行登记。普查对象不在户口登记地居住的，户口登记地要登记相应信息。

普查登记采用普查员入户询问、当场填报，或由普查对象自主填报等方式进行。

普查数据采集原则上采用电子化的方式。采取普查员使用电子采集设备（PAD或智能手机）登记普查对象信息并联网实时上报，或由普查对象通过互联网自主填报等方式进行。

普查员应按照工作要求，在户口整顿基础上对所负责普查小区进行全面摸底，掌握普查小区内的人口和居住情况，编制《户主姓名底册》，根据《户主姓名底册》进行入户登记工作，并参考部门行政记录等资料进行比对复查，确保普查登记真实准确、不重不漏。

六、普查数据处理

各级普查机构负责普查数据处理。国务院人口普查办公室统一编制数据采集、审核、编辑、汇总程序。

国务院人口普查办公室集中部署数据采集处理环境。各级普查机构应保障必要的数据处理办公环境和网络条件，采取必要的安全措施，确保数据处理工作安全、顺利地进行。

七、普查组织实施

（一）全国统一领导

国务院第七次全国人口普查领导小组负责普查组织实施中重大问题的研究和决策。普查领导小组办公室设在国家统计局，具体负责普查的组织实施。

（二）部门分工协作

领导小组各成员单位要按照职能分工，各负其责、通力协作、密切配合，共同做好普查工作。对普查工作中遇到的困难和问题，要及时采取措施予以解决。

（三）地方分级负责

地方各级人民政府设立相应的普查领导小组及其办公室，领导和组织实施本区域内的普查工作。村民委员会和居民委员会设立人口普查小组，协助街道办事处和乡镇政府动员和组织社会力量，做好本区域内的普查工作。

普查指导员和普查员可以从国家机关、社会团体、企业事业单位借调，也可以从村民委员会、居民委员会或者社会招聘。借调和招聘工作由县级人民政府负责。

（四）各方共同参与

国家机关、社会团体、企业事业单位应当按照《中华人民共和国统计法》《中华人民共和国统计法实施条例》和《全国人口普查条例》的规定，参与并配合普查工作。

八、普查质量控制

普查实行严格的质量控制制度，建立健全普查数据质量追溯和问责机制，确保普查数据可核查、可追溯、可问责。国务院人口普查办公室统一领导、统筹协调普查全过程质量控制的有关工作。地方各级普查机构主要负责人对本行政区域普查数据质量负总责，确保普查数据真实、准确、完整、及时。各级普查办公室必须严格执行各阶段工作要求，保证各阶段工作质量达到规定标准，确保普查工作质量与数据质量合格达标。

九、普查宣传

各级宣传部门和普查机构应制定宣传工作方案，深入开展普查宣传。

各级宣传部门应组织协调新闻媒体及有关部门，通过报刊、广播、电视、互联网、手机和户外广告等多种渠道，充分利用微博、微信、短视频等新媒体传播手段，宣传普查的重大意义、政策规定和工作要求，积极营造良好的普查氛围。

各级普查机构要组织开展形式多样的宣传活动，动员社会各界支持、参与普查。

十、普查法规与纪律要求

坚持依法普查，普查工作要严格按照《中华人民共和国统计法》《中华人民共和国统计法实施条例》《全国人口普查条例》《国务院关于开展第七次全国人口普查的通知》及相关规定组织开展。

普查对象应当依法履行普查义务，如实提供普查信息，不得虚报、瞒报、拒报。拒绝提供普查所需的资料，或者提供不真实、不完整的普查资料的，由县级以上人民政府统计机构责令改正，予以批评教育，情节严重的依法严肃处理。普查取得的数据，严格限定用于普查目的，不得作为任何部门和单位对各级行政管理工作实施考核、奖惩的依据。普查中获得的能够识别或者推断单个普查对象身份的资料，任何单位和个人不得对外提供、泄露，不得作为对普查对象实施处罚等具体行政行为的依据，不得用于普查以外的目的。各级普查机构及其工作人员，必须严格履行保密义务。

十一、普查主要工作阶段

普查工作分三个阶段进行：

一是准备阶段（2019年10月-2020年10月）。这一阶段的主要工作是：组建各级普查机构，制定普查方案和工作计划，进行普查试点，落实普查经费和物资，准备数据采集处理环境，开展普查宣传，选聘培训普查指导员和普查员，普查区域划分及绘图，进行户口整顿，开展摸底等。

二是普查登记阶段（2020年11月-12月）。这一阶段的主要工作是：普查员入户登记，进行比对复查，开展事后质量抽查等。

三是数据汇总和发布阶段（2020年12月-2022年12月）。这一阶段的主要工作是：数据处理、汇总、评估，发布主要数据公报，普查资料开发利用等。

十二、其他

（一）香港特别行政区、澳门特别行政区的人口数，按照香港特别行政区政府、澳门特别行政区政府公布的资料计算。

台湾地区的人口数，按照台湾地区有关主管部门公布的资料计算。

（二）因交通极为不便等特殊因素，需采用其他登记时间和方法的地区，须报请国务院人口普查办公室批准。

（三）对认真执行本方案，忠于职守，坚持原则，在普查工作中做出显著成绩的单位和个人，按照国家有关规定给予表彰奖励。

（四）本方案由国务院人口普查办公室负责解释。

第二部分　普查表式

第七次全国人口普查短表

经国务院批准进行第七次全国人口普查
人口普查的标准时点为2020年11月1日零时
人口普查的原始资料不向任何单位和个人提供，
仅供汇总使用
公民应履行如实申报普查项目的义务

表　　号：R 6 0 1 表
制定机关：国 家 统 计 局
国务院人口普查办公室
批准文号：国发（2 0 1 9）2 4号
有效期至：2 0 2 1 年 3 月

地址：_____省（区、市）_____市（地、州、盟）_____县（市、区、旗）_____乡（镇、街道）_____普查区_____普查小区_____户编号

一、住户项目

H1．户别
1．家庭户
2．集体户

H2．本户应登记人数
2020年10月31日晚居住本户的人数_____人
户口在本户，2020年10月31日晚未住本户的人数_____人

H3．本户2019年11月1日至2020年10月31日期间的出生人口
男_____人　女_____人

H4．本户2019年11月1日至2020年10月31日期间的死亡人口
男_____人　女_____人

H5．住所类型
1．普通住宅
2．集体住所
3．工作地住所
4．其他住房
5．无住房
(选择2-5的，跳至个人项目。)

H6．本户现住房建筑面积
_______平方米

H7．本户现住房间数

_______间

二、个人项目

每个人都填报的项目

D1．姓名

____

D2．与户主关系

0．户主

1．配偶

2．子女

3．父母

4．岳父母或公婆

5．祖父母

6．媳婿

7．孙子女

8．兄弟姐妹

9．其他

D3．公民身份号码

□□□□□□□□□□□□□□□□□□

D4．性别

1．男

2．女

D5．出生年月

出生于：_______年_______月

D6．民族

_______族

D7．普查时点（2020年11月1日零时）居住地

1．本普查小区

2．本村（居）委会其他普查小区

3．本乡（镇、街道）其他村（居）委会

4．本县（市、区、旗）其他乡（镇、街道）

5．其他县（市、区、旗），请在下面填写地址

_______省（区、市）
_______市（地、州、盟）
_______县（市、区、旗）
6. 香港特别行政区、澳门特别行政区、台湾地区
7. 国外

D8. 户口登记地

1. 本村（居）委会
2. 本乡（镇、街道）其他村（居）委会
3. 本县（市、区、旗）其他乡（镇、街道）
4. 其他县（市、区、旗），请在下面填写地址

_______省（区、市）
_______市（地、州、盟）
_______县（市、区、旗）
5. 户口待定→D11

D9. 离开户口登记地时间

1. 没有离开户口登记地→D11
2. 不满半年
3. 半年以上，不满一年
4. 一年以上，不满二年
5. 二年以上，不满三年
6. 三年以上，不满四年
7. 四年以上，不满五年
8. 五年以上，不满十年
9. 十年以上

D10. 离开户口登记地原因

0. 工作就业
1. 学习培训
2. 随同离开/投亲靠友
3. 拆迁/搬家
4. 寄挂户口
5. 婚姻嫁娶
6. 照料孙子女
7. 为子女就学
8. 养老/康养
9. 其他

3周岁及以上（2017年10月31日以前出生）的人填报的项目

D11. 受教育程度

1. 未上过学

2．学前教育
3．小学
4．初中
5．高中
6．大学专科
7．大学本科
8．硕士研究生
9．博士研究生

15周岁及以上（2005年10月31日以前出生）的人填报的项目

D12．是否识字

1．是
2．否

第七次全国人口普查长表

经国务院批准进行第七次全国人口普查
人口普查的标准时点为2020年11月1日零时
人口普查的原始资料不向任何单位和个人提供，
仅供汇总使用
公民应履行如实申报普查项目的义务

表　　号：R 6 0 2 表
制定机关：国 家 统 计 局
国务院人口普查办公室
批准文号：国发（2019）24号
有效期至：2 0 2 1 年 3 月

地址：_____省（区、市）_____市（地、州、盟）_____县（市、区、旗）_____乡（镇、街道）_____普查区_____普查小区_____户编号

一、住户项目

H1. 户别

1. 家庭户
2. 集体户

H2. 本户应登记人数

2020年10月31日晚居住本户的人数_____人

户口在本户，2020年10月31日晚未住本户的人数_____人

H3. 本户2019年11月1日至2020年10月31日期间的出生人口

男_____人　女_____人

H4. 本户2019年11月1日至2020年10月31日期间的死亡人口

男_____人　女_____人

H5. 住所类型

1. 普通住宅
2. 集体住所
3. 工作地住所
4. 其他住房
5. 无住房

（选择2-5的，跳至个人项目。）

H6. 本户现住房建筑面积

_____平方米

H7. 本户现住房间数

_____间

H8．住房所在建筑的总层数

1．平房
2．多层（7层及以下）
3．高层（8-33层）
4．超高层（34层及以上）

H9．承重类型

1．钢及钢筋混凝土结构
2．混合结构
3．砖木结构
4．竹草土坯结构
5．其他结构

H10．住房建成年代

1．1949年以前
2．1949-1959年
3．1960-1969年
4．1970-1979年
5．1980-1989年
6．1990-1999年
7．2000-2009年
8．2010-2014年
9．2015年以后

H11．住房所在建筑有无电梯

1．有
2．无

H12．主要炊事燃料

1．燃气
2．电
3．煤炭
4．柴草
5．其他

H13．住房内有无管道自来水

1．有
2．无

H14．住房内有无厨房

1．独立使用
2．与其他户合用

3．无

H15．住房内有无厕所

1．水冲式卫生厕所
2．水冲式非卫生厕所
3．卫生旱厕
4．普通旱厕
5．无

H16．住房内有无洗澡设施

1．统一供热水
2．家庭自装热水器
3．其他
4．无

H17．住房来源

1．租赁廉租房/公租房
2．租赁其他住房
3．购买新建商品房
4．购买二手房
5．购买原公有住房
6．购买经济适用房/两限房
7．自建住房
8．继承或赠予
9．其他

（选择3-9的，跳至H19。）

H18．月租房费用

0．200元以下
1．200-499元
2．500-999元
3．1000-1999元
4．2000-2999元
5．3000-3999元
6．4000-5999元
7．6000-7999元
8．8000-9999元
9．10000元以上

H19．拥有全部家用汽车的总价

1．不满10万元
2．10万元以上，不满20万元

3. 20万元以上，不满30万元
4. 30万元以上，不满50万元
5. 50万元以上，不满100万元
6. 100万元以上
7. 没有汽车

二、个人项目

每个人都填报的项目

C1. 姓名

____

C2. 与户主关系

0. 户主
1. 配偶
2. 子女
3. 父母
4. 岳父母或公婆
5. 祖父母
6. 媳婿
7. 孙子女
8. 兄弟姐妹
9. 其他

C3. 公民身份号码

□□□□□□□□□□□□□□□□□□

C4. 性别

1. 男
2. 女

C5. 出生年月

出生于：________年________月

C6. 民族

________族

C7. 普查时点（2020年11月1日零时）居住地

1. 本普查小区
2. 本村（居）委会其他普查小区
3. 本乡（镇、街道）其他村（居）委会
4. 本县（市、区、旗）其他乡（镇、街道）

5. 其他县（市、区、旗），请在下面填写地址

_______省（区、市）

_______市（地、州、盟）

_______县（市、区、旗）

6. 香港特别行政区、澳门特别行政区、台湾地区

7. 国外

C8. 户口登记地

1. 本村（居）委会
2. 本乡（镇、街道）其他村（居）委会
3. 本县（市、区、旗）其他乡（镇、街道）
4. 其他县（市、区、旗），请在下面填写地址

_______省（区、市）

_______市（地、州、盟）

_______县（市、区、旗）

5. 户口待定→C12

C9. 离开户口登记地时间

1. 没有离开户口登记地→C12
2. 不满半年
3. 半年以上，不满一年
4. 一年以上，不满二年
5. 二年以上，不满三年
6. 三年以上，不满四年
7. 四年以上，不满五年
8. 五年以上，不满十年
9. 十年以上

C10. 离开户口登记地原因

0. 工作就业
1. 学习培训
2. 随同离开/投亲靠友
3. 拆迁/搬家
4. 寄挂户口
5. 婚姻嫁娶
6. 照料孙子女
7. 为子女就学
8. 养老/康养
9. 其他

C11. 户口登记地类型

1. 乡

2. 镇的村委会
3. 镇的居委会
4. 街道

C12. 是否有农村土地承包经营权

1. 有
2. 无

C13. 出生地

1. 本县（市、区、旗）
2. 本省其他县（市、区、旗）
3. 省外：_______省（区、市）

5周岁及以上（2015年10月31日以前出生）的人填报的项目

C14. 五年前常住地

2015年11月1日常住地：

1. 本县（市、区、旗）
2. 其他地区，请在下面填写地址

_____省（区、市）

_____市（地、州、盟）

_____县（市、区、旗）

3周岁及以上（2017年10月31日以前出生）的人填报的项目

C15. 受教育程度

1. 未上过学→C17
2. 学前教育→C17
3. 小学
4. 初中
5. 高中
6. 大学专科
7. 大学本科
8. 硕士研究生
9. 博士研究生

C16. 学业完成情况

1. 在校
2. 毕业
3. 肄业
4. 辍学
5. 其他

15周岁及以上（2005年10月31日以前出生）的人填报的项目

C17. 是否识字

1. 是
2. 否

C18. 工作情况

10月25-31日是否为取得收入而工作了一小时以上（包括临时工、依托互联网平台灵活就业、家庭经营无酬帮工等）

1. 是，上周工作时间________小时
2. 在职休假、在职学习培训、临时停工（保留工资）
3. 未做任何工作→C22

C19. 工作单位或生产经营活动所属类型

1. 企业、事业、机关或社会团体等法人单位
2. 个体经营户
3. 经营农村家庭承包地（家庭农林牧渔生产经营活动）
4. 自由职业/灵活就业

C20. 行业

单位详细名称：____

主要产品或主要业务：____

C21. 职业

本人从事的具体工作：____→C23

C22. 未工作原因

1. 在校学习
2. 离退休
3. 料理家务
4. 丧失工作能力
5. 其他

C23. 主要生活来源

1. 劳动收入
2. 离退休金/养老金
3. 最低生活保障金
4. 失业保险金
5. 财产性收入
6. 家庭其他成员供养
7. 其他

C24．婚姻状况

1．未婚→C28

2．有配偶

3．离婚

4．丧偶

C25．初婚年月

_______年_______月

15至64周岁（1955年11月1日–2005年10月31日出生）的妇女填报的项目

C26．生育子女数

1．未生育→C28

2．有生育（请填报生育的子女数）

生过几个孩子：
男_______人

女_______人

其中现在存活几个孩子：
男_______人

女_______人

15至50周岁（1969年11月1日–2005年10月31日出生）的妇女填报的项目

C27．过去一年（2019年11月1日–2020年10月31日）的生育状况

1．一年内未生育（结束）

2．一年内有生育（请填报生育时间和孩子性别）

生育时间：
____月

婴儿性别：
1．男

2．女

一年内生育两个以上孩子的，请填报第二个孩子的状况。

生育时间：
____月

婴儿性别：
1．男

2．女

60周岁及以上（1960年10月31日以前出生）的人填报的项目

C28．居住状况

1．与配偶和子女同住

2．与配偶同住

3．与子女同住

4．独居（有保姆）

5．独居（无保姆）

6．养老机构

7．其他

C29．身体健康状况

1．健康

2．基本健康

3．不健康，但生活能自理

4．不健康，生活不能自理

第七次全国人口普查港澳台居民和外籍人员普查表

The Seventh National Population Census Form for Residents from Hong Kong, Macao, Taiwan and from Foreign Countries

中国政府决定进行第七次全国人口普查人口普查标准时点为2020年11月1日零时我们将对您在普查表中填写的信息给予保密，敬请合作。

The Government of China has decided to conduct the 7th National Population Census, with zero hour on 1 November 2020 as the reference time.
Information provided will be kept confidential.
Your cooperation is highly appreciated.

表号：R603表
制定机关：国家统计局
国务院人口普查办公室
批准文号：国发（2019）24号
有效期至：2021年3月
Form number: R603
Form issuedby: National Bureau of Statistics
Office of the State Council for the Seventh National Population Census
Approvalnumber: （2019）24
Validuntil: March 2021

地址 Address:

_____省（区、市）Province

_____市（地、州、盟）City (prefecture)

_____县（市、区、旗）County (city, district)

_____乡（镇、街道）Town (township, street)

_____普查区 Enumeration area (village/community committee)

_____普查小区 Enumeration block

_____户编号 Household number

一、住户项目

Household Information

F1. 户别

Type of household

1. 家庭户 Family household
2. 集体户 Collective household

F2. 住所类型

Type of dwelling

1. 普通住宅 Conventional dwellings
2. 集体住所 Collective living quarters
3. 工作地住所 Living in work places
4. 其他住房 Other dwellings
5. 无住房 With no dwellings

（选择2-5的，跳至个人项目。）

(If the answer is 2-5, then skip to 'Individual Information'.)

F3. 本户现住房建筑面积

Floor space for this household

_____平方米 m^2

F4. 本户现住房间数

Number of rooms for this household

_____间 rooms

二、个人项目

Individual Information

R1. 姓名 Full name

____

R2. 与户主关系

Relationship with head of household

0. 户主 Head of household
1. 配偶 Spouse
2. 子女 Son or daughter
3. 父母 Parent
4. 岳父母或公婆 Parent-in-law
5. 祖父母 Grandparent
6. 媳婿 Son-in-law or daughter-in-law
7. 孙子女 Grandchild
8. 兄弟姐妹 Brother or sister
9. 其他 Other relationship

R3. 性别

Sex

1. 男 Male
2. 女 Female

R4. 出生年月

Date of birth

出生于 Born in：________年 year________月 month

R5. 来内地（大陆）或来华目的

Purpose for stay inthe mainland of China

1. 商务 Business
2. 就业 Work
3. 学习 Study
4. 定居 Residence
5. 探亲 Visiting relatives

6. 其他 Othcrs

R6. 已在内地（大陆）或在华居住时间

Duration of stay inthe mainland of China

1. 不满三个月 Less than 3 months
2. 三个月以上，不满半年 3 months to less than 6 months
3. 半年以上，不满一年 6 months to less than 12 months
4. 一年以上，不满二年 1 year to less than 2 years
5. 二年以上，不满五年 2 years to less than 5 years
6. 五年以上 5 years or more

R7. 受教育程度

3周岁及以上（2017年10月31日以前出生）的人填报

Educational attainment

For persons aged 3 and over（Born before 31st Oct. 2017）

1. 未上过学 No schooling
2. 学前教育 Pre-primary education
3. 小学 Primary education
4. 初中 Junior secondary education
5. 高中 Senior secondary education
6. 大学专科 College
7. 大学本科 University
8. 硕士研究生 Master
9. 博士研究生 Doctor

R8. 身份或国籍

Citizenship

1. 香港特别行政区居民 Hong Kong SAR resident
2. 澳门特别行政区居民 Macao SAR resident
3. 台湾地区居民 Taiwan resident
4. 外国人 Foreigner：国籍 Country________（结束）(End)

15周岁及以上（2005年10月31日以前出生）港澳台居民填报的项目

For persons aged 15 and over (Born before 31st Oct. 2005) from Hong Kong, Macao and Taiwan

R9. 工作情况

10月25-31日是否为取得收入而工作了一小时以上

1. 是
2. 在职休假、在职学习培训、临时停工（保留工资）
3. 未做任何工作→R12

R10. 行业

1. 农、林、牧、渔业

2．采矿业
3．制造业
4．电力、热力、燃气及水生产和供应业
5．建筑业
6．批发和零售业
7．交通运输、仓储和邮政业
8．住宿和餐饮业
9．信息传输、软件和信息技术服务业
10．金融业
11．房地产业
12．租赁和商务服务业
13．科学研究和技术服务业
14．水利、环境和公共设施管理业
15．居民服务、修理和其他服务业
16．教育
17．卫生和社会工作
18．文化、体育和娱乐业
19．公共管理、社会保障和社会组织
20．国际组织

R11．职业

1．党的机关、国家机关、群众团体和社会组织、企事业单位负责人
2．专业技术人员
3．办事人员和有关人员
4．社会生产服务和生活服务人员
5．农、林、牧、渔业生产及辅助人员
6．生产制造及有关人员
7．不便分类的其他从业人员

R12．婚姻状况

1．未婚
2．有配偶
3．离婚
4．丧偶

第七次全国人口普查死亡人口调查表

（2019年11月1日至2020年10月31日死亡的人口登记）

经国务院批准进行第七次全国人口普查
人口普查的标准时点为2020年11月1日零时
人口普查的原始资料不向任何单位和个人提供，仅供汇总使用
公民应履行如实申报普查项目的义务

表 号：R 6 0 4 表
制定机关：国 家 统 计 局
国务院人口普查办公室
批准文号：国发（2019）24号
有效期至：2021年3月

地址：_____省（区、市）_____市（地、州、盟）_____县（市、区、旗）_____乡（镇、街道）_____普查区_____普查小区_____户编号

每个死亡人口都登记的项目

S1．姓名

____

S2．公民身份号码

□□□□□□□□□□□□□□□□□□

S3．性别

1．男

2．女

S4．出生年月

出生于：_______年_______月

S5．死亡时间

死亡于：_______月

S6．民族

_______族

死亡时满3周岁的人登记的项目

S7．受教育程度

1．未上过学

2．学前教育

3．小学

4．初中

5．高中

6．大学专科

7．大学本科

8．硕士研究生

9．博士研究生

死亡时满15周岁的人登记的项目

S8．婚姻状况

1．未婚

2．有配偶

3．离婚

4．丧偶

第三部分 普查表填写说明

一、普查表的种类

第七次全国人口普查表分为《第七次全国人口普查短表》《第七次全国人口普查长表》《第七次全国人口普查港澳台居民和外籍人员普查表》和《第七次全国人口普查死亡人口调查表》四种表。

二、标准时点

第七次全国人口普查的标准时点为2020年11月1日零时。

普查员在掌握普查标准时点时，应注意以下两点：

（一）2020年11月1日零时以后出生的人不登记；2020年11月1日零时以后死亡的人仍要在普查短表中登记。

（二）2020年11月1日零时以后居住地发生变化的人，仍在原居住地登记。

三、普查对象

普查对象是指普查标准时点在中华人民共和国境内的自然人以及在中华人民共和国境外但未定居的中国公民，不包括在中华人民共和国境内短期停留的境外人员。

（一）普查短表和普查长表的普查对象具体是指2020年10月31日晚住本普查小区的人，以及户口登记在本普查小区但2020年10月31日晚未住本普查小区的人。

1.2020年10月31日晚住本普查小区的人，无论其户口登记在何处。

2.户口登记在本普查小区，但2020年10月31日晚未住本普查小区的人，无论其外出时间长短、外出原因如何。

（二）港澳台居民和外籍人员普查表的普查对象具体是指2020年10月31日晚住本普查小区的港澳台居民和外籍人员。

（三）死亡人口调查表的登记对象具体是指2019年11月1日至2020年10月31日期间本普查小区的死亡人口。

四、登记原则

人口普查采用按现住地登记的原则，每个人必须在现住地进行登记。普查对象不在户口登记地居住的，户口登记地要登记相应信息。

人口普查以户为单位进行登记，户分为家庭户和集体户。集体户以一个住房单元为一户进行普查登记。

为便于理解登记对象，并考虑到普查中可能遇到的特殊情况，普查员在入户登记时可采取以下方式询问住户：

应在您家普查登记的人包括：

•2020年10月31日晚住在您家里的人。

•经常居住在您家，由于临时出差、探亲、旅游或值夜班等原因，2020年10月31日晚未住在您家的人（视为2020年10月31日晚住在您家）。

•幼儿园全托孩子，小学、初中住校生（视为2020年10月31日晚住在您家）。

•户口登记在现住房地址的其他人。

不包括：

•现役军人和武警。

•由于临时出差、探亲、旅游等原因，2020年10月31日晚暂住在您家的人。

•2020年11月1日零时以后出生的人。

五、普查项目

（一）普查短表

按户填报的项目有：户别、本户应登记人数、本户2019年11月1日至2020年10月31日期间的出生人口、本户2019年11月1日至2020年10月31日期间的死亡人口、住所类型、本户现住房建筑面积、本户现住房间数。

按人填报的项目有：姓名、与户主关系、公民身份号码、性别、出生年月、民族、普查时点（2020年11月1日零时）居住地、户口登记地、离开户口登记地时间、离开户口登记地原因、受教育程度、是否识字。

（二）普查长表

按户填报的项目有：户别、本户应登记人数、本户2019年11月1日至2020年10月31日期间的出生人口、本户2019年11月1日至2020年10月31日期间的死亡人口、住所类型、本户现住房建筑面积、本户现住房间数、住房所在建筑的总层数、承重类型、住房建成年代、住房所在建筑有无电梯、主要炊事燃料、住房内有无管道自来水、住房内有无厨房、住房内有无厕所、住房内有无洗澡设施、住房来源、月租房费用、拥有全部家用汽车的总价。

按人填报的项目有：姓名、与户主关系、公民身份号码、性别、出生年月、民族、普查时点（2020年11月1日零时）居住地、户口登记地、离开户口登记地时间、离开户口登记地原因、户口登记地类型、是否有农村土地承包经营权、出生地、五年前常住地、受教育程度、学业完成情况、是否识字、工作情况、经常工作单位或生产经营活动所属类型、行业、职业、未工作原因、主要生活来源、婚姻状况、初婚年月、生育子女数、过去一年（2019年11月1日-2020年10月31日）的生育状况、居住状况、身体健康状况。

（三）港澳台居民和外籍人员普查表

按户填报的项目有：户别、住所类型、本户现住房建筑面积、本户现住房间数。

按人填报的项目有：姓名、与户主关系、性别、出生年月、来内地（大陆）或来华目的、已在内地（大陆）或在华居住时间、受教育程度、身份或国籍、工作情况、行业、职业、婚姻状况。

（四）死亡人口调查表

填报的项目有：姓名、公民身份号码、性别、出生年月、死亡时间、民族、受教育程度、婚姻状况。

六、普查表的填写方法

（一）普查表以户为单位进行登记。普查短表、死亡人口调查表采用普查员入户询问、当场填报，或由普查对象通过互联网自主填报等方式进行。普查长表、港澳台居民和外籍人员普查表采用普查指导员和普查员入户询问、当场填报的登记方式。

（二）普查小区中的每一户有且只有一个户编号，为“001”开始的3位顺序码，在《户主姓名底册》编制完成后自动生成，普查表上的户编号与其一致，不可修改。

（三）普查表的填写顺序：先填写住户项目，再逐人填写个人项目。

普查员填写普查短表时，填写按人登记的项目时，表内第一人应填户主，然后依次填户主的配偶和其他关系的人。全户死亡的户，只填写“H4．本户2019年11月1日至2020年10月31日期间的死亡人口”，其他住户项目和个人项目均不再登记。

普查员填写普查长表时，与普查短表相同的项目直接代入短表信息，经向普查对象核实确认后，再填报其他项目。

（四）普查表每户最多可以填写20人。对于超过20人的大集体户，可酌情分成若干集体户填写。

（五）有标准选项的项目，根据实际情况选填，并且每个问题只能选择一个标准选项。民族、普查时点（2020年11月1日零时）居住地、户口登记地、出生地、五年前常住地等项目可根据列表栏进行选择。没有标准选项的项目，用文字或阿拉伯数字据情填报。

（六）如果填写错误或发生逻辑关系异常，数据采集程序会给出审核提示。审核类型分为强制性审核和确认性审核，若为强制性审核错误，必须根据提示信息对错误项目进行修改；若为确认性审核提示，应根据提示信息对异常项目进行核实，确认无误后，继续进行填报。

（七）普查员每填完一户，应即刻进行审核，将通过审核的信息向申报人当面宣读，核对无误后，由申报人签字确认。

第四部分　指标解释

一、普查短表

（一）住户项目

H1. 户别——按家庭户、集体户的类别填报。

1.家庭户：以家庭成员关系为主，居住一处共同生活的人口，作为一个家庭户。单身居住独自生活的，也作为一个家庭户。

2.集体户：相互之间没有家庭成员关系，集体居住共同生活的人口作为一个集体户。

H2.本户应登记人数——包括两个部分。一部分是2020年10月31日晚居住本户的人数，既包括户口在本户、2020年10月31日晚居住本户的人数，也包括户口不在本户、2020年10月31日晚居住本户的人数，填写H2的第一项；另一部分是户口在本户，2020年10月31日晚未居住本户的人数，填写H2的第二项。

H3.本户2019年11月1日至2020年10月31日期间的出生人口——填写本户在2019年11月1日至2020年10月31日期间出生的人数。分别填写男、女的合计数。若本户在此期间没有出生人口，请填写“0”。

H4.本户2019年11月1日至2020年10月31日期间的死亡人口——填写本户在2019年11月1日至2020年10月31日期间死亡的人数。分别填写男、女的合计数。若本户在此期间没有死亡人口，请填写“0”。

填写H3、H4时应注意：

不要漏掉出生时有某种生命现象（如在胎儿脱离母体时，有呼吸或心跳，脐带搏动、随意肌收缩等）不久即死亡的婴儿，既要填写出生人数，也要填写死亡人数。

H5.住所类型——按居住的住所类型填报。

1.普通住宅：指人工建造的，有墙、顶、门、窗等结构，具有独立入口，专门供人居住的房屋或场所。如单元房、平房、四合院、独栋别墅、筒子楼、窑洞等传统意义上的住宅。

2.集体住所：指学生宿舍、职工宿舍、工棚、养老院、福利院、宗教场所等。

3.工作地住所：指居住在办公楼、发廊、商铺、餐馆等工作场所。

4.其他住房：指居住在上述场所以外的其他房屋或场所。

5.无住房：指本户没有住房，居无定所（如流动人口中那些睡在桥下、公园、车站或睡在运载货物、商品车辆上的人等）。

H6.本户现住房建筑面积——本户现住房的建筑面积以房屋所有权证（不动产权证）或租赁凭证上的相关信息为准。

若只知道使用面积的，可用使用面积乘以1. 33，换算成建筑面积。填写本项目时应注意：

1.在租借房屋居住的户，按租借住房的实际情况填写其住房建筑面积。

2.合住在同一所住房里的住户，其建筑面积为各户所独立使用的房间面积加上公共使用面积（包括厨房、厕所、门厅、阳台等）的分摊部分：两户合住的，各按二分之一计算；三户合住的，各按三分之一计算，依此类推。

3.建筑面积应填写整数，不为整数时四舍五入获得。

H7.本户现住房间数——指除厨房、厕所、过道和厅以外的所有自然间数（包括扩建的房间）。填写本项目时应注意：

1.在租借房屋居住的户，按租借住房的实际居住情况填写其住房间数。

2.合住同一所住房的，在填写住房间数时，填写其独立使用的房间数。

（二）个人项目

D1. 姓名——填写被登记人的正式姓名。没有正式姓名的可填小名或某某氏，但不能填笔名、代号等。婴儿未起名的，可填“未取名”。

D2. 与户主关系——指被登记人与本户户主的关系。申报人不是户主的，不要将被登记人与申报人的关系错填为与户主的关系。

0. 户主：按家庭日常生活习惯确定户主。

1. 配偶：指户主的妻子或丈夫。

2. 子女：指户主的子女。

3. 父母：指户主的父母或继父母、养父母。

4. 岳父母或公婆：指户主配偶的父母或继父母、养父母。

5. 祖父母：指户主或配偶的祖父母、外祖父母、曾祖父母、外曾祖父母。

6. 媳婿：指户主子女的配偶。

7. 孙子女：指户主的孙子女、外孙子女、孙媳婿、外孙媳婿、重孙子女、重孙媳婿、重外孙子女、重外孙媳婿。

8. 兄弟姐妹：指户主及其配偶的兄弟姐妹以及他们的配偶。

9. 其他：指以上九种人以外的成员。

在登记家庭户时，户主应登记为第一人，选填“0．户主”。如果户主的配偶也在本户登记，应登记为第二人，选填“1．配偶”，然后再登记该户的其他成员；如果户主没有配偶，或户主配偶不在本户登记，第二人登记本户其他成员。

在登记集体户时，任选一人登记为户主，选填“0．户主”，本户其他成员与户主关系一律登记为其他，选填“9．其他”。

D3. 公民身份号码——指18位公民身份号码。无公民身份号码的填写18位0。

D4. 性别——指被登记人的性别。

D5. 出生年月——指被登记人的出生年、月。

出生年月按公历填写，只知道农历的，要换算成公历。按照一般的规律，农历的月份与公历的月份相差一个月左右，换算时农历的月份加1即可作为公历的月份，但要注意农历的12月应当是公历下一年的1月。

D6. 民族——指被登记人的民族。

外国人加入中国籍，其民族和我国的某一民族相同的，就选填某一民族；没有相同民族的，按外国人加入中国籍填写，选填“入籍”。

D7. 普查时点（2020年11月1日零时）居住地——指被登记人在普查标准时点居住的地址。

1. 本普查小区：指普查时点居住在本普查小区的人。如果本户在本普查小区拥有一套以上的住房，可确定其中一处进行登记。

2. 本村（居）委会其他普查小区：指户口登记地在本普查小区，普查时点居住在本村（居）委会其他普查小区的人。

3. 本乡（镇、街道）其他村（居）委会：指户口登记地在本普查小区，普查时点居住在本乡（镇、街道）其他村（居）委会的人。

4. 本县（市、区、旗）其他乡（镇、街道）：指户口登记地在本普查小区，普查时点居住在本县（市、区、旗）的其他乡（镇、街道）的人。

5. 其他县（市、区、旗）：指户口登记地在本普查小区，普查时点居住在本县（市、区、旗）以外地区的人。填报本选项的人还需选填普查时点居住地所在省（区、市）、市（地、州、盟）、县（市、区、旗）的具体名称。

6.香港特别行政区、澳门特别行政区、台湾地区：指户口登记地在本户，普查时点居住在香港特别行政区、澳门特别行政区、台湾地区的人。

7.国外：指户口登记地在本户，普查时点居住在国外的人。

D8.户口登记地——指被登记人的居民户口薄上的地址。

1.本村（居）委会：指户口登记地在本村（居）委会的人。

2.本乡（镇、街道）其他村（居）委会：指普查时点居住本普查小区，户口登记地在本乡（镇、街道）其他村（居）委会的人。

3.本县（市、区、旗）其他乡（镇、街道）：指普查时点居住本普查小区，户口登记地在本县（市、区、旗）的其他乡（镇、街道）的人。

4.其他县（市、区、旗）：指普查时点居住本普查小区，户口登记地在本县（市、区、旗）以外地区的人。填报本选项的人还需填写户口登记地所在省（区、市）、市（地、州、盟）、县（市、区、旗）的具体名称。

5.户口待定：指普查时点居住本普查小区，在任何地方都没有登记户口的人。包括手持户口迁移证、出生证、退伍证等情况。

D9.离开户口登记地时间——指到普查标准时点为止，被登记人离开户口登记地（居住地与户口登记地不一致）的时间。

没有离开户口登记地是指户口登记地在本村（居）委会，普查标准时点居住在本普查小区或本村（居）委会其他普查小区。

若常年外出的人由于农忙、节假日等原因偶尔回家的，或回家后因疫情原因推迟外出的，还应该从第一次离开户口登记地的时间开始计算。

D10.离开户口登记地原因——指被登记人离开户口登记地（居住地与户口登记地不一致）的原因。

0.工作就业：指十五周岁及以上因务工经商、工作招聘、调动等原因离开户口登记地的人。

1.学习培训：指六周岁及以上因考入各级各类学校或参加各种学习班、培训班而离开户口登记地的人。

2.随同离开/投亲靠友：指因跟随亲属、投亲靠友而离开户口登记地的人。

3.拆迁/搬家：指因房屋拆迁、改造或者搬家而离开户口登记地的人。

4.寄挂户口：指户口落在集体户或没有在户口登记地居住过、只落户口的人。

5.婚姻嫁娶：指十五周岁及以上因结婚而离开户口登记地的人。

6.照料孙子女：指为照料孙子女而离开户口登记地的人。

7.为子女就学：指为子女就学而离开户口登记地的人。

8.养老/康养：指因旅游（度假）养老/康养、候鸟式养老/康养、回籍贯地养老/康养、居住在养老院而离开户口登记地的人，不包括跟随子女养老。

9.其他：指上述几种以外的原因。

凡具有两种以上原因的，按其主要的原因选填一个标准选项。

D11.受教育程度——指按照国家教育体制，被登记人接受教育的情况。通过自学或成人学历教育经国家统一考试合格的，分别归入相应的受教育程度。

1.未上过学：指从未接受过各级各类学校教育。包括参加过各种扫盲班或成人识字班学习，且以后再没有接受过各级各类学校教育的人。

2.学前教育：指仅接受过或正在接受专门学前教育机构教育，即在幼儿园或附设幼儿班接受保育和教育。

3.小学：指接受的最高一级教育为小学，无论其是否在校、毕业、肄业或辍学。

4.初中：指接受的最高一级教育为初中，无论其是否在校、毕业、肄业或辍学。

5.高中：指接受的最高一级教育为普通高中、成人高中和中等职业学校，无论其是否在校、毕业、肄业或辍学。

6.大学专科：指接受的最高一级教育为大学专科。在普通高等学校学习大学专科的，无论其是否在校、毕业、肄业或辍学，都填报此项。

凡国家授权承认学历的开放大学、广播电视大学、职工大学等成人高校和普通高等学校举办的函授大学、夜大学和其他形式的大学，按教育部颁布的大学专科教学大纲进行授课的，其毕业生选填此项；其肄业生、在校生按原有受教育程度填报。含成人专科和网络专科。

通过自学，经国家统一举办的自学考试合格，并取得大学专科毕业证书的，也选填此项。

7.大学本科：指接受的最高一级教育为大学本科。在普通高等学校学习大学本科的，无论其是否在校、毕业、肄业或辍学，都填报此项。

凡国家授权承认学历的开放大学、广播电视大学、职工大学等成人高校和普通高等学校举办的函授大学、夜大学和其他形式的大学，按教育部颁布的大学本科教学大纲进行授课的，其毕业生选填此项；其肄业生、在校生按原有受教育程度填报。含成人本科和网络本科。

通过自学和进修大学课程，经考试合格，并取得大学本科毕业证书的，也选填此项。

8.硕士研究生：指接受的最高一级教育为硕士研究生，无论其是否在校、毕业、肄业或辍学。含2016年12月1日以后录取的非全日制硕士研究生。

在职接受硕士研究生教育的，其毕业生选填此项；肄业生和在校生按原有受教育程度填报。

9.博士研究生：指接受的最高一级教育为博士研究生，无论其是否在校、毕业、肄业或辍学。含2016年12月1日以后录取的非全日制博士研究生。

在职接受博士研究生教育的，其毕业生选填此项；肄业生和在校生按原有受教育程度填报。

凡是没有按教育部的教学大纲培养或只学单科的人，不能填报“大学专科”“大学本科”“硕士研究生”或“博士研究生”，一律按原有受教育程度填报。

D12.是否识字：指被登记人是否达到国家规定的脱盲标准（城镇居民和企、事业单位职工识字2000个，农村居民识字1500个）。登记时可询问，日常生活中是否能读懂简单的书信或书写简短的句子。如果能阅读通俗书报、能写便条就认为具有识字能力。

二、普查长表

（一）住户项目

H1.户别——与短表H1相同。

H2.本户应登记人数——与短表H2相同。

H3.本户2019年11月1日至2020年10月31日期间的出生人口——与短表H3相同。

H4.本户2019年11月1日至2020年10月31日期间的死亡人口——与短表H4相同。

H5.住所类型——与短表H5相同。

H6.本户现住房建筑面积——与短表H6相同。

H7.本户现住房间数——与短表H7相同。

H8.住房所在建筑的总层数——层数是指建筑物的自然层数，一般按室内地坪以上计算。

采光窗在室外地坪以上的半地下室，其室内层高在2.20m以上（不含2.20m）的，计算自然层数；假层、附层（夹层）、插层、阁楼（暗楼）、装饰性塔楼，以及突出屋面的楼梯间、水箱间不计层数。

其中，平房是指只有一层的房子。

H9.承重类型——指在房屋建筑中，由各种构件（屋架、梁、板、柱等）组成的能够承受各种作用的体系。

1.钢及钢筋混凝土结构：指承重的主要构件是用钢及钢筋混凝土建造的。它包括“钢结构”“钢、钢筋混凝土”和“钢筋混凝土”三种结构类型。

钢结构：承重的主要构件是钢材料建成的，包括悬索结构。

钢、钢筋混凝土结构：承重的主要构件是用钢、钢筋混凝土建造的。如一幢房屋一部分梁柱采用钢、钢筋混凝土构架建成。

钢筋混凝土结构：承重的主要构件是用钢筋混凝土建造的。包括薄壳结构、大模板现浇结构及使用滑模、升板等建造的钢筋混凝土结构的建筑物。

2.混合结构：指承重的主要构件是用钢筋混凝土和砖木建造的。如一幢房屋的梁是用钢筋混凝土制成，以砖墙为承重墙，或者梁是用木材建造，柱是用钢筋混凝土建造。

3.砖木结构：指承重的主要构件是用砖、木材建造的。如一幢房屋是木制房架、砖墙、木柱建成的。

4.竹草土坯结构：指承重的主要构件是用竹、草、土坯等建造的。如竹楼、土窑洞等。

5.其他结构：指不属于上述类型的结构。

H10.住房建成年代——指本户住房所属建筑物的建成年份。

本户住房所属建筑物翻修过的，按翻修时的年份选填。经过改建的，如改建面积大于原面积的，按改建时的年份选填；如改建面积小于原面积的，按原建成年份选填。

H11.住房所在建筑有无电梯——指本户住房所属建筑物内部、外部是否安装电梯。

H12.主要炊事燃料——指本户用于炊事的主要燃料。

如果本户用于炊事的燃料有两种以上，选填主要的一种。

H13.住房内有无管道自来水——指本户住房内是否有经过公用设施净化处理的管道输送水。

在院子里自己打的机井不能算作有自来水。

H14.住房内有无厨房——指本户住房内是否有专供做饭使用的房间，无论是否装有上下水道及固定灶具。

在公用过道、客堂等处烧饭的和在庭院、路边搭建的、临时简陋设施中做饭的都不算有厨房。

H15.住房内有无厕所——指本户住房内是否有厕所。

1.水冲式卫生厕所：指有上下水系统，或厕间有备水桶（瓢冲），坐便或蹲便器有水封或无水封的厕所，且粪便及污水冲入到下水道、化粪池和厕坑，无蝇，不会造成环境污染。

2.水冲式非卫生厕所：指虽然是水冲式厕所，但是粪便被冲到开放的水渠、沟塘等开放水体或者不确定冲到何处，会污染环境。

3.卫生旱厕：指有固定盖板的厕所，粪便基本无暴露，保持无蝇。比如通风改良厕所、堆肥厕所、双坑交替厕所、粪尿分集厕所、阁楼厕所、深坑防冻厕所等。

4.普通旱厕：包括无盖板的敞开式旱厕，有或无防渗处理。通常粪便暴露、有蛆蝇。

5.无：指没有厕所。

H16.住房内有无洗澡设施——指住房内是否有固定浴缸（浴盆）或淋浴龙头等能使用的洗浴设施。

1.统一供热水：指本户洗浴用热水由社区、物业管理部门或其他公共设施统一供应。

2.家庭自装热水器：指本户洗浴用热水是由自己安装的各种热水器，如电热水器、燃气（罐装、管道）热水器等。

3.其他：指上述两种以外的洗浴设施。

4.无：指住房内没有洗浴设施。

H17.住房来源——指本户获取现住房的方式。

1.租赁廉租房/公租房：指向政府相关部门申请并租住廉租房、公租房。

2.租赁其他住房：指通过私人、单位或房屋中介等渠道租住住房。

3.购买新建商品房：指按市场价购买的新建商品房。

4.购买二手房：指购买那些进入房屋市场进行交易，第二次及以上进行产权登记的住房，包括二手商品房、允许上市交易的已售公房、经济适用房等。

5.购买原公有住房：指个人以成本价或优惠价购买的、原作为福利分配给本单位职工的住房。

6.购买经济适用房/两限房：指向政府相关部门申请并购买经济适用房、两限房。

7.自建住房：指个人建造的住房，其产权属于个人所有。

8.继承或赠予：指从亲属处继承而来或者受他人赠予而获取住房。

9.其他：指上述几种住房来源以外的情况。

H18.月租房费用——指最近用于交纳房租的单月金额，不包括水电费、物业费、取暖费等附加费用。月租房费用不为整数时，按四舍五入计算。

若多人合租作一户登记时，则需将每人月租费加总计算。

H19.拥有全部家用汽车的总价——是指住户拥有的全部供家庭生活使用的汽车价格之和。

汽车价格按汽车实际购买价格（含税）的方式计算。

若住户有多辆家用汽车，则按全部家用汽车的价格总和选填。

（二）个人项目

C1.姓名——与短表D1相同。

C2.与户主关系——与短表D2相同。

C3.公民身份号码——与短表D3相同。

C4.性别——与短表D4相同。

C5.出生年月——与短表D5相同。

C6.民族——与短表D6相同。

C7.普查时点（2020年11月1日零时）居住地——与短表D7相同。

C8.户口登记地——与短表D8相同。

C9.离开户口登记地时间——与短表D9相同。

C10.离开户口登记地原因——与短表D10相同。

C11.户口登记地类型——指离开户口登记地（居住地与户口登记地不一致）时的户口登记地类型。

若离开时户口登记地的类型是“乡”，而现在已改成“镇”，应选填“1. 乡”，不要填报“2. 镇的村委会”或“3. 镇的居委会”。

C12.是否有农村土地承包经营权——指被登记人户口所在的户是否有农村土地承包经营权。

户口所在的户应以被登记人的户口簿为准。拥有农村土地承包经营权是指被登记人户口登记地在农村地区或以前的农村地区，目前户口所在的户与集体经济组织签订了农村土地承包合同。

拥有农村土地承包经营权的户，目前可能实际经营承包地，也可能因各种原因不再经营承包地，包括以转包、出租、入股、托管等方式流转所承包土地经营权。

C13.出生地——指被登记人的出生地点。

1.本县（市、区、旗）：指出生在本县、县级市、区、旗。

2.本省其他县（市、区、旗）：指出生在本省的其他县、县级市、区、旗。

3.省外：指出生在本省（区、市）以外其他地区，并选填出生地所在省（区、市）的名称。在港、澳、台或国外出生的，根据实际情况选填 “香港特别行政区”“澳门特别行政区”“台湾地区”或“国外”。

C14.五年前常住地——指被登记人在普查标准时点的五年前，即2015年11月1日零时的常住地。

五年前居住在本县（市、区、旗）以外其他地区的人，还需选填五年前常住地的地址。

五年前居住在港、澳、台或国外的，根据实际情况选填“香港特别行政区”“澳门特别行政区”“台湾地区”或“国外”。

C15.受教育程度——与短表D11项相同。

C16.学业完成情况——指受教育程度为小学及以上的人完成学业的情况。

1.在校：正在接受各级各类学校教育并有学籍。

2.毕业：已修完全部课程，并经过考试鉴定合格。

3.肄业：修完全部课程，但考试不及格或因种种原因未取得毕业资格。

4.辍学：未能修完所规定的全部课程，中途退学。

5.其他：私塾、自学等其他方式。

C17.是否识字——与短表D12项相同。

C18.工作情况——指被登记人在10月25-31日期间，即普查标准时点前一周，是否为取得收入而工作了1小时以上，包括临时工、互联网灵活就业、家庭经营无酬帮工。

工作是指为获取工资、实物报酬或经营收入而从事的各种生产、经营或服务性活动，其目的是为了取得收入，无论实际是否取得。不包括义务劳动和公益性劳动。

1.是：指在10月25-31日期间，为取得收入而干过固定的、临时的或兼职的工作，并且工作时间超过1小时。在校学生利用课余或假期以及退休人员为取得收入而从事了工作，也选填此项。

家庭成员在自家或亲属经营的公司、企业、商铺或网店工作，即使本人没有劳动报酬，也选填此项。

选填“1.是”的人，还需填写工作时间。工作时间按在10月25-31日期间实际的工作时间填写，而不是按国家或企业规定的制度工作时间填写。

计算工作时间，要注意把握以下几种情况：

（1）从事一种以上有收入工作的，几项工作时间相加计算。

（2）在规定的工作时间以外加班工作的，加班时间一并计算在内。

（3）农村既干家务又从事农业或其他有收入工作的人，家务劳动时间除外。

2.在职休假、在职学习培训、临时停工（保留工资）：

在职休假是指在10月25-31日期间，因各种休假或请假临时未工作，包括公休假、年休假、空勤人员、船员、火车乘务人员的轮休假、病假、工伤假、产假、事假、探亲假、婚丧假等。个人档案、人事关系已在某单位，但因各种原因尚未到新单位报到上班，如军人转业或工作调动等，也视为休假。

在职学习培训是指有工作单位，在10月25-31日期间参加脱产学习或培训。

临时停工（保留工资）是指在10月25-31日期间，由于机械或电力故障、原料或燃料短缺、天气或其他灾害等原因导致的暂时未工作，但仍可以有工资收入。

打零工、计件工等临时就业或灵活就业的人，因为上述原因停工并且没有收入，不填此项，应填“3. 未做任何工作”。

3.未做任何工作：指在10月25-31日期间，没有工作单位，也未从事过任何可以有收入的工作。

对于下岗、内退人员，如果未与原单位解除劳动合同，仍有工资性收入的，选填“2. 在职休假、在职学习培训、临时停工”；如果没有工资性收入，选填“3. 未做任何工作”。对于承包土地的农民，在10月25-31日期间，如果干农活或其他有收入的工作超过1小时，选填“1. 是”；如果外出打工，未从事任何工作，选填“3. 未做任何工作”；如果正处于农业生产季节，没有外出打工，期间临时没有干农活，选填“2. 在职休假、在职学习培训、临时停工”。

对于从事季节性生产经营的人，如果生产经营仍在进行中，只是在10月25-31日期间没有工作，选填“2. 在职休假、在职学习培训、临时停工”；如果正处于季节性歇业，选填“3. 未做任何工作”。

C19.工作单位或生产经营活动所属类型——指普查标准时点前一周的主要工作单位或生产经营活动类型。

1.企业、事业、机关或社会团体等法人单位：法人单位指依法成立，有自己的名称、组织机构和场所，能够独立承担民事责任，独立拥有和使用（或授权使用）资产承担负债，有权与其他单位签订合同，会计上独立核算，能够编制资产负债表的单位。包括企业、事业、机关、社会团体、民办非企业单位、基金会、居委会、村委会、农民专业合作社、农村集体经济组织和其他组织机构。

2.个体经营户：指资产归个人所有，以个体劳动为基础，劳动成果归劳动者个人占有和支配的一种经济组织。既包括在各级工商行政管理机关登记注册、领取《营业执照》的个体工商户，也包括没有领取《营业执照》，但实际从事个体经营活动的人。

3.经营农村家庭承包地（家庭农林牧渔生产经营活动）：指在自家承包的耕地、林地、草地、池塘以及其他合法用于农业的土地上，从事农林牧渔业生产经营活动，也包括家庭在转包和租用他人农业用地上从事农林牧渔业生产经营活动，所从事的农业生产活动以自营劳动为主，不雇佣长期雇工，但可能雇佣临时短工。

农业生产季节在承包土地上从事农业生产，但上周未做任何工作的人，也选填此项。

普查标准时点前一周未在自家承包土地上工作而从事其他生产经营活动的人，或外出务工经商的人不填此项，选填上周实际工作单位或生产经营活动。

4.自由职业/灵活就业：指除个体经营户以外的自雇就业或自主型的个体就业。包括律师、自由撰稿人、歌手、模特等自主就业人员，也包括家庭自雇家政服务、街头小贩、其他类型打零工的临时就业人员，还包括依赖平台承接工作任务、不隶属于任何雇主的劳动者。

C20.行业——指普查标准时点前一周主要工作所在单位的生产经营活动。如果前一周从事两项不同工作，按工作时间长短确定主要工作；如果工作时间相同，再按报酬高低确定主要工作。

行业是按照经济活动的同一性进行分类的，不是按其所属的行政管理系统来分的。产业活动单位是划分行业的分类标准。产业活动单位是指：（1）具有一个场所、从事一种或主要从事一种经济活动；（2）单独组织生产、经营或业务活动；（3）掌握收入和支出的会计核算资料。

填写行业时要注意以下情况：

有工作单位的，既要填写单位名称，也要填写单位的主要产品或从事的主要业务。单位名称要具体到分厂、分公司或营业部，即产业活动单位，不能笼统地只填写总厂名称。最重要的是单位的主要产品或主要业务要详细填写，要用动宾词组表达，如"生产服装"或"销售服装"，不能简写为"服装"。保密单位，填写其公开使用的名称和公开的主要产品或主要业务。

没有工作单位的，只填写主要产品或主要业务，如"送外卖""当滴滴司机"。务农人员不能笼统地填写"农业"，要根据其具体的农业生产活动或农户具体从事的主要业务填写。如"种粮食""养猪"等。

C21.职业——指普查标准时点前一周主要工作具体是干什么。如果前一周从事两项不同工作，按工作时间长短确定主要工作；如果工作时间相同，再按报酬高低确定主要工作。

职业分类是以工作性质的同一性为基本原则。所谓"同一性"，是指不论其所在工作单位是什么经济类型，不论用工形式是固定工还是临时工，也不论其隶属于哪个行业，凡是从事同一性质工作的人都划分为同一类。

填写职业时应注意以下情况：

填写职业要具体、详细。不能笼统地写"工人""农民""公务员""工程师"等，而应具体填写其实际工作种类，如"铸轧工""捕鱼""统计人员""通信工程技术员"等。具有专业技术职称的行政领导人员，应按行政领导职务填写其职业；同时担任两个以上职务的领导干部，应按主要职务填写其职业。工种尚未确定，暂时又无具体工作岗位的，要填写"工种未定"。

C22.未工作原因——指被登记人在普查标准时点前一周没有工作的主要原因。

1.在校学习：指在各级各类学校学习，并有正式学籍的人员。不包括有工作单位，脱产学习的人员。

2.离退休：指已办理离休、退休手续，定期领取离退休生活费，且未从事任何有收入劳动的人。

3.料理家务：指主要在自己家里从事家务劳动，且没有劳动收入的人。离、退休人员从事家务劳动的，选填"2．离退休"。为自家经营的摊位、商店、门市部、工厂工作的人，农村中既料理家务又务农或从事家庭副业的人，在别人家干家务活的临时工或小时工，均属于有工作的人，不选填此项。

4.丧失工作能力：指经专门机构鉴定或虽未鉴定但本人或其法定监护人认为，其因生理或心理疾患已丧失了从事劳动的能力。包括年老体弱生活不能自理的人员，但不包括离休、退休人员，这些人不论是身体残疾还是年老体弱生活不能自理，均选填"2．离退休"。

5.其他：指上述几种以外的原因。

C23.主要生活来源——指被登记人主要依靠什么生活。

如果被登记人同时有几种生活来源，选填其认为最主要的一项。

1.劳动收入：指主要依靠劳动报酬、经营利润或家庭收益（包括现金和实物收入）生活。

2.离退休金/养老金：指办理了离休、退休或退职手续，主要依靠从原工作单位或社会保险经办机构领取的离退休金（包括退职费）生活。

3.最低生活保障金：指建立最低生活保障制度的地区，家庭人均收入低于当地规定的最低生活保障线，主要依靠从政府有关部门或集体领取最低生活保障金生活，以及依靠民政部门发放的烈军属、五保户、残疾人等的生活抚恤金生活。

4.失业保险金：指失业保险经办机构依法支付给符合条件的失业人员的基本生活费用，是对失业人员在失业期间失去工资收入的一种临时补偿。

5.财产性收入：指以资金储蓄、借贷入股以及财产运营、房屋租赁等所取得的利息、股息、红利、租金等收入。

6.家庭其他成员供养：指主要依靠家庭其他成员或亲属的供养和资助生活。

7.其他：指上述几种以外的情况。

C24.婚姻状况——指被登记人在普查标准时点的实际婚姻状况。

1.未婚：指从未结过婚。

2.有配偶：指有配偶，处于婚姻中。

3.离婚：指曾经结过婚，但已办理了离婚手续且没有再婚，或正在办理离婚手续。

4.丧偶：指配偶已去世，且没有再婚。

人口普查的婚姻是指事实婚姻，不是单指法律意义上的婚姻，对不到法定结婚年龄，或未办理结婚手续而同居、实际结婚的人，应根据其在普查标准时点的实际情况，按照被登记人的申报选填。

C25.初婚年月——指被登记人第一次结婚时的年、月。

C26.生育子女数——指截止到普查标准时点，15至64周岁妇女的生育状况。

1.未生育：指被登记妇女没有生育过子女。

2.有生育：指被登记妇女生育过子女，需分别填写生过和存活的子女数。

生过几个孩子：指生育的活产男孩和女孩数，包括产后不久就死亡的婴儿。胎儿脱离母体时（不管孕期长短），凡有过呼吸或心跳、脐带搏动、随意肌收缩等生命现象的，都视为“活产”。这里所说的“子女”是指该妇女的亲生子女，不包括丈夫前妻的子女和领养的子女，但鉴于有些家庭不愿公开领养关系，可尊重申报人的意愿，按亲生子女填报。

其中现在存活几个孩子：指活产子女中，仍然存活的男孩和女孩数，无论是否与父母一起居住。在普查标准时点前已死亡的孩子不包括在内。无存活子女的填写“0”。

C27.过去一年（2019年11月1日-2020年10月31日）的生育状况——指普查标准时点前12个月内，15至50周岁被登记妇女的生育状况。

1.一年内未生育：指过去一年内没有生育过子女。

2.一年内有生育：指过去一年内生育过子女，需选填生育时间和孩子性别。

一年内生育两个以上孩子的，包括两次生育或生育多胞胎，还需填报第二个孩子的状况，第三个或以上的孩子不用填报。

C28.居住状况——指普查标准时点前一个月，60周岁及以上被登记人的主要居住状况。

1.与配偶和子女同住：指与配偶和子女住在一起。

2.与配偶同住：指子女不在身边，与配偶住在一起。

3.与子女同住：指配偶不在身边，与子女住在一起。

4.独居（有保姆）：指本户中只有老人和保姆。

5.独居（无保姆）：指独身一人居住。

6.养老机构：指在提供养老服务的场所，包括敬老院、老年公寓等居住的情况。凡在养老机构居住的老年人，不论与谁同住。

7.其他：指上述几种以外的状况。

C29.身体健康状况——指60周岁及以上被登记人根据自身健康状况，对普查标准时点前一个月能否保证正常生活做出的自我判断。

1.健康：指过去一个月健康状况良好，完全可以保证日常的生活。

2.基本健康：指过去一个月健康状况一般，可以保证日常的生活。

3.不健康，但生活能自理：指普查标准时点前一个月健康状况不是太好，但可以基本保证正常的生活。

4.不健康，生活不能自理：指普查标准时点前一个月健康状况较差，不能照顾自己日常的生活起居，如吃饭、穿衣、自行走动等。

三、港澳台居民和外籍人员普查表

（一）住户项目

F1.户别——与短表H1相同。

F2.住所类型——与短表H5相同。

F3.本户现住房建筑面积——与短表H6相同。

F4.本户现住房间数——与短表H7相同。

（二）个人项目

R1.姓名——填写被登记人的正式姓名。婴儿未起名的，可填“未取名”。外籍人员的姓名最好用中文填写，也可以用其它文字填写。

R2.与户主关系——与短表D2相同。

R3.性别——与短表D4相同。

R4.出生年月——与短表D5相同。

R5.来内地（大陆）或来华目的——指被登记人来中华人民共和国境内居住的原因。

1.商务：指进行各种商务活动的人。

2.就业：指已有工作或正在寻找工作的人。

3.学习：指已经或准备在各类学校学习的人。

4.定居：指在中华人民共和国境内定居但没有工作或上学的人。包括在中华人民共和国境内工作人士的家属。

5.探亲：指探望亲戚或朋友的人。

6.其他：指上述以外的其他原因。

R6.已在内地（大陆）或在华居住时间——指到普查标准时点为止，被登记人在中华人民共和国境内居住的时间。

R7.受教育程度——指被登记人接受教育情况。按照被登记人的申报选填。

R8.身份或国籍——指被登记人是香港特别行政区居民、澳门特别行政区居民还是台湾地区居民。如果是外国人，还应填写国籍。

R9.工作情况——参照长表C18。

R10.行业——指被登记人的工作单位主要生产的产品或提供的服务类别，参照《国民经济行业分类（GB/T4754-2017）》，按标准选项据情选填。

R11.职业——指被登记人所从事的工作类别，按标准选项据情选填。

1.党的机关、国家机关、群众团体和社会组织、企事业单位负责人：指在中国共产党机关，国家机关，民主党派和工商联，人民团体和群众团体、社会组织及其工作机构，基层群众自治组织，企业、事业单位中担任领导职务并具有决策、管理权的人员。

2.专业技术人员：指从事科学研究和专业技术工作的人员。

3.办事人员和有关人员：指在公共管理和社会组织机构中从事行政业务、行政事务、行政执法和仲裁、安全保卫、消防和应急救援等工作的人员。

4.社会生产服务和生活服务人员：指从事商品批发零售、交通运输、仓储、邮政和快递、信息传输、软件和信息技术、住宿和餐饮以及金融、房地产、租赁和商务技术辅助、生态保护、文化、体育和娱乐等社会生产服务与生活服务工作的人员。

5.农、林、牧、渔业生产及辅助人员：指从事农、林、牧、渔业生产活动及辅助生产的人员。

6.生产制造及有关人员：指从事产品生产及设备制造，矿产开采，工程施工和运输设备操作的人员及有关人员。

7.不便分类的其他从业人员。

R12.婚姻状况——参照长表C24。

四、死亡人口调查表

凡在普查短表户记录H4中，登记了2019年11月1日至2020年10月31日期间有死亡人口的户，还要登记死亡人口的具体情况。

S1.姓名——与短表D1相同。

S2.公民身份号码——与短表D3相同。

S3.性别——与短表D4相同。

S4.出生年月——与短表D5相同。

S5.死亡时间——指死亡人口死亡时的月份。

S6.民族——与短表D6相同。

S7.受教育程度——与短表D11相同。

S8.婚姻状况——与长表C24相同。

为保证死亡人口的登记质量，普查员在入户登记时应注意以下几点：

1.登记死亡人口时，一般以死亡前的常住地为登记地，而不以死亡发生时的地点（如医院等）为登记地。

2.本户常住人口中有死亡的，不论其与该户有无亲属关系，都应作为该户死亡人口予以登记。

3.对于无法确定死亡人口常住地，或登记时与死亡人口常住地联系不上的，如孤寡老人、流动人口等，一律在死亡发生地登记。

第三部分　附录

附录5　湖南省人民政府关于认真做好湖南省第七次全国人口普查工作的通知

湖南省人民政府关于认真做好湖南省第七次全国人口普查工作的通知

各市州、县市区人民政府，省政府各厅局、各直属机构：

国务院决定于2020年开展第七次全国人口普查。为贯彻落实《国务院关于开展第七次全国人口普查的通知》(国发〔2019〕24号)精神，做好我省第七次全国人口普查工作，现将有关事项通知如下：

一、普查内容

本次普查主要调查人口和住户的基本情况，内容包括：姓名、公民身份号码、性别、年龄、民族、受教育程度、行业、职业、迁移流动、婚姻生育、死亡、住房情况等。普查标准时点是2020年11月1日零时。

二、组织领导

为加强组织领导，省人民政府决定成立湖南省第七次全国人口普查领导小组，负责人口普查工作的组织实施。领导小组办公室设在省统计局，具体负责人口普查工作的组织和协调。领导小组各成员单位要按照职能分工，各负其责、通力协作、密切配合，共同做好普查工作。各市州、县市区人民政府要设立相应的人口普查领导小组及其办公室，认真做好本地区普查工作。

各级普查机构可根据工作需要，招聘或者从有关单位借调符合条件的普查指导员和普查员。为稳定普查工作队伍，确保普查工作顺利进行，应及时支付招聘人员的劳动报酬，保证借调人员在原单位的工资、福利及其他待遇不变，并保留其原有工作岗位。

国务院规定，第七次全国人口普查所需经费，由中央和地方各级人民政府共同负担，并列入相应年度的财政预算。各市州、县市区人民政府要切实落实普查经费，按时拨付、确保到位，不能因普查经费短缺或不足而影响普查工作的正常开展。

三、工作要求

各级各部门要按照《中华人民共和国统计法》《中华人民共和国统计法实施条例》《全国人口普查条例》等法律法规要求，认真做好普查各项工作。普查取得的数据，严格限定用于普查目的，不得作为任何部门和单位对各级行政管理工作实施考核、奖惩的依据。普查中获得的能够识别或者推断单个普查对象身份的资料，不得作为对普查对象实施处罚等具体行政行为的依据。各级普查机构及其工作人员必须严格履行保密义务，严禁向任何机构、单位、个人泄露或出售公民个人信息。

广泛应用部门行政记录，推进大数据在普查中的应用，提高普查数据采集处理效能。建立健全普查数据质量追溯和问责机制，各级人民政府统计机构要加大对普查工作中违纪违法行为的查处和通报曝光力度，坚决杜绝人为干扰普查工作的现象，确保普查工作顺利进行和普查数据真实准确。

各级普查机构要会同新闻单位认真做好普查宣传的策划和组织工作。采用多种手段，广泛深入宣传第七次全国人口普查的重要意义和要求，引导广大普查对象依法配合普查，如实申报普查项目，为普查工作顺利实施创造良好舆论环境。要充分发挥街道办事处和乡镇政府、居民委员会和村民委员会的作用，广泛引导、动员和组织社会力量积极参与并认真配合做好普查工作。

附件：湖南省第七次全国人口普查领导小组组成人员名单（略）

湖南省人民政府

2019年12月31日